体适能之田径锻炼方法

张文涛 著

吉林科学技术出版社

图书在版编目（CIP）数据

体适能之田径锻炼方法 / 张文涛著. -- 长春：吉林科学技术出版社，2020.9
ISBN 978-7-5578-7518-3

Ⅰ. ①体… Ⅱ. ①张… Ⅲ. ①田径运动—体育锻炼 Ⅳ. ①G82

中国版本图书馆CIP数据核字（2020）第175726号

体适能之田径锻炼方法
TISHINENG ZHI TIANJING DUANLIAN FANGFA

著　　者	张文涛
出 版 人	宛　霞
责任编辑	朱　萌
封面设计	李　宝
制　　版	张　凤
开　　本	16
字　　数	280千字
页　　数	200
印　　张	12.5
印　　数	1-500册
版　　次	2021年6月第1版
印　　次	2021年6月第1次印刷
出　　版	吉林科学技术出版社
发　　行	吉林科学技术出版社
地　　址	长春市福祉大路5788号
邮　　编	130021

发行部电话/传真　0431—85635177　85651759　85651628
　　　　　　　　　85677817　85600611　85670016

储运部电话　0431—84612872

编辑部电话　0431—85610611

印　　刷	北京宝莲鸿图科技有限公司
书　　号	ISBN 978-7-5578-7518-3
定　　价	58.00元

版权所有　翻印必究　举报电话：0431—85635185

前言

在竞争日趋激烈的新世纪，一个国家人才水平的高低很大程度上决定了这个国家的实力强弱，各国人才水平的强弱又取决于这个国家教育质量的好坏。近几年我国的高等教育越来越普及，教育改革也收到了不错的成果，但是，越来越多的社会问题也进入了我们的视野，比较明显的就是国民体质呈逐年下降的趋势。

当前，我国居民体质健康水平不高，亚健康的状况普遍存在，特别是青少年身体素质下降趋势明显。根据国家体育总局 2010 全国学生体质与健康调研结果显示，19-22 岁年龄组，爆发力、力量、耐力等身体素质水平进一步下降。19-22 岁男生的立定跳远、引体向上、握力、50 米及 1000 米跑项目成绩继续呈下降趋势；女生立定跳远、仰卧起坐、握力、50 米及 800 米跑成绩下降更加明显。另外，在肥胖、超重检出率和近视率三方面呈上升趋势。由此可以看出我们必须下决心、想办法提高青少年的健康水平并且使学生在未来能够更长久的保持。《国家中长期教育改革和发展规划纲要》（2010-2020）中指出，把促进学生健康成长作为学校一切工作的出发点和落脚点，要求"加强体育，牢固树立健康第一"的思想。学校教育的本质应该是培养青少年的身心全面发展，要培养良好的锻炼习惯、生活习惯和学习习惯，使其无论在学校还是在进入社会后都有强健的身体作为保证，只有这样才能保持人才培养的可持续发展，才能为综合国力的提高提供长久不衰的动力。

增加青少年每天体育锻炼时间是提高青少年健康水平的基础，而学校体育则是真正改善青少年体质健康的重点。学校体育有助于青少年培养终身锻炼的意识，有助于运动技能的养成，有助于提高全民健身的积极性。学校体育工作者要紧跟时代潮流，时刻保持积极的学习态度，敢于打破传统的田径教学模式，使学生在掌握正确运动理论和技能的同时爱上运动，爱上田径，既培养了终身体育锻炼意识，又提高了身体健康水平。

限于本人水平和时间仓促，对于书中的疏漏、错误之处，敬请广大读者和有关专家学者不吝批评指正。

目 录

第1章 体适能之田径运动方法的基本概念 ... 1
  1.1 体适能的概念 ... 1
  1.2 体力活动、体适能与健康促进研究进展 ... 8
  1.3 体能训练原理和方法 ... 16
  1.4 体适能研究现状 ... 23
  1.5 体适能之田径运动方法种类 ... 25

第2章 体适能之田径运动方法的现代发展 ... 31
  2.1 健康体适能的概念和理论内容 ... 31
  2.2 普通高校田径选项课与健康体能理论相结合 ... 33
  2.3 健康体适能与田径选项课相结合的优势 ... 46
  2.4 健康体适能与田径选项课相结合的理论框架 ... 56
  2.5 普通高校理论结合案例 ... 71

第3章 不同年龄段的体适能田径运动 ... 96
  3.1 儿童体适能田径运动——少儿趣味田径运动 ... 96
  3.2 少儿趣味田径运动对体适能的影响案例及分析 ... 106
  3.3 青少年体适能有氧田径运动 ... 120
  3.4 青少年体适能有氧运动案例及分析 ... 122
  3.5 耐力跑不达标大学生指标特征及相关分析——河北省案例 ... 154

第4章 体适能田径运动的建议 ... 178
  4.1 培养运动兴趣，提倡终身体育 ... 178
  4.2 保障课外体育活动时间 ... 180
  4.3 选择适合自身需求的运动干预项目 ... 182
  4.4 开发针对不同运动效果的课外活动方案并制定成册 ... 183

结论 ... 187

参考文献 ... 188

第1章 体适能之田径运动方法的基本概念

1.1 体适能的概念

1.1.1 体适能的定义、分类及构成要素

1.体适能的定义

体适能这一名词由港台运动生理学家翻译自英文名词，是一种为适应当代社会逐步高度文明化，以及社会生活的快节奏化，为预防"文明病"保持健康而提出的一种理论。

体适能的这个概念最初是由美国运动医学专家提出来的，体适能包括两大方面：健康体适能和技能体适能。

健康体适能指的是身体的各个组成部分达到健康标准，各个组织和器官功能健康，保证人体在工作中精力充沛，在运动中的柔软性好避免受伤。总之，体适能就是身体健康的标准，好的体适能自然就有好身体。技能体适能指的是人体的敏捷、平衡、协调、速度、爆发力和反应时间等行为特征，技能体适能好的人往往都很聪明，特别是运动员，从小就锻炼这方面的能力。

二十世纪五六十年代，由于美国青年在最低层次的肌肉适应测验方面成绩比其他国家低，引起了国家的广泛关注。为了能够改善青少年在健康素质方面的状况，艾森豪威尔总统组织了青年适应委员会，肯尼迪总统更加重视此项工作，成立了由专业体育教师、医师及健康民众共同组成的总统体适能与运动委员会。体适能理论发展至今，已在国际上占有极其重要的地位。

那么什么是体适能呢？美国总统体适能与运动委员会年给出的定义为"以旺盛的精力执行每天的事务而没有过度的疲劳；以充足的活力去享受闲暇时间的各种休闲，并能适应各种突发情况"而港台学者一般将体适能定义为身体适应能力。陈佩杰教授等率先在国内大学开设体适能课程，他对体适能的定义是从体育学角度评价健康的一个综合指标，是机体有效与高效执行自身机能的能力，也是机体适应环境包括自然环境和心理环境的一种能力，是众多参数的综合。我国学者邓树勋在综合

了国内外学者对体适能的定义后认为体适能是指个人适应生活需要的身体能力,其发展的目的,不仅在于促进个人身体的健康,而且能提高个人身体活动的适应能力。

九十年代之后,中国的健身事业开始发展,港台的体适能培训机构适时进入大陆。在培养了大批健身教练的同时,也带来体适能的概念,对中国传统的以竞技体育为核心的体育理论产生了较大的影响。随着全面健身体育思想的兴起,越来越多的国内学者开始关注体适能的理论研究,并希望借此研究为我国全面全民健身理论研究提供借鉴。

2.体适能的分类及构成要素

钱伯光将体适能分为与健康相关的体适能和竞技运动相关的体适能,这也是国际通用的分类。林正常则将体适能分为与健康有关的体适能、与基本运动能力有关的一般运动体适能以及与运动项目有关的专项技术体适能。本书依据港台大部分学者的分类方法,将体适能分为与健康相关的体适能、与竞技运动相关的体适能两类。在国内及港台的健身机构中,更多的是关注客户健康体适能的检测与改善。

(1)健康相关体适能(Health Related Physical Fitness):主要注重健康的身体及高质量的生活,主要包含五个要素。

1)心肺耐力(Cardiorespiratory Endurance):指人体吸入、运输、利用氧气的能力。心肺耐力适能可以经由长时间的耐力运动得到改善。

2)柔韧度(Flexibility):是指人体关节可以活动的最大范围。促进柔韧度最好的运动方式是对关节与肌肉进行牵伸,其中又以静态式牵伸较理想。

3)身体成分(Body Composition):主要关注人体内的脂肪含量以便保持适合健康的体重。

4)肌力(Muscular Strength):是指肌肉一次收缩能产生的最大力量。人体每个肌群都能得到适度和均衡的发展,以应付日常工作与生活需要的能力。

5)肌耐力(Muscular Endurance):是指肌肉受到阻力时反复收缩或维持固定用力状态下的持久能力。提升肌力和肌耐力适能的最佳途径是阻力训练。

对健康体适能的检测呈现明显的健康指向性趋势,且项目简单,避免使用昂贵仪器从而有利于普及和推广。尽管目前体适能检测设备各不相同,检测方法多种多样,但检测结果具有相关性,并不影响对健身指导的科学性。

(2)竞技运动相关体适能主要关注如何通过身体的训练以获得优异的成绩。

竞技运动相关体适能除了包含健康体适能的所有要素以外,还包括了敏捷、协调、平衡、反应速度、动作速度、爆发力等六大要素。

在健身俱乐部中,因为大多数会员的健身并不以竞技为目的,所以当前国内的健身俱乐部多以健康体适能理论指导会员进行健身。

1.1.2 与体适能相关的概念辨析

1.体能与体质

(1)体能

在国外英文文献中,体能一词在英文文献中常被表达为 Physical Fitness、Physical Conditioning、Physical Performance、Physical Capacity。在《简明不列颠百科全书》《英汉大词典》《牛津大词典》中均没有对应的词条。

在国内,自20世纪90年代中后期,体能研究逐渐成为热点之一,《辞海》将体能定义为人体各器官系统的机能在体育活动中表现出来的能力。包括力量、速度、灵敏、耐力和柔韧等基本身体素质,以及人体的基本活动和运动能力,如走、跑、跳、投掷、攀登、爬越、悬垂和支撑等。《体育运动词典》的体能定义为运动员机体的基本运动能力,运动员竞技能力构成要素的重要组成部分。根据运动员身体各器官、系统的功能结构特点,体能包括身体形态、身体功能、运动素质和健康水平四方面。

熊斗寅认为,体能是一个不确定的概念,有大体能和小体能之分。大体能即泛指的身体能力,包括身体运动能力、身体适应能力、身体机能和各项身体素质;小体能则是指运动训练中的体能训练和体能性项目等。

田麦久等认为,运动员体能是指运动员机体的基本运动能力,是运动员竞技能力的重要组成部分,运动员的体能发展水平是由身体形态、身体机能及运动素质的发展状况所决定的。体能分为一般体能和专项体能。

李之文认为,体能是经过身体训练获得的人体各器官系统的机能在肌肉活动中表现出来的能力,它包括身体形态的适应性变化和力量、速度、灵敏、耐力及柔韧等身体素质。

袁运平认为,体能是指人体通过先天遗传和后天训练获得的在形态结构、功能与调节方面及其在物质能量的储存与转移方面所具有的潜在能力以及与外界环境结合所表现出来的综合运动能力。其大小是由机体形态结构、系统器官的机能水平、能量的物质储备与基础代谢水平及外界环境等条件决定的。

杨世勇等认为,体能是指运动员机体的运动能力,是竞技能力的重要组成部分,是运动员为提高技战术水平和创造优异运动成绩所必须的各种身体运动能力的综合。这些能力包括身体形态、身体机能和运动素质。

王兴等认为,广义的体能是指人们进行日常生活所必须具备的相应的基本生活能力;狭义的体能是指人们进行各项体育运动而具有相应的跑、爬、攀、蹬等竞技能力。

我国体能概念的研究历程存在着众说纷纭的观点,并与多个词发生混淆。何雪德等在考察了我国体能概念研究历程的基础上认为,体能是一个尚未充分定型的概念,是国人在实践中中西结合的创造。但越来越多的学者认为体能即体适能,只不过国外学者对"体能"概念的定义多侧重于健康体能,而我国多数学者则更侧重于竞技体能。

(2)体质

中国古代学者早就对体质的概念有明确的表述,《灵枢·阴阳二十五》中"根据人的体型、肤色、性格、态度和对自然界的适应力,把人分为金、木、水、火、土五种体质类型,然后根据阴阳属性、五音太少和手足之阳经的左右、上下、气血之多少,五脏之五别,六腑之五别,将上述五种不同体质又细分成二十五个类型。

西方学者对体质的研究也有较长的历史,在西方古代文献《希波克拉底文集》中,就提出了"体液学说"。认为人体由血液、豁液、黄疸、黑胆体液组成,并描述了人体体质分型及与疾病的关系。国外学者在总结了前人的研究成果以后,将体质定义为是个体在形态学、生理学和心理学上的特征的总和,这些特征大部分取决于遗传,又受到周围环境的影响。另有国外学者从不同的角度对体质进行了论述,指出体质对不同研究者有不同的含义,对临床医生而言,它意味着患者的生物学个体特征;对流行病学家而言,它是机体内各组织的特征和适用能力;对人类学家而言,体质意味着体格、环境适应力、疾病和行为的相互关系。

现代学者对体质进行了总结和概括,认为体质是指人体的质量,是生命活动和劳动工作能力的物质基础,是在先天遗传和后天环境的影响下,在生长、发育和衰老的过程中逐渐形成的身、心两方面相对稳定的特质。包括人体的形态结构、生理功能和心理因素等综合的、相对稳定的特性。体质既反映着人体的健康水平、身体运动水平,同时也反映了人体对外界的适应能力。

2.健身与健美

人们对健身与健美这两个名词往往存在着误解,比如听到健身的时候往往联想到健美。当然健身的阻力训练与健美训练从外形上看是非常类似或者相同的,只是在运动强度及运动量方面存在差别,但从本质上健身与健美是着一定的区别的。

健身就是建设人的身体或健全人的身体。健身的核心思想是通过运动达到健康,运动只是健身的一种手段,并非所有运动项目都能作为健身的手段,多数竞技运动其动作规格和运动负荷不是一般人能够承受的,用作健身手段的只是那些简易的身体运动。运动健身主要取决于适度的生理负荷(强度、频率、时间)。

健美的核心思想是通过运动达到一种完美的状态,追求的是肌肉围度及线条的最佳结合,不管最后的结果身体是否受到一定的伤害。

对广大的群众来讲,健身才是主要的目标,即通过运动达到身体的一种健康状态。这就决定了健身俱乐部的工作人员在从事健身的经营与指导中,应该时刻将健身的思想放在首位,而不是健美。而健身的理论基础目前主要来源于体适能理论。

3.健康体适能理论的不足及"健康适能"概念的提出

健康体适能理论自形成之后的几十年为改变人类健康做出了巨大的贡献,健康体适能现在已经成为国际流行的健身理论基础。但这一理论自形成之初即关注如何从身体(生理)的角度促进健康,忽视了心理因素在促进健康方面的重要作用。为此,以健康体适能理论拓展为"健康适能"理论,更能满足健康促进的实践需求。

健康适能:个体为适应机体的健康应具备的能力,包括健康体适能与健康心理适能。

健康心理适能:个体为适应机体的健康应具备的心理适应能力。指当外部环境发生变化时,人们通过自我调节系统做出能动反应,使自己的心理活动和行为方式更加符合环境变化和自身发展的要求,使个体与环境达到新的平衡的过程。面对未来复杂多变、竞争激烈的社会环境,只有具备较强心理适应能力的人才能够获得更好的健康水平。

健康心理适能是与心理健康相关的一个概念,关于心理健康,第三届国际心理卫生大会的定义为是指在身体、智能以及情感上能保持同他人的心理不相矛盾,并将个人心境发展成为最佳的状态,并在此基础上提出心理健康的四条标准即:

(1)身体、智力、情绪十分协调;

(2)适应环境、人际关系中彼此能谦让;

(3)有幸福感;

(4)在工作和职业中,能充分发挥自己的能力,过有效率的生活。

但这一标准并没有得到心理工作者的一致认同,对心理健康标准的质疑引发的争论持续了十几年并且仍在继续。很多的学者都提出了自己不同的看法,例如张海钟与赵静曾总结了心理健康的学说,可见心理健康标准的解决还需要更多学者的研究。

由于心理健康标准关系到心理健康量表的制定、心理健康的诊断、心理健康教育目标和内容体系的构建、心理健康的维护与促进等,在当前学术界没有达成共识的情况下,关于健康心理适能的评定及如何促进健康心理适能留待以后继续研究。

1.1.3 商业健身俱乐部与健康体适能产业

1.概念的限定

健身俱乐部在国外多被称为健康体适能俱乐部,最早于 20 世纪 50 年代出现在美国,它的出现使人们在室内便能全面锻炼体适能的各个要素。并且健身俱乐部多注重营造舒适的氛围,为顾客提供人性化、精细化的服务,从而能使顾客在俱乐部内体会到归属感。它所提供的服务主要以器械健身阻力训练、集体健身为主,配套兼营运动营养食品和运动装备销售等内容为辅。健身俱乐部进入我国后,对促进我国大众的健康素质起到了重要的作用。

目前国内对商业健身俱乐部并没有统一的定义,较有影响力的主要有:

国家体育总局:健身俱乐部健身房是指设有集体健身场地、负重和有氧健身器械设备以及健身指导人员,并向消费者提供有偿健身健美服务的体育场所。

国际健康及运动俱乐部协会(IHRSA):是一家非营利的贸易协会,是全世界最大的俱乐部会员协会。它在 2008 年发布的《IHRSA 亚太市场报告:健康俱乐部行业的规模和范围》对健身俱乐部的定义为:"设有健康与体适能健身场地,配备有阻力训练和(或)心肺耐力训练装置,以单次消费或者会员制消费的形式向大众开放的机构"。

亚洲运动及体适能专业学院(AASFP)是一家专门从事健身教练培训的商业机构,其发布的《2007 年 AASFP 中国健身俱乐部调查报告》对健身俱乐部的定义为:又称健身中心,指通过为大众提供健身服务获取收益的机构。健身俱乐部应该配备良好的场地、专业的设施、职业的教练,能够提供科学的指导使人们通过体育运动获得健康的身体。"

国外相关研究的学者也对健身俱乐部作了定义。比如李小芬商业健身俱乐部是为其会员提供良好的健身服务和完善的健身设施的营利性机构。文海燕:商业健身俱乐部,就是以盈利为目的,把健身房(俱乐部)作为一个经营实体,以企业的形式,按照市场运作规律,自主经营,自负盈亏的经营实体。古桥:经营性健身俱乐部,即健身俱乐部,是指经营者把健身房俱乐部作为一个经营实体,以盈利为目的,以健身娱乐设施为活动场所,面向大众提供休闲、娱乐和健身服务,以企业的形式,按照市场运作规律,自主经营、自负盈亏的会员制群众体育俱乐部。肖琴:经营性健身俱乐部是为了满足消费者的身体锻炼、康复保健、娱乐休闲等方面的需要,面向体育健身消费者提供场地、器材、技术指导及相关服务等,并且实行独立核算、自负盈亏的体育经营实体或组织。

在以上组织机构或学者给出的定义的基础上,本书结合自身的研究情况,给出商业健身俱乐部如下的定义:以盈利为目的,配有集体健身场地、专业的体适能训练设备以及指导人员,以适能理论为依据为消费者提供以促进健康为目的的服务性经营实体。

严格来讲,国内的商业健身俱乐部应该称为健康体适能俱乐部,相关的产业多称为健康体适能产业,这是由于目前大多数的俱乐部在指导会员健身时多遵照健康体适能理论进行。由于"健身产业"一词包含内容过于庞大,所以本书在描述商业健身俱乐部产业时使用"健康体适能产业",以突出该产业侧重于健康体适能的改善,而在描述这一产业的企业形式时,则采用"商业健身俱乐部",以下简称健身俱乐部这一通用名词。

2.服务内容、经营模式与目标

国内大多数健身俱乐部的经营与管理模式借鉴自欧美、港台健身俱乐部的经营与管理模式,所以在服务内容、经营模式与目标方面均无大的差异性。

(1)服务内容

目前的健身俱乐部在提供的服务内容上基本相似。在体适能方面以"健康体适能"的改善为主,健身教练在体适能检测的基础上,为会员设计合理的健身计划,提出具有针对性的健身指导,开出适合个人的运动处方。多数健身俱乐部均提供"一对一"的私人教练服务,私人教练的服务需要额外付费。团体课程比较丰富,包括各种健身操、瑜伽、普拉提等,可以满足不同消费者的个性需求。在规模较大的健身俱乐部还有泳池及网球、壁球、乒乓球等运动项目。俱乐部为会员提供的其他的免费服务主要是洗浴以及其他的各种侧重休闲的运动项目,如台球等。

(2)经营模式

连锁经营是目前健身俱乐部最常见的经营形式。国内目前几个跨区域的大的知名品牌的健身俱乐部大多采用这种模式。连锁经营通常有两种模式,一是直接投资的直营店,二是特许经营的加盟店。连锁经营的主要益处主要体现在:

1)有利于实现品牌价值;

2)有利于扩大市场占有率;

3）优化资源配置，可实现资源共享，节约成本，降低经营费用；

4）强化企业形象，覆盖面广，宣传效果明显，有利于扩大知名度；

5）提高竞争实力。

（3）经营目标

会员制是目前商业健身俱乐部主要的营销模式，它是通过引导消费者进行长期的消费，而为俱乐部的发展提供保证的一种营销方式。健身俱乐部的发展壮大是与其拥有会员的多寡密切相关的，发展会员、保有会员是俱乐部生存、发展的基石。每个经营管理者对此都给予了极大的关注。在激烈的市场竞争中，对会员的争夺与占有是当前所有健身俱乐部经营与管理的重中之重。可以说发展会员、保有会员是健身俱乐部的经营目标，健身俱乐部所有的经营管理活动均围绕此目标而展开。

（1）只注重吸收新会员而忽视老会员的流失是企业发展的近视理念

据统计，健身俱乐部平均每年都有一部分的会员在流失。所以，以会员为导向的市场营销理念已被大部分健身俱乐部管理者所接受。虽然如此，但仍有不少的管理者观念并没有转变，仍然忽视对老会员的深入细致地服务，并不为老会员的流失而感到担忧。这种经营管理理念是经营管理的近视理念，将会给俱乐部的发展带来难以估量的损失。

（2）俱乐部在建构新旧客户关系中存在着巨大的成本差异

对于健身俱乐部来说，注重"经营"和保有那些曾经存在的会员并始终保持其关系，是一个十分明智的选择。虽然每一个俱乐部在争取新会员时花费一些精力是十分必要的，但对于另一个群体，也就是那些已经是会员的人，如何有效地预防他们的流失，则需要经营管理者花费更大的精力。这种在营销学中注重老客户的做法，可以节约大量的推广费用并赢得大量的时间。因为从经营者的角度来讲，维持一个旧关系比建立一个新关系来得更容易些，一个新客户进行说服所需费用远远高于旧客户的服务费，而且旧关系一旦回归，其忠诚度会比新关系更大。

可见，如何保有会员是关系到健身俱乐部经营成败的决定因素，而本书即是从专业的角度，思考如何通过制定合适的战略，提高对会员的专业服务水平，从而增加会员对健身俱乐部的满意度与忠诚度。

1.2 体力活动、体适能与健康促进研究进展

体力活动不足对健康的影响已经成为全球问题，是21世纪最重要的公共健康问题。本研究采用文献资料法，探讨体力活动、体适能水平与健康的关系。研究认为，闲暇时无体力活动和低体适能水平与心脑血管疾病、代谢性疾病、骨关节疾病及某

些癌症等慢性疾病的发生风险及死亡率增加密切相关；有规律的体力活动、适宜的体适能水平在预防疾病与健康促进中发挥有益作用，存在量效关系。国内外已进行了相关研究，并提出健康促进的体力活动指南。

1.2.1 体力活动、健康体适能概念

体力活动指任何由骨骼肌收缩引起的导致能量消耗的身体运动，主要包括职业性、交通性、日常生活体力活动及闲暇时体育锻炼。

体适能指在应付日常工作之余，身体又不会感到过度疲劳，还有余力去享受休闲及应付突发事件的能力，是健康相关、技能相关和代谢相关的多方面参数的综合。目前，健康相关体适能是体质研究的重要内容，包括心肺适能、身体成分、肌肉骨骼适能和柔韧性。体适能的提高有赖于体育锻炼。

随着经济发展和科技进步，人们职业性、交通性及日常生活体力活动逐渐减少，而闲暇时参加体育锻炼较少。体力活动不足与静态活动较多已经成为全球问题，是21世纪最重要的公共健康问题。研究表明，闲暇时无体力活动和低体适能水平与冠心病、高血压、心力衰竭、型糖尿病、骨关节疾病、癌症等慢性疾病的发生风险及死亡率增加有关。美国每年至少有190万人死于体力活动不足。He等对123万中国人进行长达9年的纵向研究，结果表明中国人有6.8%的死亡与体力活动不足有关，体力活动不足已成为中国人群死亡和多种慢性疾病发生发展的重要危险因素之一。同时给社会带来沉重的经济负担，使医疗支出增加。世界卫生组织（WHO）调查推测，2006~2015年，中国仅因心脏病、中风和糖尿病导致的将损失国民收入5580亿美元。

1.体力活动、静态生活方式与慢性疾病的关系

体力活动不足或静态生活方式是心血管疾病（高血压、高血脂、冠心病、心肌病等）、代谢性疾病（如肥胖症、糖尿病、代谢综合症等）、骨骼肌肉异常（如骨质疏松和骨性关节炎）、某些肿瘤（如结肠癌、乳腺癌等）等慢性非传染性疾病发生发展的共同危险因素。美国有氧运动中心纵向调查数据表明，与其他危险因子发生风险（肥胖2%~3%、吸烟8%~10%、高胆固醇2%~4%、糖尿病2%~4%、高血压8%~16%）相比，无规律运动者冠心病（Coronary Heart Disease，CHD）发生风险（16%）更高。

上述各慢性疾病之间又相互影响，如高血压、高脂血症及肥胖等已被证实为冠心病、脑卒中等心脑血管疾病的重要危险因素。肥胖人群（尤其是中心型肥胖）更

易聚集较多的慢性疾病及其危险因素,故肥胖者多危险因素的联合作用更应受到重视。肌肉骨骼健康与保持功能独立性、活动性、血糖稳态以及整体生活质量密切相关。

2.体力活动、体适能与健康促进的关系

越来越多的证据表明体力活动及体适能水平对机体产生健康效应。Lee等研究表明体力活动行为改变和死亡发生风险相关。美国一项经过5年追踪探讨体适能水平与死亡率的研究结果显示:一旦抛弃久坐的生活方式,并拥有"普通"体适能水平的人,可以明显降低44%的死亡率。其中,一开始就拥有良好的体适能并维持良好体适能的人死亡率最低;一开始没有良好体适能,而且一直没有改善体适能的人死亡率最高。

健康效应依赖于体力活动量(运动强度、持续时间和运动频率的综合),即两者间存在的量效关系(Dose-response Relationship)。大致可归纳为以下三种(图1-1所示):A:中小运动量即可使运动不足者的某些健康指标明显改善。B:运动量与肥胖控制、某些疾病死亡率和发病率存在线性关系。C:运动量达到一定水平时才使某些健康指标的改善获得效果。而运动不足或过多均对健康产生不利影响。故体力活动时应同时注意运动量、健康效应与运动损害的平衡点。

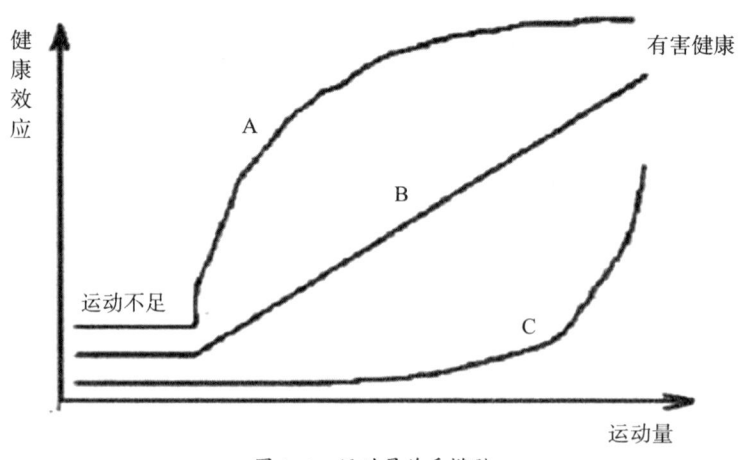

图1-1 运动量关系模型

血管病的风险最大程度减少。将体适能水平划分为四分位,体适能最低、最高者与中等体适能者相比,心血管疾病死亡率显著不同。为了得到更严谨的结果,作者建议延长观察时间至少10年以上。Blair报道体适能最低者与最高者相比,CHD发生的风险增加了7~9倍。经过一段时间体力活动,体适能增强者与未增强者相比,

CHD 发生风险下降了 50%，拥有普通体适能基础且经过一段时间保持者和一直低适能者相比，风险下降了 78%。并提出了基于年龄变化、不同性别的最低和最佳体适能的运动阈值。

Anderssen 等提出无论国家、年龄和性别，儿童时期低的心肺适能水平是心血管疾病危险因子"丛集"的重要预测因素。而增加体力活动和提高体适能水平可降低儿童时期的心血管疾病危险，并对成年后健康产生持续效应。相对于男性而言，更年期女性体力活动不足和体适能较低导致 CVD 的发生风险更高。

因此，美国健康与人类服务部（United States Department of Health and Human Service，HHS）于 2008 年提出：除了体力活动，心肺适能水平被列为 CHD 和 CVD 发生的独立影响因子。

关于体力活动、体适能水平对心血管疾病危险因子的影响研究主要是控制血压和血脂类型。流行病学调查显示运动（包括有氧运动和抗阻运动）有助于控制血压，且无论男性还是女性，体力活动水平与安静时血压呈负相关。Whelton 等的 Meta 分析（包括 39 个随机对照实验、1418 个受试者）发现有氧运动使受试者收缩压和舒张压分别下降了 4.84 mmHg（收缩压 95%CI：3.30～6.30 mmHg）和 3.12 mmHg（舒张压 95%CI：2.10～4.14 mmHg）。与血压正常者相比，参加耐力运动的高血压患者安静时收缩压和舒张压下降更明显（5～7mmHg）。而普通人通过耐力运动或抗阻运动可获得血压中等程度下降（2～3mmHg），使 CHD、心力衰竭发生风险分别降低 5%～9%、8%～14%，使全死因下降 4%。Tambalis 等的 Meta 分析（包括 58 个随机对照试验）结果表明，运动可使总胆固醇（TC）、甘油三酯（TG）和低密度脂蛋白（LDL）下降，高密度脂蛋白（HDL）增加，而且不同运动方式对血脂的影响不同，抗阻运动对降低 LDL 水平有积极作用，大强度有氧运动增加 HDL，两种方式结合可同时改善 LDL 和 HDL 水平。HDL 每提高 1% 可使 CHD 风险降低 3.5%。

Vivian 等确定了体力活动与部分心血管疾病危险因子之间的量效关系（如图 1-2 所示）。陈佩杰等研究结果与此类似：每周消耗 500 kcal 热量可达到控制血脂的目的，每周消耗 1800 kcal 以上的热量可使血 HDL 达到理想水平。

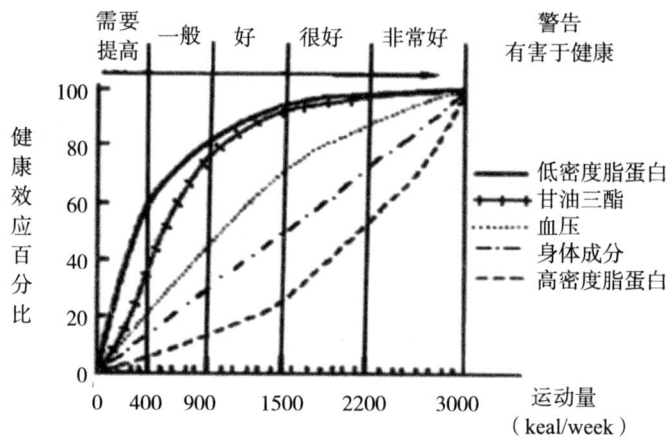

图1-2 体力活动与部分心血管疾病危险因子之间的量效关系

规律体力活动加上其他降低危险因子的措施干预心血管疾病的主要机制可能为：

（1）增加脑血流量，改善微循环；

（2）降低血压，增加心肌等张机械性或代谢性功能，增加电稳定性；

（3）减少身体脂肪，降低甘油三酯和升高高密度脂蛋白；

（4）降低血纤维蛋白原活性，减少血小板聚集。

1.2.2 体力活动、体适能在干预代谢性疾病中的作用

1. 超重与肥胖

体力活动增加能量消耗，而能量消耗与肥胖呈负相关。体力活动或体适能对超重与肥胖的作用存在量效关系，一次急性运动（40%~70%VO2max，持续15~40分钟）引起能量消耗增加，需5~40分钟才能复恢复到基础水平。当体力活动消耗达到239 kcal/天或1315~1673 kcal/周，并在运动后不额外增加热能或脂肪的摄入量，即不补充运动消耗的能量，引起热能负平衡，可使体重减轻、体脂肪减少。Ross等Meta分析（1966~2000年间的研究，包括31个随机对照实验）发现：平均消耗2200 kcal/周的短期实验组（≤16周），可使体重减少0.26 kg/周，体脂减少0.25 kg/周，即每周能量消耗增加与体重、体脂减少呈线性关系；而平均消耗1100 kcal/周的长期研究组（≥26周），体重和体脂减少均为0.06 kg/周，无量效关系。许多研究认为运动可减少内脏脂肪。Kay等通过Meta分析（1966~2006年间的研究，包括13个随机对照实验和8个非随机对照实验，发现在有代谢相关障碍的受试者中，

运动量与内脏脂肪减少无显著相关关系,而对于无代谢障碍的肥胖者,有氧运动可减少内脏脂肪,且要获得显著效果,运动量至少要达到10METs.h/w。Dipietro等研究发现随着运动时间延长,体重增长减少,表明规律运动可预防与年龄增长有关的肥胖。

体力活动还可使安静状态下脂肪供能比例增加。其机理与骨骼肌中丙二酸单酰减少有关,从而活化了β氧化途径,加强了游离脂肪酸(FFA)释放到细胞的过程,还可能与骨骼肌细胞膜长链脂肪酸转运器增加有关。

随着分子生物学和基因工程的发展,运动对肥胖基因的作用受到越来越多的关注。瘦素(Leptin)是和肥胖发生发展密切相关的调控因子之一。多数研究认为运动可降低Leptin水平。吴军发等认为,中低强度运动能够显著降低大鼠血清Leptin水平。Klimcakova等对12名肥胖者进行为期3个月的动力性抗阻运动,结果发现受试者的血浆Leptin水平显著降低了21%。究其原因,可能运动时交感神经兴奋,血中儿茶酚胺(CA)升高,作用于β3-肾上腺素受体,使血中Leptin减少;运动降低机体脂肪含量,减少Leptin分泌;运动也可通过糖皮质激素、肿瘤坏死因子α(Tumor Necrosis Factor-α,TNF-α)等下调Leptin水平。但也有不完全一致的研究结果,丛琳等研究发现,中等强度运动能使糖尿病大鼠肥胖基因蛋白含量及其mRNA水平显著增加,Leptin增加。而Barbeau等通过对55名12~16岁儿童少年进行为期8个月的运动干预,结果表明运动导致的Leptin变化与Leptin基础水平及心肺适能变化呈负相关,心肺适能增加最少者趋向于Leptin增加最多。

研究表明肥胖(尤其是向心型肥胖)直接导致机体处于"慢性炎症反应状态",TNF-α、白介素-6(Interleukin-6,IL-6)、C-反应蛋白(C-reactive protein,CRP)明显增加,脂联素(Adiponectin)生成减少,这些改变同一系列疾病,如高血压、血脂异常、2型糖尿病以及动脉粥样硬化等密切相关。规律运动可动员骨骼肌内免疫细胞产生抗炎性、促炎性细胞因子而达到减轻脂肪组织内炎症的效应;还可降低各类肥胖性慢性炎症因子的基础水平。长期运动时这种效应可能被积累。

关于运动减肥,美国运动医学会(American College of Sports Medicine,ACSM)提出的传统方案为:运动强度60%~90% HRmax或50%~85% VO2max、20~60分钟/天、≥3天/周。上述运动方案负荷较大,肥胖者不易坚持。因此,美国疾病预防与控制中心(Centrals for Disease Control,CDC)和ACSM联合推荐了新方案:运动强度为3~6 METs、30分钟/天、7天/周。新方案强调中低强度运动,易被肥胖者接受和坚持。

2.糖尿病

糖尿病是由于各种不同的病因及发病机理引起体内胰岛素缺乏或胰岛素作用减弱而导致机体糖、蛋白质和脂肪代谢紊乱的一种慢性代谢性疾病，其基本特征是能量代谢异常。胰岛素抵抗（Insulin Resistance, IR）是2型糖尿病（Type 2 Diabetes Mellitus, T2DM）发病过程中的主要病理生理环节。队列研究一致表明运动和适宜的体适能T2DM的发生风险下降且与运动频率相关。与未参加运动者相比，每周参加1次、2~4次、5次或以上中等强度运动的女性糖尿病风险分别下降了10%、14%和27%。这是因为运动增加骨骼肌血流量，使葡萄糖跨越肌细胞膜输送增加，提高胰岛素敏感性，缓解胰岛素耐受性，从而预防肥胖和T2DM。

在患者饮食和/或药物控制的基础上采用运动疗法是目前公认T2DM治疗方法之一。研究表明规律运动（主要是有氧运动和抗阻运动）可控制病情，预防并发症的发生发展。Kirk和Mutrie等报道：为期6个月的运动可显著改善T2DM血压、HDL和TG，控制血糖。Mourier对24名糖尿病人进行2次/周、45分钟/次、强度为75%VO2max、共8周的运动，结果显示内脏脂肪组织减少了48%，大腿肌肉组织增加23%，胰岛素敏感性显著提高。王敬浩等报道，经过8周的太极拳锻炼，血浆胰岛素水平没有改变，但胰岛素受体数目，尤其是低亲和力受体数目及结合容量均增加。Ibanez等对9名老年T2DM患者进行为期16周，强度为50~80%最大力量的渐进抗阻练习，结果发现胰岛素敏感性提高了46.3%，血糖下降了7.1%。

运动降低胰岛素抵抗的量效关系如图1中A所示，即500~1400 kcal/周的能量消耗可大幅度降低其抵抗性，但之后改善速率则缓慢下来。流行病学研究还表明，长期规律运动对非糖尿病人维持正常血糖和提高胰岛素的敏感性也有益。运动防治糖尿病的主要机制为：

（1）运动增加能量消耗，降低体脂率和血液中FFA，改善脂肪细胞的表达、分泌和/或功能；对神经-内分泌系统也有影响；

（2）运动提高胰岛素与其靶器官胰岛素受体的结合力，降低IR，使胰岛素能够更好地发挥作用；

（3）运动可改善糖耐量（OGTT）。

3.体力活动、骨骼肌肉体适能与健康的关系

骨骼肌肉异常，如骨质疏松、骨关节炎、骨折、结缔组织撕裂、下背痛等，均与体力活动不足和静态生活方式有关。通过体力活动，可提高肌肉骨骼健康，保持功能独立性、活动性、血糖稳态，提高整体生活质量，减少跌倒风险、慢性疾病和早亡风险，

此时不一定伴随心肺适能的明显改善。需要指出的是，提高肌肉骨骼适能对于老年人的健康促进特别重要。

（1）骨质疏松症

骨质疏松症是以骨量减少、骨的微观结构退化为特征，致使骨脆性增加而易骨折的一种全身性疾病。骨密度（Bone Mineral Density，BMD）是衡量骨质疏松程度的重要指标，其主要影响因素有：年轻时骨峰值（Peak Bone Mass，PBM）和成年后（特别是老年期、妇女绝经后 5~10 年）骨质丢失速率。

青春期前期是增加 BMD 的最佳时期，在此期间进行体力活动，可对骨产生适宜刺激，为一生中较高的 PBM 提供基础 BMD。其后继续运动，对于成年后骨量丢失减少、防治骨质疏松及骨折非常重要。张国海通过对体育专业和非体育专业大学生 BMD 的比较，结果发现体育专业大学生 BMD 显著高于非体育专业大学生（$P<0.01$），这主要是由于体育专业大学生有系统的运动作为支撑，导致 BMD 的变化上有别于处于同等生长发育末期的非体育专业大学生。

女性绝经后，骨丢失速度大约是绝经前的 2.5~3 倍，并且绝经后最初 5~8 年内，骨的丢失大约是绝经前的 10 倍。雌激素补充疗法有利于降低破骨速率，但仍不足以与成骨速率达到平衡。越来越多的研究证实体力活动与绝经后妇女的骨量维持密切相关。

因此，女性绝经后早期采用有效地运动非常必要。Kemmler 和 Lauber 等通过对绝经后早期骨量减少的女性进行为期 2 年的运动干预，运动内容包括：专门的有氧练习、跳跃、肌肉力量训练来保持脊柱和股骨近侧端骨质。结果表明运动可提高肌肉力量和耐力，减少骨量丢失、腰背痛和降低血脂水平。Kemmler 和 Stengel 等将 246 名 65 岁以上老年女性分为运动组和对照组，进行 18 个月的观测，结果发现运动组腰椎骨 BMD 增加 1.77%（对照组增加 0.33%），股骨颈 BMD 增加 1.01%（对照组减少 1.05%），组间均有显著性差异（$P<0.05$），间接表明运动可延缓老年人的骨密度丢失，减少跌倒的风险。

体力活动对 BMD、骨矿含量的影响与运动方式、项目、强度有关，即通过运动使 BMD 增加量与骨负重和张力的大小呈正相关。Bonaiuti 等的 Meta 分析（包含 18 个随机对照实验）结果表明：有氧运动、负重和阻力练习都可以有效增加绝经后妇女腰椎骨密度，与基础水平相比增加 1.79%，散步不能增加腰椎骨密度，但可使髋骨密度增加 0.92%。而 Satoshi 等研究显示，步行运动对绝经后妇女的腰椎骨量和骨代谢影响非常小；跳舞和慢跑等低冲击和有氧运动与股骨颈和髋骨的骨丢失相关；

进行一定强度的负重训练可提高腰椎骨量。参加体操、举重、篮球等负重和有冲击运动者，其 BMD 的增加比参加非冲击和负重的项目（如游泳、水球等）者明显。流行病学调查表明，高水平体力活动的女性骨折发生率减少。

运动对骨产生影响的主要机制可能有：

1）运动可促使性激素的分泌，骨组织对甲状旁腺（PTH）的感受性降低，减弱破骨细胞的活动，引起血中钙、磷含量的减少，使机体尿钙排出量减少，并促进钙吸收和骨组织外的钙、磷再利用；

2）增加骨血流量，促进骨的形成；

3）通过运动应力影响骨内微电位，通过提高肌力而改善骨密度等。

（2）肌肉力量和耐力

肌肉力量（Muscle Strength）是一块肌肉或肌肉群竭尽全力收缩产生的最大力量。肌肉耐力（Muscle Endurance）是指一块肌肉或肌肉群在一段时间内重复进行肌肉收缩或维持某一固定用力状态的持久能力，二者合称为肌肉适能。良好的肌肉适能能有效地预防骨骼关节肌肉疾病。纵向调查表明拥有高水平肌肉适能者其功能受限程度最少，且慢性疾病发生率较低，也可减少运动损伤的发生。

随着年龄增长，肌肉力量和耐力都会逐渐降低。研究发现，肌肉力量在 20~30 岁时达到一生中的最高峰，30 岁后逐渐降低，65 岁时平均肌力约为 20~30 岁时的 80%。通过体力活动，可保持肌肉力量和耐力，减缓其随年龄增长而自然消退的速度。Rhea 总结出运动量与最大肌力之间的量效关系：缺乏运动者的训练方案为强度约 12RM、4 组/次、3 天/周；经常训练者的训练方案为强度约 8RM、4 组/次、2 天/周，可发展最大的肌肉力量。

1.3 体能训练原理和方法

体能训练时运动训练的重要组成部分，是结合专项需要并通过合理负荷的动作练习，改善运动员身体形态，提高运动员机体各器官系统的机能，充分发展运动素质，促进运动成绩提高的过程。它是技术训练和战术训练的基础，并对掌握专项技术、战术，承担大负荷的训练和激烈的比赛，促进运动员身体健康，防止伤病、延长运动寿命等具有极为重要的意义。

体能训练包括一般体能训练和专项体能训练：

一般体能训练：指运动员身体健康，提高各器官系统机能，全面发展运动素质，改善身体形态，为专项成绩提高打好基础的训练。

专项体能训练：用直接提高专项素质的练习以及与专项有紧密联系的专门性体能练习，最大限度地发展对专项成绩有直接关系的专项运动素质，以保证掌握专项技术在比赛中顺利有效地运用，而创造优异成绩的训练。

根据运动训练理论和体能训练的实际要求，提出几个原则，包括：自觉性原则，区别对待原则、一般与专项训练原则，"三从一大"原则、系统训练原则、适宜负荷原则及回复原则。

（1）自觉性原则

基本要求：

①对运动员加强训练目的性和正确价值观的教育。

②教练员在训练过程中的主导作用。

③运动员在训练过程中的主体作用。

④满足运动员合理需要，正确的运用动力。

（2）区别对待原则：整个训练过程必须依据该运动员的特点进行安排，使之得到最大的发展。

理论依据：

①运动专项需要的多样性。

②运动员个人特点的多样性。

③运动训练和比赛条件的多变性。

基本要求：

①掌握运动员个体特征。

②正确认识运动员专项的基本特征。

③充分考虑运动员训练和比赛条件。

④处理好运动队集体和个人的关系。

⑤教练员要及时准确的掌握运动员的具体情况。

（3）一般和专项训练原则：一般训练的目的是为专项运动成绩的提高打下良好运动素质、技术战术、心理品质各方面的基础；专项训练的目的则是直接为创造优异的专项成绩服务。但两者的目的是一致的，相互促进，相互制约。

理论依据：

①有机体式一个有机的整体。

②各运动素质的发展相互转移。

③一般训练队专项训练的调节作用。

④专项训练队提高专项运动成绩起直接作用。

基本要求：

①一般训练的内容和手段的选择必须考虑全面性和实效性。

②一般训练既要全面又要反映专项化的特点。

③一般训练和专项训练应保持适宜的比例。

④两者的结合要考虑与联系之间的关系，形式要灵活。

（4）"三从一大"原则：指从难、从严、从实战需要出发，科学的进行大负荷训练原则。

产生背景：

① 20世纪50年代以后，国际竞技体育进入"大负荷大投入训练阶段"。

②"郭兴福教学法"的启示。

③日本女排大松博文教练训练方法的启示。

基本要求：从难、从严、从实际出发、大负荷训练。

（5）系统训练原则：指持续的、循序渐进的组织运动训练过程的训练原则。

理论依据：

①人们认识客观事物从已知到未知的规律性。

②人体生物适应的长期性。

③训练效应的不稳定性。

④人体生物适应的阶段性。

基本要求：

①按阶段性特点组织训练过程。

②保持训练的系统。

③防止运动员发生伤病。

（6）适宜负荷原则

适应规律，以及提高运动员竞技能力的需要，在训练中给予相应量度的负荷，以取得理想训练效果的训练原则。

理论依据：

①超量恢复规律。（超量补偿）

②生物适应规律。

③过度负荷。

基本要求：

①正确理解负荷的构成。

②正确认识负荷刺激的生理临界。

③正确处理负荷量与负荷强度的关系。

④训练过程的监测与控制。

（7）恢复原则：指及时消除运动员在训练中所产生的疲劳，并通过生物适应过程产生的超量恢复，提高机体能力的训练原则。

理论依据：

①恢复与结构—机能的重建。

②超量恢复规律。

③疲劳消除规律。

练习要点：

①合理地制定训练计划。

②正确认识负荷与恢复的关系。

③正确分析疲劳的产生机理，判断疲劳程度。

④采取消除疲劳的措施。

恢复方式：自然性恢复方式和积极性恢复方式。

恢复手段：

①训练学恢复手段。

②睡眠时消除疲劳的重要手段。

③医学、生物学恢复手段。

④营养学恢复手段。

⑤心理学恢复手段。

体能训练的内容：体能训练涉及身体形态、身体机能、运动素质、健康等诸因素。身体形态是指人体的内外部形态。身体机能是指机体各器官系统的功能，它是身体活动能力的基础。运动素质是机体在中枢神经系统的控制下，在运动时所表现出来的各种基本运动能力，通常包括力量、速度、耐力、柔韧、灵敏等。此外，健康的身体是运动员参加训练活动的必要条件。

（8）身体形态：身体形态是指人体内外部的形态特征。外部形态如高度（身高、坐高、足弓高）、长度（腿长、臂长、手上、头长、足长）、围度（胸围、臂围、腿围、腰围等）、宽度（髋宽、头宽、肩宽）和充实度（体重、皮脂厚度等）；内部形态有心脏纵横径、肌肉的形态和横断面等。

身体形态的意义：

①身体形态和运动成绩有密切联系。

②身体形态在一定程度上反映着相应的生长发育水平、身体机能水平和竞技水平，身体形态在一定程度上影响着运动素质的发展。

③身体形态的改善在一定程度上影响着运动素质的发展。

身体形态训练的要求：

①要注意遗传因素的影响。

②要根据项目特点安排身体形态训练。

③要根据生长发育的形态特征安排身体形态训练。

④要采用多种方法和手段改善身体形态。

身体机能：身体机能是指运动员有机体格器官系统的功能。

身体机能的意义：

①身体机能的许多指标具有强烈的遗传特征，因此必须从遗传学角度选择身体机能突出的儿童少年，这是运动选材的一个重要方面。

②身体机能的某些指标又是有变异的（如肺活量），因此应采用科学的训练方法，提高运动员身体机能，为达到高水平成绩奠定基础。

③某一机能水平直接影响着运动时所需要的某方面能力。

身体机能的训练：主要通过身体训练及专项训练的途径去实现。

科学合理的体能训练可以有效地发展运动员的身体机能；同时，运动员身体机能水平的提高又能有效地促进体能训练水平和专项成绩的提高和发展。

（9）力量

力量的分类：

①单纯性力量。是人体或身体某一部分克服阻力的能力。

②速度力量。速度力量是指运动员在克服一定阻力时，使器械或人体产生可能的位移，它是肌肉加速度能力的表现。速度力量的典型表现形式为爆发力。

③力量耐力。在一定阻力的情况下，运动员可能工作的时间长短，即运动员在一定阻力情况下克服疲劳的能力。

影响力量能力的因素：

①中枢神经系统发放冲动的强度与频率。

②肌肉组织形态结构。

a. 肌纤维的类型。红肌纤维（慢）和白肌纤维（快、无氧代谢能力强）。

b. 肌肉的生理横断面。肌肉的生理横断面增大,收缩力量就相应增大。

c. 肌肉内肌纤维的数量。数量多,收缩力量大。

d. 肌纤维的支撑附着面。

e. 肌肉纤维长度。

③肌肉的反应特征:

a. 肌肉在工作时,运动员参加工作的运动单位数量的能力。即肌肉的内协调能力的好坏决定能否调动更多的运动单位参加工作。

b. 肌肉工作时,营养系统的供能状况。

c. 肌肉内感受器对中枢神经的系统的影响。

④最大力量的发展途径:

a. 依靠改善肌肉内协调和肌间协调增加力量。

b. 依靠肌肉体积的增大而使力量增长。

⑤力量训练安排不同重量负荷应注意的问题。

a. 不同重量负荷先后次序安排所起的训练效果。

b. 要保证在较好的状态下完成本次练习的主要重量。

c. 要把起总体作用的练习与其相对局部作用的专门性练习相结合。

d. 从事各种不同重量训练之后要有合理的间歇时间,以保证下-次练习的进行。

e. 在开始完成大重量的练习前,应当适当的安排几次略轻的重量作适应性练习。

f. 采用两次重复和重量波浪式交替法进行最大负荷练习。

⑥发展最大力量的负荷组成要求。

a. 肌肉的工作方式。主要以克制性和退让性相结合的动性工作方式为主。

b. 阻力的大小。在发展最大力量时应当采用相当大的负重量,即需要用该练习中所能达到的极限重量的 70%~90% 的重量。

c. 完成练习的速度。

d. 完成一组练习的时间。

e. 组间间歇的时间和性质。间歇相对不长。

f. 在一次课中的重复次数。中等速度为最好。

⑦爆发力的练习。爆发力由的组成,速度与力量。

a. 肌肉工作的方式:动力性的,尤其是克制性的动力工作方式。

b. 阻力大小。发展速度负重小,发展力量负重大。约为 30%---90% 的最大负重量。

c. 完成练习的速度。通常接近极限速度。

d.完成单个练习的时间。

e.组间间歇的时间和性质。应保证工作能力得到充分恢复。间歇中可安排低强度活动,可使恢复过程得到强化。

f.一堂课中练习的次数。练习量不大。

（10）力量耐力训练

①肌肉工作的方式：主要为克制性与退让性工作项协和的动力性工作方式。

②阻力大小。变化范围可以很大,一般为 40%--60%。

③完成练习的速度。

④完成单个练习的时间。通常要做多次,直到产生很大疲劳为止。

⑤组间间歇的时间和性质。30S—90S 之间。

⑥一堂课中练习的次数。重复次数通常不超过 0—122 次。

（11）速度训练

速度能力是指人体惊醒快速运动的能力。分为：

①在要求急速运动反应的状态下,表现紧急反应的能力。

②保障各种直接决定动作速度特征的有机体的活动迅速运作的能力。

影响速度的因素：

①神经系统的机能状态。

②能源物质的储备及相应酶的活性。

③动作技术的熟练程度。

④肌肉的组成成分。红肌纤维（慢）和白肌纤维（快）。

（12）耐力训练。

耐力素质,是指克服疲劳的能力。

耐力的特点：

①工作时间持续长。

②工作不间断。

③强度相对不大。

④大肌肉群参加工作。

⑤心血管体系能给予较良好的保证。

影响耐力素质的因素：

①运动员的个性心理特征。

②有机体活动室能量交换和获得的机能能力。

③有机体机能的稳定性。

④有机体的机能节省化,协调的完善,力量合理的分配。

不同的运动项目的专项耐力的特点:

①长距离、超长距离的耐力特点:他们的运动成绩是运动员有机体的最大需氧量水平以及其他有氧能力所决定的。

②短距离项目的耐力特点:这类项目的耐力取决于无氧过程对能力转化、利用能力的可能程度和效率。

③球类项目耐力的特点:这类项目一方面由于带有大量极限强度的动作,对无氧功能体系提出了相当高的要求;另一方面,由于积极的动作与相应的间歇进行交替,并且总负荷量很大,从而对有氧供能体系又有很高的要求。

1.4 体适能研究现状

在内地体适能的另一个叫法为体质,关于体质健康的研究,十一届三中全会后,在理论方面上和社会实践中均完成了巨大的工作任务。在1978年8月26日,国家体委部门联合发出《我国青少年儿童身体形态、机能、素质调查研究》的通知,拉开了我国第一次大规模的学生体质监测序幕。通过此次调查研究,获得了较全面的基础资料和数据。在1991年至2014年间,我国总共开展了7次全国性的、大规模的国民体质监测,其中相匹配年份的学生体质测试数据纳入了国家数据库,并成为了至关重要的组成部分。

1.4.1 健康体适能研究概述

健康是身体的完好状态,强调了机体对社会生活的强大适应能力,即人体对内、外界各方面适应及应变的综合能力。体适能无论是与健康相关或是与运动相关,二者彼此间是密切相连并相互影响,没有明确的界限可以划分。由此看来,机体健康的好与坏,直接决定着体适能水平的高与低。

大学生体适能健康状况的好坏是事关中华民族素质的大事,整体上我国大学生体适能各要素水平男生优于女生,存在性别差异。徐洋等人重点关注了女生体适能,研究结果发现女生整体体适能情况较好,但肌肉力量、爆发、反应等体适能要素还需提高。广西师范大学生的体适能水平有所不同,具有性别上的差异性。

刘照宇对影响高中生体适能健康水平的因素进行了分析,发现高中生的体适能水平与心肺耐力最为密切相关,$r=0.633$,这一结果引起了体育工作者的关注和深思,大学生的健康体适能各指标与心肺耐力也存在着相关性。而徐洋对大学生的体适能健康进行了相关因素分析，结果发现心肺耐力与其相关性最大，这一结果和刘照宇的观点是一致的。心肺耐力水平越高，机体对氧的利用能力越强，身体对日常生活的适应能力就越棒；心肺耐力水平越低，身体适应能力就越差，而且还容易感到疲劳。因此对心肺耐力水平较低的大学生进行各要素分析研究已至关重要。在学校体育教学和体适能健康水平提高这两个方面，杨敏等人认为大学生身体健康水平的高低与学校体适能课程的普及推广情况有着相关性。姜桂萍的观点认为，体适能健康水平与日常生活的习惯方式有着明显的线性相关，且因性别稍有差异。

山西师范大学生的身体健康水平表现为整体上男生、女生均呈持续性的逐年下降趋势，男生下降比女生更加明显。而且，关于大学生肥胖问题方面出现"重男轻女"现象，即男生的肥胖人群比例明显大于女生；然而女生较低体重所占人群比例还比男生的要大。河北省大学生的身体健康水平逐年稍有提高，但和国家设计相比对，河北省的高校学生身体健康水平还是较差的。关于身高标准体重 BMI 方面，河北省大学生达标率很低，同样出现了"重男轻女"现象，男生肥胖现象很严峻，这一观点和李静芳的研究结果是一致的。内蒙古师范的学生身体健康水平整体偏低。关于身高标准体重 BMI 方面，内蒙古师范大学学生同样出现了"重男轻女"现象，男生的超重和女生低体重现象两极分化很是严重，这一观点和李静芳、烁海斌的研究结果是完全一致的。

1.4.2 心肺适能现状研究

心肺适能在学生体适能水平中占有至关重要的位置，并影响着其他要素的顺利发展提高。心肺适能方面：广西师范的学生整体看来处于中等水平阶段，男生比女生稍好；山西师范的大学生整体上呈现显著下降的趋势，男生下降程度比女生更加严峻；河北省高校大学生的指标测试结果令人甚是堪忧，2009 到 2011 每年的不达标人数都达到 25%，相对而言，女生表现的更弱一些；内蒙古师范的大学生整体上处于正常偏低的一个水平。大学生心肺适能水平很差，这是一个普遍现象，而且呈现逐年下降的态势。

1.4.3 肌肉适能现状研究

肌肉适能是身体高效率的完成每天日常活动的必备能力，良好的肌肉适能是健康体魄的基础和保障。肌肉适能方面：广西师范大学生整体上处于较好水平，但男生的肌肉力量优于女生；山西师范大学生的下肢力量和上肢肌肉力量方面，随着年份先下降,然后小幅度上升的趋势,男生下肢力量比女生好,但女生的肌肉耐力比男生稍好。不同地区大学生的肌肉适能水平可能有所不同,但是,大学生男生的肌肉力量要比女生好,女生的肌肉耐力比男生稍好,这是所共有的特点。

综上所述,无论是大学生4年的动态身体健康指标数据分析,还是在校的4个年级的大学生,结果都具有共同点,就是大学生身高标准体重BMI方面,出现了"重男轻女"现象,而且态势很严峻,男生的肥胖和女生的低体重很是严重,应当给予专业的体育锻炼指导和相应的体育相关知识的学习,健康体魄和完美身材的综合便是一种最佳状态。还有一个重要的大学生普遍现象就是呼吸机能和心肺耐力水平很差,大部分学生在中下等水平,这一严峻的现状引起社会关注。社会国家和各级学校严格树立健康第一的指导思想,特别是体育教育的相关工作。近几年,随着大学生体质健康测试工作的开展,均呈现整体小幅度的下降趋势,对于提高大学生健康水平显得刻不容缓。

1.5 体适能之田径运动方法种类

田径(track and field 或者 Athletics)或称田径运动,是田赛、径赛和全能比赛的全称。现代田径运动的分类不同,主要包括竞走、跑、跳跃、投掷以及由跑、跳、跃、投掷的部分项目组成的全能运动,共计四十多项。

田径运动中以时间计算成绩的项目叫径赛;以高度或远度计算成绩的项目叫田赛;全能运动项目,则是以各单项成绩按《田径运动评分表》换算分数计算成绩。

1.5.1 田径运动的发展

远在上古时代,人们为了获得生活资料,在和大自然及禽兽的斗争中,不得不奔跑相当的距离,跳过各种障碍,投掷石块和使用各种捕猎工具。在劳动中不断的重复这些动作,便形成了走、跑、跳跃和投掷的各种技能。随着社会的发展,人们有意识地把走、跑、跳跃、投掷作为练习和比赛形式。

公元前3500年,古埃及壁画描绘田径运动场景。田径比赛起源于古希腊的古代奥运会,最早的田径比赛,是公元前776年在希腊奥林匹克村举行的第一届古代奥运会上进行的,项目只有一个——短距离赛跑,跑道为一条直道,长192.27米。到公元前708年的第10届奥运会上,才正式列入了跳远、铁饼、标枪等田赛项目。当时只准男子参加,女子连观看也不行,违者处以死刑。从那时起,田径运动就作为正式比赛项目之一。公元前490年,传说希腊士兵菲利皮迪斯从马拉松城一直跑到雅典城,全程跨度约为 40 公里,为的是报告希腊军队打败了波斯军队的喜讯,当跑到雅典时,菲利皮迪斯精疲力竭而死。为了纪念他,后人就创立了马拉松跑比赛。

1894 年,在法国巴黎成立了现代奥运会组织。1896 年在希腊举行了第一届现代奥运会,在这届奥运会上田径的走、跑、跳跃、投掷等项目,被列为大会的主要竞技项目。

1928 年,在荷兰阿姆斯特丹举行的第九届奥运会上,首次增加了女子田径比赛,当时参加比赛的女子田径运动员有 95 名。

1964 年,全自动电子计时的最小计算单位达到了 0.1 秒。

1968 年,美国人吉姆·海因斯成为历史上首位 100 米跑进 10 秒大关的运动员。迪克·福斯贝里革命性的创造了跳高的全新姿势"福斯贝里跳"(背越式跳高)。同时国际大赛首次使用了合成塑胶田径跑道。

1983 年,第一届世界田径锦标赛在芬兰首都赫尔辛基举行。

1988 年,汉城奥运会上,加拿大短跑名将本·约翰逊在男子 100 米决赛中取得第一名,但是他却没有通过赛后的兴奋剂检测。

四年一届的奥运会是促使田径运动成绩不断提高和改进训练方法的动力。许多优秀的田径运动员经过刻苦训练、他们的先进技术和训练方法通过奥运会又推广于世界各地。如:第二届奥运会推广了跨栏跑和剪式跳高技术。采用大运动量训练的捷克选手拉脱培克,在第十五届奥运会上取得 5000、10000 米和马拉松 3 项冠军后,变速跑的方法立即推广于世界各地。1960 年第十七届罗马奥运会上采用马拉松式训练法的新西兰运动员斯奈尔、马吉等在 800 米、5000 米、10000 米上取得好成绩后,新西兰的马拉松训练法又得以推广。在 1968 年的墨西哥奥运会上,美国运动员理查德·福斯贝里采用背跃式跳高取得冠军后,世界各地仅 2~3 年时间里便取代了俯跳卧式跳高技术。诸如此类事例在历届奥运会中不胜枚举,它对田径运动的技术和训练方法起到了推陈出新的作用,促使了全世界的田径运动的不断发展。

20 世纪初外国传教士将现代田径运动带进中国,当时只有在教会创办的学校之间开展田径比赛,后来逐渐普及到全国的国立、私立学校。1932 年中国首次参加第 10 届洛杉矶奥运会。当时中国短跑运动员刘长春已具备了世界水平,但由于经费不足,他经过长途跋涉,到达洛杉矶的第 3 天就参加 100 米预赛,仅以 11 秒 1 的成绩名列小组第 5 名,未能进入下一轮比赛。在 200 米比赛中,刘长春跑出了 22 秒 1 的好成绩,虽获小组第 4 名,也未能进入复赛。比赛结束后刘长春没有回国的路费,在当地华侨的捐助下才得以返回祖国。

新中国成立后,田径运动得到迅速普及,技术水平提高很快。1953 年起,几乎每年都举行规模较大的全国性的田径运动会,在群众性体育运动广泛开展的基础上,中国田径技术水平和成绩缩短了与国际间的差距。1956 年,女子跳高运动员郑凤荣以 1.77 米打破了当时 1.76 米的世界纪录。60 年代中国有 10 个项目进入了世界前 10 名。1983 年,在上海举行的第五届全运会上跳高运动员朱建华以 2.38 米打破了他自己保持的 2.37 米的世界纪录。同年,徐永久以 45'13'4 的成绩创女子竞走世界纪录,成为中国第一个在世界比赛中获得冠军的田径运动员。90 年代随着马家军的崛起,创造了一批女子中长跑世界纪录,王军霞还赢得了"亚洲神鹿"的称号。2000 年悉尼奥运会上中国运动员王丽萍获得 20 公里竞走金牌;2004 年雅典奥运会刘翔夺得 110 米栏冠军;2015 年刘虹获得女子 20 公里竞走金牌同时打破世界纪录。

1.5.2 田径运动的特征

1.与生活密切相关

走、跑、跳、掷是人类生活的基本技能,是田径运动项目中最基本的运动形式。这些自然动作和技能对学习掌握田径运动各项技术有着十分密切的关系,这些自然动作规范,有助于正确地、较快地掌握田径运动技术。

2.具有广泛性

田径运动具有个体性,又具有广泛的群众性。田径运动除接力跑外,都是以个人为单位参加比赛的运动项目,团体成绩和名次大都是由个人成绩和名次及接力跑成绩的名次的计分相加决定的。田径运动是体育运动中最大的一个项目,它包括五大类的很多单项,是任何大型运动会中比赛项目最多,参赛运动员最多的项目,经常参加田径运动的人也最多。

3.简易可行

参加田径运动很少受到条件限制。男女老少都可以在平原、田野、草地、小道、公路、河滩、沙地、丘陵、山岗、公园等较宽安全的地带从事田径运动。基层田径比赛要从实际出发,因地制宜,"任何坚固、均质、可以承受跑鞋鞋钉的地面均可用于田径竞赛"。使用简易的场地器材和设备也可举行基层田径运动会。

4.促进身心健康

田径运动中各单项和全能项目,对人体形态,主要身体素质水平和心理机能等有不同的要求,运动员要从个人实际和特点出发,选择运动项目,掌握具有个人特点的先进、合理的运动技术。

1.5.3 田径运动对体适能的作用

1. 田径运动队生理健康的价值

（1）田径运动有助于改善心血管系统

经常从事田径运动能使人体的心血管系统机能得到良好的改善，心血管系统是人体生存的主干道，它承担着把氧气营养物质输送到全身的各个部位，供给人体日常生活和生产的需要，同时又把人体产生的代谢产物排出体外。经常从事田径运动，还可以使机体的心肌增厚，心腔增大，每博输出量增加，心跳次数减少，心脏的舒张期延长，心肌得到很好的休息，心脏的工作能力得到很好地提高。

（2）田径运动有助于改善运动系统

经常从事田径运动能对运动系统产生深刻的影响。人体的运动系统由肌肉、骨骼和关节组成。经常地从事田径运动能使肌肉的收缩和舒张能力得到最大的发展。通过运动使骨骼肌中线粒体的数量增多、毛细血管数量增多、管颈增粗、肌糖原和肌蛋白增加从而提高肌肉耐力。同时使肌纤维增粗，肌肉生理横断面增大，肌肉变得发达丰满，肌肉的绝对力量得到有效的提高。长期进行田径运动可以使关节的灵活性稳定性增加，关节柔韧性提高。也可以使骨密质增厚，骨的新陈代谢加强，骨的形态成良性发展，使骨变得更加粗壮和坚固。

（3）田径运动有助改善呼吸系统

田径运动大多在户外进行，空气清新，氧气充足，负离子多对呼吸系统有良好的促进作用。经常从事田径运动，可以使机体的呼吸次数变少和深度增加，摄入氧量得到大幅度地提高，呼吸系统能力也得到极大地改善。

（4）田径运动有助于改善消化系统

经常田径运动健身可以增加人体能量物质的消耗，提高消化系统的消化和吸收功能，运动时膈肌有节奏地升降，胸廓和腹部有节奏地扩大和缩小对消化系统起到很好的按摩作用。经常从事田径运动健身还可以预防和治疗胃溃疡、消化不良等等疾病。

（5）田径运动有助于改善神经系统

经常的进行轻运动健身能使机体的神经系统得到很好的控制和协调，使神经兴奋和抑制、传导及反应明显改善，人体的灵活性协调性和神经系统的支配能力加强，机体对外界的刺激适应能力加强，有效地预防疾病的侵扰。运动过程中神经系统分泌的儿茶酚胺使人精神愉快自我感觉良好食欲增加,达到身体各个系统和谐统一。

2.田径运动对心里健康的价值

心理健康是指具备健康的心理的人,情绪是稳定的,具有较好的自控能力,能保持心理上的平衡。有充分的安全感,能保持正常的人际关系,对未来有明确的生活目标,有理想和事业上的追求。世界卫生组织对心理健康的具体标准的定义是:

（1）智力正常；

（2）能动地适应环境；

（3）热爱人生；

（4）情绪稳定；

（5）意志健全；

（6）行为协调；

（7）人际关系适应；

（8）心理年龄与生理年龄相一致；

（9）反应适度；

（10）能面向未来。

从这个意义上说,从事田径运动还在心理健康的角度给人们以身体健康。从心理学角度探视人的身体是可以产生愉快、兴趣、高兴、烦恼、悲伤、压抑等心理感受到物体。身体的健康也直接关系到心理健康,心理的健康也直接关系到身体的健康。而从事田径运动能给与人健康向上的心理,散步和跑步对有的人是积极的调整,从事健身投练也可以冲淡人们心理上的阴影,特别是集体健身投入练习可以使人们养成快乐的性格。从这个意义上说从事田径运动还在心理健康的角度给人们以身体健康。可降低压力较大的人的焦虑和抑郁水平,保持大脑的兴奋和抑制平衡,使血液和大脑中的去甲肾上腺素增多,提高神经系统的兴奋性。研究也已证实,经常参加田径运动有利于调整人的情绪,缓解甚至消除一些心理疾病或问题。

3.田径运动对道德健康的价值

所谓道德健康指的是不以损害他人的利益来满足自己的需要,能按社会所认同的行为规范来约束自己的行为。田径运动本身具有竞赛规则,在田径运动中人人平等、不讲门第、不讲卑尊、不排斥妇女参与、公平竞争,充分体现了社会的民主。田径运动很好地诠释了什么是高尚的、美好的,什么是卑劣的、丑陋的。健康训练最终取得优异成绩的行为是高尚美好的,而那些违背公平原则,如服用兴奋剂等,获得好成绩的运动员是卑劣丑陋的。田径运动潜移默化地促进人的优良道德观念和品质形成，无形中为参与者树立了健康的道德价值观念。

4.田径运动对增强社会适应能力的价值

社会适应能力包括机体对自然环境的适应和社会环境的适应。田径运动大多在户外进行，外界的环境是多变的，有暖有冷，"冬练三九，夏练三伏"，不同情况的环境条件能给人体不同的刺激，从而提高人体神经系统对环境的适应，并调节主动适应外界环境的变化，增强机体的免疫力，增强体质，提高人体对自然环境的适应能力。

此外，我们当前存在的社会环境是政治、经济、文化、科技等高度发展，随着社会的发展，生活和生产方式的变化，社会竞争压力的增大，要求人能积极地调节自身的人际关系，积极地适应现代化的社会。经常进行田径运动能形成良好的竞争价值观念，丰富人的情感生活，加深对成功失败荣誉耻辱等复杂情感的体验，促进人与人的交流，拓展人的视野，使人积极地去认识周围的事与物，改善人的社会关系，形成良好的适应社会环境能力。

第 2 章 体适能之田径运动方法的现代发展

2.1 健康体适能的概念和理论内容

2.1.1 健康体适能概念解析

体适能的概念来源于美国的最佳体适能教育计划,这个计划是美国健康、体育、娱乐、舞蹈联盟于 1987 年提出的一项旨在建立一个能协助体育教师帮助少年儿童理解终身体育活动的价值、意义并养成健康行为习惯的教育计划。该计划的本质就是使学生正确理解健康知识,了解现阶段的身体状况,通过掌握正确的健身理论和锻炼方法开出适合自身的运动处方,同时在体育锻炼的过程中增强人际交往能力,养成健康的生活方式。

世界卫生组织把体适能定义为:除了应付日常工作之余,身体又不会感到过度疲倦,并且还有余力去享受休闲及应对突发事情的能力。也就是说如果一个人在身体和心理是健康无疾病的状态下,每天精力充沛的进行学习、工作、生活并且不会感到过度疲惫,在休息的时候可以进行娱乐生活,那么他就拥有较好的健康体适能。体适能在运动方面又表现为竞技体适能和健康体适能,竞技体适能是指运动员以取得最佳成绩为目的所追求的体适能。竞技体适能主要包括:速度、反应、爆发力、协调性和灵敏性等素质;健康体适能主要包括:心肺适能、身体成分、肌肉力量和耐力及柔韧性等素质。通过对概念的理解我们可以明显看出,对于普通高校的非体育专业学生来说他们最需要的就是健康体适能,这同时也是我们普通人需要的健康体适能,因此对于健康体适能理论的研究和应用对于提高大学生的身体健康水平是有重要作用的。

2.1.2 健康体适能理论的基本内容

拥有健康体适能的人可以在日常的工作、学习和生活中有充沛的精力,可以尽情享受休闲娱乐生活,对于紧急状况的处理也张弛有度。健康体适能的基本理论内容分为五个方面,包括心肺适能、肌肉力量、肌肉耐力、柔韧性和体脂百分比。

(1)心肺适能:一般指有氧体适能,是指个人的肺脏与心脏,从空气中携带氧气并将氧气输送到组织细胞加以使用的能力。因此,心肺适能可以说是个人的心脏、肺脏、血管与组织细胞的有氧能力指标。心肺适能较佳,可以使我们运动持续较久、且不至于很快疲劳,也可以使我们平日工作时间更久,更有效率。心肺适能较差,不仅容易疲劳,精神萎靡不振,而且较容易引起心血管疾病的发生。健康体适能测试指标中的最重要一项就是心肺耐力,这也是评价健康体适能好坏的第一标准。

（2）肌适能：肌适能主要是指肌力与肌耐力。肌力是指肌肉对抗某种阻力时所发出的力量,一般而言是指肌肉在一次收缩时所能产生的最大力量。肌耐力是指肌肉维持使用某种肌力时,能持续用力的时间或反复次数。保持良好的肌力和肌耐力对于促进健康、预防受伤与提高工作效率有很大的帮助,当肌力和肌耐力衰退时,肌肉本身往往无法胜任日常活动及紧张的工作负荷,容易产生肌肉疲劳及疼痛现象。肌肉适能的改善对于处在现代社会的人们有重要作用,比如延缓衰老,改进身体形态,增加骨密度防止骨质疏松,减少伤痛、损伤,加速热量消耗等。

（3）柔韧性：柔韧性是指用力做动作时扩大动作幅度的能力,包括身体各个关节的运动幅度和各个关节周围的肌肉、肌腱等结缔组织的弹性。柔韧性根据是否主动利用周围肌群工作分为主动柔韧性和被动柔韧性。主动柔韧性指依靠相应关节周围肌群的积极工作,完成大幅度动作的能力。主动柔韧性训练既可以起到锻炼柔韧能力的作用,又能起到发展力量素质的作用,而反过来力量素质的发展又能促进主动柔韧性水平的提高。被动柔韧性是指被动用力（或借助外力）时,关节所能达到的最大活动幅度,如：压腿、扳腿等练习。被动柔韧性练习是发展主动柔韧性的基础。相对来说女性的被动柔韧性好于男性,而男性的主动柔韧性好与女性。影响柔韧性的几个主要因素包括关节骨骼结构,肌肉、韧带的弹性以及关节周围组织的大小。柔韧性好的人关节活动幅度也较大,有利于降低人体受伤的风险,有利于缓解肌肉紧张放松肌肉,有利于形成良好的身体形态,还可以有效降低身体肌肉、韧带老化的速度。

（4）体脂百分比：体脂百分比是指将脂肪含量用其占总体重的百分比的形式表示。理想的体脂百分比数值,女性约 15~20%,男性约 8~15%,女性超过 30%、男性超过 25% 皆属于肥胖的体型。如何保持一个合适的体脂百分比对于现代人来说有很重要的意义,身体脂肪含量过高的话会给身体健康带来严重的后果,也会限制人的社会交往、日常生活各个方面,所以只有保持合适的体脂百分比才能应对日常的生活。另外对于青少年来说还应包括体育锻炼意识和健康生活方式的养成这两方面。

2.1.3 体质、体能、体适能的概念比较分析

我国大陆在20世纪90年代后期全面推广素质教育,强调树立健康第一的教育思想,健康体适能的这一新观念也就成为体育健康改革的中重要学习内容之一,由此也出现了对体适能概念的多种理解,有人把体能、体质等同于体适能,因此有必要在此进行概念的比较。体质与体适能概念的比较首先看体质的概念,中国体育科学学会体质研究分会指出体质是人体的质量,它是在遗传性和获得性基础上表现出来的人体形态结构生理功能和心理因素的综合相对稳定的特征。具体包括五个方面身体形态发育水平、生理功能水平、身体素质和运动能力的发展水平、心理素质发展水平、对内外环境的适应能力。由上可以看出,体质是反映人的一种生理和心理的特征,其是静态的,而体适能则反映的是人的适应和应变能力,是动态的,所以体质是不能等同于体适能的。但体质是人体的质量,是身体活动的基础,所以体质在一定程度上决定了体适能,而体适能则是体质的一种外在表现。

《体育大辞典》对体能的定义是体能是人体各器官系统的机能在身体活动中表现出来的能力,包括力量、速度、灵敏、耐力和柔韧等基本的身体素质以及人体基本活动能力和运动能力,如走、跑、跳、投、攀登、爬越、悬垂和支撑等。体能与体适能都属于身体的一种能力。对于特殊属性的区分,体能是指人体各器官的生理功能在身体活动中所表现出的能力,而体适能则是泛指应付日常工作、应付余暇活动、应对突发事件的一种能力。从概念的内涵来看,体能对体适能是一个一般属性的概念,体适能对体能来说是一个特殊属性的概念。从其外延来说,体能包括人体基本身体素质与人体基本活动能力和运动能力,而体适能包括健康体适能与竞技体适能,体能的外延比体适能更大,它包含了体适能。因此,体能与体适能之间的关系是属于真包含关系。

2.2 普通高校田径选项课与健康体能理论相结合

2.2.1 选课依据

1. 青少年的体质健康关乎中华民族的复兴

在竞争日趋激烈的新世纪,一个国家人才水平的高低很大程度上决定了这个国家的实力强弱,各国人才水平的强弱又取决于这个国家教育质量的好坏。近几年我国的高等教育越来越普及,教育改革也收到了不错的成果,但是,越来越多的社会问

题也进入了我们的视野,比较明显的就是国民体质呈逐年下降的趋势。

当前,我国居民体质健康水平不高,亚健康的状况普遍存在,特别是青少年身体素质下降趋势明显。根据国家体育总局2010全国学生体质与健康调研结果显示,19-22岁年龄组,爆发力、力量、耐力等身体素质水平进一步下降。19-22岁男生的立定跳远、引体向上、握力、50米及1000米跑项目成绩继续呈下降趋势;女生立定跳远、仰卧起坐、握力、50米及800米跑成绩下降更加明显。另外,在肥胖、超重检出率和近视率三方面呈上升趋势。由此可以看出我们必须下决心、想办法提高青少年的健康水平并且使学生在未来能够更长久的保持。《国家中长期教育改革和发展规划纲要》(2010-2020)中指出,把促进学生健康成长作为学校一切工作的出发点和落脚点;要求"加强体育,牢固树立健康第一"的思想。学校教育的本质应该是培养青少年的身心全面发展,要培养良好的锻炼习惯、生活习惯和学习习惯,使其无论在学校还是在进入社会后都有强健的身体作为保证,只有这样才能保持人才培养的可持续发展,才能为综合国力的提高提供长久不衰的动力。

增加青少年每天体育锻炼时间是提高青少年健康水平的基础,而学校体育则是真正改善青少年体质健康的重点。学校体育有助于青少年培养终身锻炼的意识,有助于运动技能的养成,有助于提高全民健身的积极性。学校体育工作者要紧跟时代潮流,时刻保持积极的学习态度,敢于打破传统的田径教学模式,使学生掌握正确的运动理论和技能的同时爱上运动,爱上田径,既培养了终身体育锻炼意识,又提高了身体健康水平。

2.田径课在普通高校体育教学中被边缘化

最近几年,随着全民健身运动的大力开展,高校体育工作取得的成果显而易见,但是田径课在山东省普通高校公共体育课中越来越被边缘化。有少数学校开设了田径选项课,却少有学生报名,并且大部分学生选择体育课程时都把田径放在最后一位,这样的情况导致了这些学校的田径课难以开设,更加削弱了老师的热情。甚至有些几年前开设田径课的学校现在直接取消了田径课,而且从全国来看这样的局势正在形成,这样必然对学校体育的发展不利,对我国田径运动的开展不利,更对学生的身体健康不利。

虽然田径课与其他体育课程相比缺少娱乐性、时尚性等特点,但是它的自身优势也比较明显。第一,田径运动被称为"运动之母",它不仅可以提高人体自身的身体素质和运动技能,还对其他运动项目水平的提高有着很大的促进作用。第二,田径运动的负荷量和负荷强度相对容易控制,在场地和器材的选择余地上范围较大,同时具有不限年龄不限性别的特点,因此田径运动可以作为全民化的运动、终身化的运动。对于高校田径选项课的发展,我们应当在解决问题的同时保持并发扬田径运动的优点,坚持以"健康第一"为主导思想,认真研究、分析目前普通高校田径选项课教学的现状,在田径教学内容、教学方法等方面开展深入的教学改革。从而使其在培养青少年终身体育意识、提高身体健康水平和形成良好生活习惯等方面发挥重要作用。

3. 健康体适能对大学生健康生活方式的养成起到重要作用

进入新世纪后各国的竞争实际上就是各国人才的大比拼,现代社会对人才的定义不只是术业有专攻,还要有更广博的科学文化知识和强健的体魄,由于现代社会压力越来越大,这就对人们的身体健康提出了更高的要求。大学教育是人才培养的最重要阶段,那么高校体育教育会对青年学生的体育观、健康观产生重要影响。这种影响不仅仅是使学生在校期间积极参加体育运动,更重要的是加强学生对体育锻炼重要性的认识,培养终身锻炼习惯,掌握正确锻炼方法,培养良好的人际交往能力和养成健康的生活方式。健康体适能理论的本质就是使学生正确理解健康知识,了解现阶段的身体状况,通过掌握正确的健身理论和锻炼方法开出适合自身的运动处方,同时在体育锻炼的过程中增强人际交往能力,养成健康的生活方式。因此,将健康体适能理论与高校体育田径课程相结合不仅能提高大学生的健康水平,促进"健康第一""终身体育"的观念形成,还对引导学生建立良好的生活方式起了重要作用。

4. 引入健康体适能理论凸显田径的健身价值

健康体适能理论实质就是是使青少年正确掌握健康知识,了解现阶段的身体状况,通过掌握正确的健身理论和锻炼方法开出适合自身的运动计划,同时在体育锻炼的过程中增强人际交往能力,并在正确健身理论和营养知识的引导下建立适合自己的个性化终身体育锻炼方式和生活方式。健康体适能的主要内容是与健康有关的知识和方法,主要包括体育活动对改善有氧适能、肌肉适能、柔韧适能、体脂百分比的知识和方法、个性化运动计划的制定、营养的补充以及与体育活动相关的健康知识。把健康体适能理论与田径课程相结合,有助于体现田径运动的健身价值,可以使田径课以增进学生身心健康为主要目标并且能着眼于未来为终身体育打基础。将健康体适能理论和普通高校田径选项课融合后的新型田径选项课最大程度上弥补了学生对于健身理论和日常营养补充的知识的不足,丰富了教学内容和手段,有助于改变学生对田径课的认识,更有助于田径课的长久发展。

因此,针对我国普通高校田径课程面临的问题及学生体质下降的不良局面,本研究以提高大学生体质健康和培养终身体育意识为目的，以山东省普通高校公共体育田径课为对象，将健康体适能理论融合进山东省普通高校田径选项课中，通过对传统的学校体育教学模式进行改进，丰富旧有的教学内容等方式，最大程度上弥补学生对于健身理论和日常营养补充的知识的缺乏，提高学生参与田径运动积极性。改进后的田径选项课将对学生的健康教育更具体更全面，将会使田径课在学校体育中发挥其应有的重要作用。

2.2.2 文献综述

在研究过程中，通过中国知网、万方数据库查阅了近十年大量和健康体适能、普通高校田径课程改革有关的文献，从课程目标、课程内容、教学方法手段、学生学习评价、健康体适能与田径课程改革五个方面来对文献进行综述和分析，为本书的研究提供了理论基础。

1.普通高校田径课程目标的改革的研究

在当前有关普通高校田径课程目标改革的研究较少，其中比较突出的是许弘的观点：现行的体育课程总指导思想对各普通高校的课程目标设置影响很大，新《纲要》实际上把体育课程分为了运动和健康两大部分，前者包括运动参与和运动技能，后者包括身体健康、心理健康和社会适应，这两部分内容应当是相辅相成不能独立存在的。其中运动参与、运动技能学习领域是学生进行学习、达成课程目标的重要载体。许弘在文章中将田径课程目标更加具体化和细化，使其具有了很强的操作性，但仍然停留在传统的教学方式基础上，没有离开竞技课程的范畴，在培养学生的非智力因素方面还比较欠缺。

田佳在《北京市普通高校公共体育课田径课程改革的研究》中认为新《纲要》中的目标结构设置比以往的旧《纲要》有了很大不同，既有对于大多数学生的统一化基础目标，也有针对少数特长学生的个性化目标，体现了因人而异的原则，整体来说体现了"健康第一"和"终身体育"的指导思想。但是新《纲要》在对课程目标进行描述时过于笼统，没有细化各个项目的课程目标，这就容易造成部分课程目标的脱节和改革不彻底。

毕红星在《我国部分普通高校田径课教学改革关键因素分析及对策研究》中认为普通高校田径课的教学应该是在培养学生综合能力的基础上达到"健康第一"和"终身体育"的最终目标。这个教学目标旨在尽快完成使田径教学从传统的竞技项目的传授向素质教育转变的过程。

2.普通高校田径教学内容现状

当前田径课程改革的重点之一就是教学内容的改革,因此对于研究田径课程改革的重点之一也是对教学内容现状的研究。其中,黄晓俊在《安徽省普通高校的田径选修课调查研究》中认为,目前各普通高校的田径课教学内容大多都是以跑、跳、投为主的教学,"跑"的内容枯燥乏味;"跳"的内容里面过度强调远度和高度再加上室外的上课环境,也使学生产生厌恶;"投"被注入了过多的技术性内容加之成绩方面造成畏难情绪而丧失兴趣。

杜吉生在《北京市普通高校田径教学现状及改革研究》中认为,目前各普通高校的田径课程设置大多是围绕国家的《体育锻炼标准》里所设置的项目进行的,只是为了达标和合格率而考试,这些学校设置的考试项目包括短跑、跳高、跳远、铅球、跨栏等一些对技术和身体素质要求较高的竞技性项目,而真正以健身为目的开展田径课程的学校只有一所,这些田径课程与学生的需求相差甚远。

周新华在《建立田径健身课程体系的探讨》中认为,近几十年来,我国把竞技运动项目的技术传授当作体育教学的主要内容,并且在教材和教学内容设置上都是围绕竞技体育的指导思想进行和受其制约,由于我国受苏联竞技体育体系的影响使得现在田径教学思想依然停留在经济体系中而忽略了健身体系的构建,这也影响了田径运动在学校中的开展。

李志祥和曾一兵在《大课程视野下高校公共体育田径教学改革思考》中认为高校田径课教学的对象是普通学生而不是运动员,对于课程内容的选择应该接近学生的实际情况,技术动作的传授也应该降低难度贴近学生,并且在传授动作的同时教给学生一些比赛规则和理论知识这有助于提高认识,但是课堂的练习可以选择无规则的条件来进行以增加趣味性。

周华锋,朱石燕《对普通高校开设田径特色课程的构想与设计》中认为应当创设具有田径项目特色的田径课程,对于教学内容的选择应当发挥项目优势将运动与娱乐相结合,在技术传授部分把合适的教学内容增加娱乐性,在参与整个运动的过程中挑战自我、展现自我,这对学生积极性的提高有重要作用。但是追求趣味性和娱乐性并不等于放弃竞技性,竞技性是田径课存在的价值之一,但是这里的竞技性也并不等同竞技运动,这是符合"健康第一"和"终身体育"思想的。

毕红星在《我国部分普通高校田径课教学改革关键因素分析及对策研究》中认为田径课教学内容应该从田径各项目中按照实际情况选择几个项目教学,不要以竞技运动的成绩去衡量学生的水平,关键看学生的学习过程和掌握情况,要使学生感觉到田径课既有趣又有一定难度，并且自己可以努力完成。关于田径教材的设计要紧跟现代社会的发展潮流，符合大学生的特点，要比中小学的教材有深度、有层次。

郑星在《阳光体育背景下安徽省高校田径教学开展的现状调查与分析》中认为田径课程内容应该是生活化、兴趣化的，田径运动的健身性特点应成为主体，要在保持旧有教学大纲本质的情况下敢于创新，将"健康第一"的思想与学校的实际特点相结合，把学生感兴趣的一些项目特点引入到田径课程中，激发学生的兴趣从而提高参与田径运动的积极性提高教学质量。

韩天舒在《关于田径课程在高校体育教育中生存空间的分析》中指出现阶段我国普通高校田径选项课教学内容大多是对中小学阶段的重复，这些难度大、技术要求高、枯燥的内容对于大学生来说已经不感兴趣，这样不仅是对体育资源的浪费也忽视了教学的趣味性和个体差异性，抑制了大学生的体育学习需求。

吴绪东在《普通高校田径课改革之设想》中写到，田径课程的内容应更加趋向于健身化、课外化的方向发展，认为传统的田径内容应该与新兴的休闲体育项目相结合，打破旧有的技术教学的观念，淡化竞技体育意识，树立快乐体育的观念，加强田径课程活动的时尚性，激发学生的田径兴趣，以唤起学生参与田径运动的热情。从进入新世纪以来，人们对于田径教学内容改革从理论到实践已经发生了转变，认识到旧有的教学内容不仅不能满足学生的健身需求，也不能很好地实现教学目标和课程目标。周兵在《田径健身教程》中深度挖掘田径课程的健身价值，把传统的田径运动中的技能性项目娱乐化、生活化，创建了具有健身特征的课程体系，这种课程体系就是在运动技能传授过程中穿插健身理论知识，包括身体各部位肌肉力量的训练方法，肌肉耐力的训练方法，体脂成分的重要性，运动疾病的预防和治疗以及健康饮食的重要性等内容，这样理论与实践的结合有助于更大程度的激发学生的学习热情。

目前大部分的关于普通高校田径选项课教学内容的研究文献都是围绕打破固有的田径课教学模式来说的，对于具体的实施方式以及具体课程内容和措施依然是田径课程内容研究领域的难点。

3.普通高校田径课程教学方法的研究

田径课程教学方法是教师完成学校体育教学目标的重要方法之一，是整个田径教学过程的核心，合理的教学方法能有效的提高教师教学效率，也能有效激发学生的学习积极性，因此对于教学方法的研究是普通高校田径课程改革研究的重要部分。

王玲在《北京市高校体育课田径项目教学研究》时指出，普通高校的田径课教学应抓住两个关键，一个关键是利用启发和激励的教学原则，另一个关键是善于调动学生的积极性，使学生主动配合。通过采用竞赛和娱乐为一体的教学方法使学生乐于参与到课堂中来，这样的效果要远远好于传统的教学方法。

陈小蓉和顾渊彦的《大学体育课程》一书中指出影响体育教学方法改革研究发展的因素很多，比如社会的科技发展、体育课程内容发展、体育教学理论的发展、人的发展、社会文化的发展等。因此体育教学方法应该具有与时俱进的特性。影响体育教学方法的因素很多，比如科技水平、教学内容、人的变化等，因此体育教学方法应该是多样化、复合化的。那么我们应当在体育教学改革的基础上改变旧的指导思想，使我国普通高校的体育教学不再以传授运动技术为目的而是从终身体育的角度出发，以培养终身体育习惯和意识为最终目的。

田佳在《北京市普通高校公共体育课田径课程改革的研究》中发现目前很多普通高校教师已经习惯了采用传统的教师示范讲解、学生练习的方法，并且有一定的依赖性，但是他们也赞同结合视频、录像等新兴的教学形式进行教学。因此田径课的教学应当是建立在师生良好互动基础上的多种教学方法结合的过程。

冯晓劲在《对普通高校田径选项课教学现状的思考及改革设想》中指出教学手段要充分体现出趣味性、娱乐性、知识性、多样性，可以选择合适的有关跑、跳、投的内容进行健身化改革，采用多种多样、趣味丰富的教学形式来激发学生参与田径课的兴趣。这样就把以往竞技性较强的田径运动变成了能被大学生乐于接受的健身项目。

刘锐在《对田径教学方法改革的探讨》中指出随着社会的发展和教育改革的深入，田径固有的教学方法已经不能体现出素质教育的要求，也不符合现代大学生的身心发展需求，并且这种教学方式限制了教师的研究创新，因此刘锐对于目前的情况提出了一些田径教学改革的构想：田径教学手段多样化、活跃课堂气氛的个体化教学法、教学方法观念的更新与现代化。

赵晓虎和荆雷在《对普通高校田径选项课教学有关问题的思考》一文中指出现在的田径课堂中学生的热情不高，不喜欢参与到练习中去，认为上田径课又苦又累，因此教师应该积极采用新手段、鼓励性话语和改变运动场景来培养学生的成就感和新鲜感以此提高学生参与田径课的兴趣。其次，要在课堂中创造轻松自由的学习环境和联系空间，使学生得以充分展现特长和个性，满足他们的表现欲。第三，要经常性的传授给学生符合时代潮流的新鲜东西，积极采用复合化的教学手段寓教于乐，比如可以将时下流行的音乐、舞蹈和其他元素融入进有些田径项目中展现田径的趣味性和娱乐性的特点。

吴学琨在《高校田径教学应重视教法改革》中指出目前普通高校田径选项课教

学方法出现的问题主要是手段一成不变，没有根据项目、课程、场地、学生等因素的情况选择教法，而是一直采用传统的方法，这就使田径课渐渐失去了吸引力。作者又提出三点教法改革的体会：第一，讲解时使学生"一知半解"。在课堂教学讲解时要留有余地，在每个学习内容的讲解过程中使学生先领会、体验，在回味、思考，这样可以充分满足学生的探索精神和好奇心。第二，练习中加入比赛元素。大学生正处于争强好胜的年龄阶段，我们应该根据这一特点选择合适的教材内容，在教学和练习中加入各种形式的小竞赛，既可以提高学生兴趣也可以有效发展身体素质。第三，针对不同专业的学生教学使其"知其所以然"。比如针对理工科学生的特点，在讲解投掷项目时可以重点突出影响远度的初速度、出手角度和高度三个因素。这样能使学生更快更深理解技术要领，从而掌握整个技术动作。

常生在《田径课程教学改革的研究与实践》中针对教学方法改革提出了三个方面的建议：第一，加强专门练习和辅助练习的教学。在整个田径课程教学过程中，教师的完整教学示范比较少，而分解示范和专门练习的示范比较多，但这种专门练习的重要性不言而喻，因此应该加强对专门性练习进行更深入的细致讲解提高练习效率。第二，将各种教学手段充分融合进田径教学。在教学过程中，增加小比赛和小游戏，从培养学生的学习兴趣着手，活跃课堂气氛提高学生学习积极性。同时还要采用灵活多变的直观原则和启发式教学法。第三，灵活运用现代化教学手段。如在初学阶段，给学生播放当前某个项目著名运动员的录像，使学生在了解正确的技术概念同时产生学习兴趣；在学生的练习阶段，可以用摄像机把学生的练习过程录下来同学生一起观看再与优秀运动员的录像做出对比，使学生明确自身的问题和改进方向；对理论课的多媒体化教学可以充分提高授课，也可以更生动地传授理论知识，提高教学效果。

魏润涛、戴伟民、张明莲等学者在《普通高校田径教学现状及其对策研究》《高校体育教学中田径教材教学方法改革的探讨》和《浅谈田径教学中的优化组合》这三篇文章中认为，我国普通高校一直延续着一种教学模式，就是教师的讲解、示范，学生的练习、模仿和教师纠错。这种传统教学方法的教学背景依然是以田径运动技术为核心的田径课教学，体现出了浓厚的竞技色彩，这套教学方法对于运动训练方面有着重要的作用，但是对于普通高校非体育专业的学生来说这些方法忽视了学生的积极性，没有与时代的发展与时俱进。因此他们对于田径教学方法的改革先进行了理论方面的研究，第一，对已有的教学方式进行改革，创建教师的教和学生的学互动进行的课堂模式，将启发式、探究式、合作式教学法融合进田径课堂中，使学生发挥自身的主动性，并且创设问题情境使学生在实践中学会思考，这样就实现了课堂中心从"教"到"学"的转换；第二，以田径健身为主线，使技术传授娱乐化、健身化，以激发学生学习兴趣；第三，教学手段现代化，田径课的教学应当体现出科学化、现代化的特点，教师应充分利用学校已有的现代化仪器进行技术和理论的教学，使学生的视、听和身体感觉得到全新体验，但是这种现代化教学对于设施的要求较高，有一定的限制。

吴有凯在《高校田径教学改革的新思路》中指出目前普通高校的体育课很少有进行各种体育项目复合化教学的，基本上是各上各的互不干扰，尤其是原本就较为枯燥的田径课更失去了对学生的吸引力，再加上有些老师照搬照套中学田径的教学模式，自然使学生感到乏味。田径运动的竞技性是一把双刃剑，因此教师应当根据不同的项目特点和学生的实际情况进行有机的合理组合，既提高学生的学习动力，又消除了学生的畏难心理。目前对于田径课程教学方法的研究大多体现出了个性化、娱乐化、多样化、健身化的特点，也对课堂的互动提出了更多的要求和建议，这些方法对于激发学生的学习热情有很大的作用，但是由于很多教师的教学行动研究之后，这使得很多没有实践的空间和时间也就不能在教学中发挥最大作用。

4.普通高校田径课程学生的学习评价

普通高校田径选项课教学的最后一个重要部分是对学生的学习评价，学习评价是对学生学习价值的研究过程，也是对学生最终学习效果的评价，目前各高校使用的学习评价有些地方不合理。

李志祥和曾一兵在《大课程视野下高校公共体育田径教学改革思考》一文中指出目前各高校现行的考核评价体系比较单一，各学科间没有很大的区别，对于体育课尤其是田径课的评价是以纸面上的理论和技术考试成绩为准，缺乏对隐性因素的考核，比如学生的体育意识、锻炼习惯、进步程度、创新能力等，这会导致学生产生厌倦和畏难的思想从而放弃对田径选项课的选修。因此作者提出对于田径选项课的学生学习评价要施行复合化的考评方法，最终的考评成绩应该是学生平时的学习态度、锻炼意识、学期进步程度、理论成绩和身体素质成绩这样的大综合体，这样的考核体系有助于消除学生的消极和畏难的情绪，对于提高学生参与田径课程的积极性有重要作用。

吴有凯等在《高校田径教学改革的新思路》中认为现在高校田径选项课的学习评价都是在学期或者项目结束时，由教师对学生进行所学项目的技术测试，这种定量的评价方式比较片面，有些学生在学期初的起步较差，整个学习过程努力、刻苦，最后也不一定能拿高分，而对于起步较好的学生来说也许学习过程没有努力却能取得好成绩,这样的评测方式没有考虑实际情况,使田径课变成了一个技术测试课,一个与其他课程一样的考试课,这样不仅会打击部分基础较差学生的积极性也会使田径课失去自身吸引力。因此田径选项课的学习评价应以速度、高度和远度的量化成绩和学生取得的进步程度为主要考核内容,使学习评价过程变得公平、全面,从而使不同基础、不同水平的学生都能通过田径课得到乐趣并取得进步。

王玲在《北京市高校体育课田径项目教学的研究》中认为目前高校的田径课学生学习评价体系不合理,严重打击了很多学生的主动性,很多学生因为看到考试的及格标准与自己的真实实力相差甚远就会失望的选择放弃。而现行的田径课程评价体系缺乏变化、比较死板,不符合实际情况,这不利于田径课在学校的推广也不利于田径运动的发展。对学生的学习评价不能仅以量化成绩作为最后的结果,还应注重学生的个体差异性将多种评价方式相结合,使基础好的学生可以更加进步,使基础差的学生也能体现自身价值,这样的评价方式才能体现出以人为本、人人参与的运动理念。

刘应和马力在《我国普通高校田径教学现状与对策研究》中认为目前现行的各高校田径选项课评测内容主要包括学生的考试成绩、课堂情况、出勤率与达标成绩四个部分,其中运动技术课的考试成绩是最重要的部分,这样的测试方法比较单一,不能体现出学生参与体育锻炼的情况和创造力也忽略了学生的学习过程,致使部分学生产生厌恶情绪,自然就远离了田径课。因此我们应当从多角度出发,使学生通过田径课掌握锻炼身体的方法手段和健康理论,并且形成终身体育意识,使学生成为田径课的主人,这样才能使田径课真正焕发活力。

宋和平,唐金香等认为我国普通高校体育课考试都是采用同样的方法和标准,也就是平时成绩和期末考试按照不同的比例相加得出最终的成绩,平时成绩基本来自于学生日常上课时的出勤状况和表现情况,期末考试多以定向定量考试为主。这样的考核方法是不科学的,主要体现在三个方面:第一,考核内容。测试的内容看起来较多,实际上就是对技术和技能的测试;第二,考核方式。这样的考核方式较为单一,忽略了学生的主动性,缺少了学生间的互评和学生自身的自评;第三,考核指标。考核的指标过于量化,忽视了学生学习过程、提高程度和学习态度的评价。因此针对以上三方面,提出了三个改革方向:(1)考核内容。包括运动技能的掌握情况,进行一段时间练习后身体素质的提高情况,健身理论知识的利用情况以及学习态度和努力程度等。(2)考核标准。考核标准包括定性和定量两个环节。(3)考核方式。考核方式多样化,包括教师评定、学生间的互评和学生自身的自评。总之,整个学习评价过程应该使学生感觉有所收获、有所启发,而不是对以往传统考试方式的生搬硬套,只有这样才能使田径课的考核更加科学、合理、全面。

苟定邦和赵琳在《我国普通高校田径教学改革的困境思辨与对策研究》一文中认为普通高校非体育专业学生的学习评价要改变传统的"一锤定音"的评价模式,继而采用以过程性评价为主,终结性评价为辅的评价方法,只有二者充分结合才能充分调动学生学习的积极性。

5.关于健康体适能与体育课程改革的研究

近年来健康体适能的概念被传入中国,乘着体育教育改革的东风,越来越多的学者试图将健康体适能理论与我国的体育教育改革联系起来,目前关于此类的研究不多,但是正逐渐被人们所关注。

邓凤莲,雷波在《美国健康体适能教育计划及对我国体育课程的借鉴意义》中认为借鉴美国的健康体适能理论对我国体育教育改革将会有重要影响,美国健康体适能计划要求学校的教学目标关注学生的学习态度、锻炼习惯、健康促进和运动能力的培养,有助于形成精力充沛、积极向上的健康生活方式,从而得到学习与健康的双重进步。

张健忠,谢佩娜在《美国高校"体适能与健康的原理与应用"探讨与我国高校体育课程改革》中认为:美国高校的健康体适能教育课程体系将健康、卫生、心理这三种教育融合进体育教育中,对教师和学生产生了积极的影响。美国高校的健康体适能教育课程体系有助于使学生的态度、行为发生改变,有利于执行能力和学习动机的养成,有助于体育文化内涵的展现,有助于学生身心和谐发展。

卢澎涛,卢伟基在《"体适能"教育对高校体育教学改革的影响》中认为来自于美国的健康体适能课程计划有利于提高学生参与体育活动的积极性,有助于促进学生身心健康,它为满足学生学习的个性化需求提供了理论依据和支撑,并且使教学内容、教学形式、教学评价更为科学灵活,这些特点都比较符合目前我国体育教育改革的方向,因此将健康体适能理论与我国体育课程改革相融合必然会产生重大影响。

张建华等在《美国最佳体适能教育计划及其对我国体育课程改革的启示》中认为美国最佳体适能计划能使学生更好地了解体育锻炼的重要性,使学生知道如何通过正确的体育锻炼来提高与健康有关的素质,使学生能够根据自身的实际情况安排运动计划并与自身纵向对比,从而得到快乐。这对我国的体育课程改革有着重要的启示作用:第一,体育教学目标应建立在终身体育基础上,以培养终身体育意识为目的进行设置;第二,从传统的注重量化成绩转变为注重体育态度、体育情感和自主运动能力的培养；第三，在教学内容的安排上要看是否具有终身体育价值，是否含有有价值的健身理论；第四，对学生的学习评价应重视学习过程中的提高程度和群体评价。

王兴泽在《应用健康体适能培养个人终身体育锻炼意识》中认为：体育课程改革中引入体适能教学的学生体质健康视屏在三个阶段呈上升趋势，而采用传统体育教学模式的学生在三个阶段呈现倒"U"形的下降趋势。通过观察健康体适能教学与传统体育教学的学生体质测试结果，发现两者在课程结束时的变化不大，但对日常学习生活中的后续体质测试时发现通过健康体适能教学的学生健身效果更好。将健康体适能教学法与传统体育教学法相比较，具有锻炼计划的学生较多、每周有意识锻炼次数学生较多、锻炼动机积极主动的学生较多、将健身和健康知识结合锻炼的学生较多。

谢佩娜在《中美高校体育与健康课程内容的比较及启示》中将中美高校的体育课程进行了对比，结果发现几点不同：第一，美国高校重视学生体育锻炼过程中的独立性和创造性的培养。我国高校重视学生的体育理论、技术能力和问题解决能力的培养；第二，美国高校的体育课程偏重于统一性和多样性的培养，理论知识和实践能力相结合。我国课程内容侧重于统一性而多样性不足，重视技术能力而轻视理论知识，并且两者的结合程度不够；第三，美国体育课程结构按照健身功能排序，我国高校的体育课程排列次序按照运动项目的分类进行；第四，美国高校体育课程从实际出发，按照现实生活中人们的实际健身、健康需求设计。我国高校体育课程是对竞技体育训练体系的模仿，脱离生活实际，不能满足人们的健身和健康需求。

张国华等在《体适能理论指导大学体育改革的可行性分析》中认为大学体育确立"健康第一"指导思想以来，进行了一系列改革，但效果并不理想，一个突出的问题是大学体育一直缺乏科学适用的贯穿理论课到实践课的体育理论。体适能作为区别于体质、体能和健康的运动健身新理论，对大学体育具有极好的可行性，主要表现在四个方面：

（1）是健康理念和体育实践完美的结合；

（2）对大学生群体的针对性强；

（3）能从理论到实践指导大学体育活动的开展；

（4）教学评价的可测性和量化性。

刘海元在《美国体育课程模式对我国体育与健康课程改革的启示》一文中通过

对美国高校体育课程的健康体适能模式的研究指出：第一，我国高校体育课程改革的目标模式应当具体清晰；第二，吸取美国高校体育课程设计的经验，创设复合化、多样化的课程体系，使其符合我国差异性、发展不平衡性的社会特点；第三，借鉴美国多样的体育课程理论及实践模式，丰富我国体育课程教学设计，使每个运动的每个小项甚至每个环节更具体、精细。

王亚立在《美国健康体适能课程模式在我国普通高校的实验研究》一文中选取了我国普通高校非体育专业大学生为研究对象，利用美国健康体适能课程进行授课，通过实验发现：经过健康体适能课程训练的学生的肌肉力量、身体柔软度、心肺耐力、身体成分等方面数据均有不同程度的提高。这种体育教学模式有利于学生体育观念和体育意识的养成，有利于终身体育习惯的培养，对于我国传统理念下的体育教学模式有着进一步的完善和补充。美国健康体适能教学模式把科学的健身理论和健康知识有机地结合在一起，既调动了学生的学习积极性也有利于体育课程的推广，但是经过这几年美国健康体适能教学模式在我国少数普通高校的实施中发现有一定的不足，比如学校的硬件问题，如何在旧有的模式下顺利开展等问题，这些也都是目前我国普通高校课程改革亟待解决的问题。我们通过对当前高校田径课程改革的教学目标、教学内容、教学手段、学习评价的资料分析发现，虽然在新《纲要》实施后普通高校田径课程改革研究取得了一些成果，但是仍然比较忽视学生的学习态度、团队协作精神、体育锻炼习惯的养成等因素；关于课程内容的改革仍然是从改变运动项目入手，并没有改变以往重实践轻理论的情况；对于课程的考核方式依然采用的是定量测试方法，忽视了学生的个体差异性和时代性的特点。目前的田径课程改革大多是从课程目标、课程内容、教学方法、考评方式这四个角度出发围绕田径课各项目技术教学改革进行，恰恰忽视了现代大学生的个性化、健康化、娱乐化等需求，这致使普通高校田径课程多年来的改革没有收到很好地效果。田径课程是一门基础教育学科，开展的相当普遍。由于不同年龄层次的学生在生理、心理上的显著差异，这必然导致田径课程在不同的学段有不同的任务和表现，而在"健康第一"的主导思想下高校田径课程又被赋予了更新的意义。发现问题不是目的，解决问题才是当务之急，寻找良好的对策是解决问题的开端。随着近年来健康体适能理论在我国的传播，我国部分普通高校在健康体适能理论指导下的体育课程改革已取得不少成果，这对于亟待改革的田径课程来说是个很好地机遇，所以本研究试图将健康体适能理论引入田径选项课，以学生为中心，在"健康第一"的思想指导下以满足学生的健身、健康需求，培养终身体育意识、健康生活方式为主线探索田径课改新思路，并对两者结合后的课程模式进行探讨，从而使田径运动在普通高校恢复应有的作用。

2.3 健康体适能与田径选项课相结合的优势

2.3.1 健康体适能理论与田径选项课相融合的优势分析

1.当代大学生对于健康、健身的迫切需求

在科技进步的文明社会中,大学生身体活动的机会越来越少,营养摄取越来越高,社会压力越来越大,大家越来越感受到身体健康水平的下降,这就说明体适能水平不佳。健康体适能对于大学生的重要性主要表现在以下几个方面:(1)有充足的体力来适应日常工作、生活或读书。学生平常读书、上课的精神专注程度和效率,皆与体适能有关,尤其是有氧(心肺)适能,一般而言,有氧适能较好的人,脑部获取氧的能力较好,看书的持久性和注意力也会提高。(2)培养良好的体育生活方式。大学时期是培养终身体育意识、养成终身体育习惯、形成健康体育生活方式的最重要时期,当你在毕业后也会把体育运动当成生活的必需品的时候,就已经拥有了健康的体育生活方式。(3)促进健康和发育。体适能与身体健康是成正比的,体适能状况良好会使身体长期处于良好运转状态,有助于身体健康发育,随着年龄的增长会拥有比实际年龄更年轻的生理年龄。(4)培养积极、阳光的生活态度。教育要让学童有足够的时间和机会去学习和体验互助合作、公平竞争和团队精神等宝贵的经验,从运动和活动中享受欢乐、活泼、有生机的生活方式,进而提升体适能。(5)有助于正确饮食习惯和健康生活方式的养成。健康体适能理论能使学生在饮食习惯、生活方式、环境卫生、压力处理等方面形成良好的认知和态度,对于终身健康习惯的培养具有深远地影响。

2.更新、完善学生的健康、健身理论

根据对一些普通高校的调查,我们发现大学生现有的健身知识大都来自于两个部分:一部分来自教师的传授;另一部分来自自学。我们把健康体适能理论引入到田径选项课后就形成一个健康体适能田径教学课程,这个课程教授的核心内容是与健康体适能有关的知识和方法以及一些日常营养知识。主要包括一些田径项目对改善有氧体适能、肌肉力量、肌肉耐力、柔韧性和身体成分的知识和方法,以及与健身和健康相关的营养知识。我们可以通过制作学习手册或者学习卡片的方式对学生进行课堂传授和课前课后自学,并且完成课后学习报告,这样既可以丰富理论知识又可以调动学生的积极性,所以将健康体适能与田径教学课程相融合可以弥补学生在健康健身理论方面的缺失。

3.为田径教学内容改革提供依据

通过我们的调查发现受学生欢迎的田径课程是娱乐、健身属性相结合的课程,因此选择田径课教学内容应该偏向娱乐和健身属性的教学内容,同时又要培养学生的终身体育意识和提高学生的健康水平。因此,课程内容上以健康体适能理论为基础,通过制定符合个人需要的锻炼计划来发展肌肉力量、肌肉耐力、柔韧性、心肺耐力等,这样的课程内容既符合个性化需求也符合社会的发展潮流。

4.有利于终身体育意识的养成和健康体育方式的形成

健康体适能理论引入高校田径课程增强了学生在运动健身领域的知识储备,增强了心理和社会适应能力,培养了学生健康的体育意识、体育行为,使学生从新的角度重新审视健康与教育,进而全面提高体质健康水平。另外,学生能用科学的运动健身理论、方法和健康生活知识对自己的体育锻炼制定运动计划,给自己的生活开出正确合理的生活"食谱",指导运动和生活实践,这样一来可以使田径课的功效最大化、长久化,最终形成终身体育意识和健康体育方法。

5.有利于教学评价科学化

健康体适能理论与田径选项课结合后的学生学习评价,在评价方式上改变了传统的以技能成绩为主的标准化、统一化的评价方式,更加强调关注学生的学习过程、努力程度、健康健身知识的掌握,应本着以人为本的原则,不以统一的标准要求每个学生,重视学生的进步度评价,这样有利于调动学生参加体育活动的积极性,有利于学生养成终身体育活动的意识和习惯,从而受用终身。

2.3.2 健康体适能理论引导下的田径课程的确定

1.形成新课程的依据

新时代的学校体育是以"健康第一""终身体育"为指导思想的阳光体育,这就要求学生在新思想的指导下:

(1)学会学习。学生通过健康体适能理论的学习形成终身体育意识,在以后的工作和生活中可以根据环境和健康状况的不同来选择合适的体育活动;(2)学会生存。健康的身体是我们立足于社会的基础,健康的身体来自于平时坚持不懈的体育锻炼和良好的生活方式,通过健康体适能理论的学习可以使学生离开社会后更好的适应社会,立足于社会;(3)学会做人。通过健康体适能理论的学习,使学生理解团队协作的重要性，使学生建立良好的人际交往方式等。健康体适能理论与田径选项课结合后的新课程就是要打破传统田径课程的竞技性特征，通过新课程的学习使学生正确理解健康知识，了解现阶段的身体状况，通过掌握正确的健身理论和锻炼方法开出适合自身的运动计划，同时在体育锻炼的过程中增强人际交往能力，养成健康的生活方式，促进身体和心灵的和谐发展；健康体适能理论与田径课程相结合满足了学生对于体育课娱乐性、时尚性、健身性的个体需求，同时也符合了国家对于体育课程的健身性、文化性、科学性、实用性和趣味性新要求，这符合社会发展趋势，充分体现了田径的健身价值和以人为本的生活理念。

2.新课程的形成

（1）新课程目标的确立

健康体适能理论指导下新课程总目标的制定应该达到以下五个目的：一要提高健康水平，掌握并应用体育、健康的基本理论和运动技能；二要培养运动兴趣和终身体育意识；三要培养良好的心理品质、人际关系与合作能力；四要提高对个人健康和群体健康的责任感，形成健康的生活方式；五要形成积极进取、乐观开朗的生活人生态度。具体目标的实施应当从运动参与、运动技能、身体健康、心理健康与社会适应四个方面进行阐述：

1）运动参与目标：

通过健康体适能理论的介入，从教学内容、教学方法等方面注意培养学生对体育运动的兴趣，使学生具有积极参与体育活动的态度和行为，使学生积极主动地学习、思考与体育、健康有关的知识并可以主动根据自己身体状况设计个性化的运动和营养方案，最终形成良好的体育锻炼习惯和终身体育意识，达到积极、科学参加体育活动的目的。运动参与目标的确立有助于田径运动的本质得以发挥，强调师生间的交流、合作，重视学生的自主学习，体现了学生的主体地位。

2）运动技能目标：

①了解体适能的相关知识速度、平衡感、敏捷度、力度和协调性；

②了解田径运动的相关知识，观看主要项目的比赛、学习基本规则、了解主要项目信息；

③在了解主要项目基础上可以掌握简单的动作技能；

④掌握并会应用在体育运动时减少损伤和应对不同环境的方法，达到安全锻炼的目的。运动技能目标的确立应体现"以身体练习为主要手段"并能形成 1~2 个运

动技能为终身体育打下基础。

3）身体健康目标：

①形成正确的身体姿态：在日常学习、生活、运动中时刻注意、保持正确的身体姿态；

②发展与健康有关的身体素质：通过主动发展心肺适能、肌肉力量、肌肉耐力、柔韧性等素质达到健康体适能标准；

③培养关注自己身体和健康的意识：了解身体的基本结构、各部分的主要特征和身体的不同变化，理解科学的体育锻炼对于提高身体健康水平的重要性；

④理解不良生活习惯对身体健康的影响：了解日常生活中的营养摄入与身体健康的关系，了解体育锻炼期间的营养摄入，掌握基本的健康营养物质，知道健康生活方式对身体健康的重要性。通过练习，提高学生心肺功能、肌肉力量、肌肉耐力、柔韧性，改善身体成分。在锻炼身体、掌握技能的同时，提高对体适能的认知水平，掌握有效提高健康体适能的知识与方法，增强健身意识，改善行为习惯，养成积极健康的生活方式，具备健康的体。

4）心理健康与社会适应

①了解科学的体育锻炼对于心理健康的重要性：通过分别体验体育锻炼和身体状况改变时的心理感受，来体验心理健康对于身体健康的重要性；

②通过体育锻炼提高自信：通过体育锻炼时的自我展示和不断克服困难，来克服成长和运动中的心理问题，提高自信；

③正确调控情绪：通过不断地体育锻炼，体验过程中的情绪变化，知道合理调控情绪的重要性；

④培养坚强的性格品质：通过体育锻炼能够克服困难并能挑战困难形成坚韧的品格；

⑤学会正确解压：通过科学的体育锻炼体验整个过程中的压力释放，掌握正确解压的方式和技巧；

⑥培养良好的人际交往能力和团队协作精神：体育锻炼过程中要适应不同的环境，遵守规则，通过与同伴的活动培养良好的交往能力和合作精神。

（2）新课程内容的确立

1）理论内容的确定

①健康体适能与健康的关系

让学生分别理解健康体适能与健康的含义，了解健康体适能和健康之间的联系和区别，了解健康体适能对于提高体质健康水平的重要性以及健康对于学生学习、生活和工作的影响。

②健康的营养

这部分内容讲述营养与体育锻炼的关系、营养和健康的关系以及食物和营养的关系；糖、脂肪、蛋白质、维生素、矿物质对于身体健康的影响；非体育锻炼者的饮食指导、体育锻炼者的营养需求、训练饮食的科学指导。通过本部分的学习使学生了解健康的摄取营养对于身体健康和体育锻炼的重要性。

③心肺适能基本内容

心肺适能实际上就是指人体运输氧气的能力，包括肺通气的能力、心脏及心血管的的循环能力。良好的心肺适能影响人体的健康水平其主要作用有：a.增强心脏的收缩舒张能力；b.强化肺部气体交换能力提高肺部的气体交换效率；c.减少心血管疾病的患病几率，提高生命质量。提高心肺适能的运动是有氧运动，有氧运动具有时间长、强度低、参与肌肉多、规律性强的特点，可以选择健身快步走、健身慢跑等田径项目。

④肌肉适能基本内容

肌肉适能包括肌肉力量和肌肉耐力。肌肉力量就是指肌肉一次工作产生的最大能量，肌肉耐力是指肌肉反复工作的能力。影响肌肉力量的因素包括肌肉横截面积（单个肌纤维横截面积、肌纤维数量）、肌纤维类型（白肌纤维、红肌纤维）、神经系统。拥有良好的肌肉适能可以避免肌肉老化松弛，能够保持良好的身体形态，保护关节、内脏有效降低身体损伤的几率，能够提高运动能力。肌肉适能的提高可以通过跳深练习、俯卧撑、引体向上、仰卧起坐等方式进行，低强度多组数的方法适合提高肌肉耐力，高强度少组数的方法可以提高肌肉力量，但是两者的训练应该有计划的交叉练习，肌肉力量和肌肉耐力是缺一不可的。

⑤身体柔韧性基本内容

柔韧性是指用力做动作时扩大动作幅度的能力，包括身体各个关节的运动幅度和各个关节周围的肌肉、肌腱等结缔组织的弹性。柔韧性根据是否主动利用周围肌群工作分为主动柔韧性和被动柔韧性。主动柔韧性指依靠相应关节周围肌群的积极工作，完成大幅度动作的能力，主动柔韧性训练既可以起到锻炼柔韧能力的作用，又能起到发展力量素质的作用，而反过来力量素质的发展又能促进"主动柔韧性"水平的提高；被动柔韧性是指被动用力（或借助外力）时，关节所能达到的最大活动幅度，如：压腿、扳腿等练习，被动柔韧性练习是发展主动柔韧性的基础。相对来说女性的被动柔韧性好于男性,而男性的主动柔韧性好与女性。影响柔韧性的几个主要因素包括关节骨骼结构、肌肉、韧带的弹性以及关节周围组织的大小。柔韧性好的人关节活动幅度也较大,有利于降低人体受伤的风险,有利于缓解肌肉紧张放松肌肉,有利于形成良好的身体形态,还可以有效降低人体肌肉、韧带老化的速度。

提高身体柔韧性的练习方法主要有动力性拉伸法和静立性拉伸法。动力性拉伸的节奏快、幅度大可以扩大关节的活动幅度适合专项的身体练习;静立性拉伸是缓慢拉伸肌肉、韧带并停留 20 秒重复 8-10 次的低强度运动,适合普通人的身体柔韧性练习。

⑥体脂百分比基本内容

体脂百分比是指将脂肪含量用其占总体重的百分比的形式表示。理想的体脂肪百分比数值,女性约 15~20%,男性约 8~15%,女性超过 30%、男性超过 25% 皆属于肥胖的体型。如何保持一个合适的体脂百分比对于现代人来说有很重要到的意义,身体脂肪含量过高的话会极大加重内脏器官和骨骼的负担,会使高血压、心血管、糖尿病等疾病的患病风险成倍增加,也会限制人的社会交往、日常生活各个方面,所以只有保持合适的体脂百分比才能应付日常的生活。

减少脂肪控制体重的方法就是科学饮食与合理的运动。基本的饮食原则是低糖、低脂肪、低盐,少量多次。关于减少脂肪的运动强度有两种观点:一种是中低强度的长时间运动,持续时间在 30-60 分钟之间;另外一种是采用最佳心率运动法,每周进行四到五次的锻炼,最佳心率 =(220- 年龄 - 安静心率)÷2+ 安静心率。

⑦健康生活方式要点和为将来的健康指南

主要讲述预防疾病与提高健康的措施、健身消费指导、健身与年老、健身效果的检测与计划制订等内容。

⑧其他运动问题

主要讲述运动装备的重要性、场地、环境对运动的影响、运动前后的热身和放松的重要性、运动损伤的预防和治疗等。

2)技能型内容的确定

①健身走

健身走分为三部分分别是慢步走、快步走、特殊走。a. 慢步走就是指散步,坚持散步有助于消除身心疲劳,保持人体基本运动能力,对中老年人健身有较好的效果;b. 长距离快步走对于运动基础一般的人是一种提高心肺适能和耐力素质的有效手段,同时也有利于腿部力量素质的提高;c. 特殊走,如弓箭步走、脚尖走、半蹲走等,可以发展腿部肌肉力量,为从事其他项目的锻炼和训练打好基础。

②健身跑

跑是人体最基本的运动方式之一。田径健身运动中的跑可分为慢跑、快跑、障碍跑和集体跑等。a.慢跑是田径健身运动中最常见的方式。坚持有规律的慢跑锻炼,可以给人体的呼吸、循环以及运动系统以良性的刺激,有助于保持和发展人的耐力和良好的生理机能,具有较高的锻炼价值。慢跑的练习可走出田径场,选择郊外、公园和学校的运动区域等;b.快速跑又称短跑,是发展速度素质的有效手段。一般需在田径场跑道上进行。健身性快速跑采用游戏和比赛的方式进行,以提高练习者的兴趣;c.障碍跑是发展人在跑的过程中踏过、跨过、绕过、钻过障碍物能力的一种方式。要根据锻炼者的实际情况设置障碍物。非正规高度和栏间距离的跨栏跑,也是建设障碍跑的内容;d.集体跑是一种集体参与、相互协作配合的跑的运动方式。可以采用发展速度性质的快速跑,也可以采用发展耐力素质的长跑,目的是使参与者体验在集体合作中的乐趣,从而提高锻炼兴趣。以上四种形式的健身跑均可以游戏的形式进行以提高学生的锻炼热情。

③健身跳

跳跃运动对于发展学生的爆发力、下肢力量、速度、灵敏、协调、柔韧等身体素质有着不可低估的作用,由于传统的田径课程存在有部分技术性较强的跳跃项目,所以在进行适当的改造后的健身跳应包括立定跳远、跳远、单脚跳、跨步跳、蛙跳、跳绳、集体跳绳等,练习形式采用任何形式的游戏、比赛,比如,引入竹竿舞、集体跳绳等也可以改变动作形式,丰富提高健身内容,如蹲距式跳高和在空中作各种度数的转体等。

④健身投

健身投是用双手或单手将投掷物投出的运动,可以发展学生的上肢肌肉力量、爆发力、柔韧性和全身的协调性。它可以分为肩上投掷和肩下投掷两大类:肩上投掷的常见方式有单、双臂的抛掷、投和推等,如抛掷实心球、投垒球、推实心球等;肩下投掷的常见方式有单臂和双臂的扔、撇和抛等,如扔飞碟、打水漂、抛地滚球和保龄球等。

3.新课程教学程序

新课程的教学程序分为理论课程部分和实践课程部分:理论课程部分包括掌握健康体适能的基本理论知识和课后作业的分析;实践课程部分包括学习各体适能项目的测量、测量体适能初值、课后作业的布置等。

(1)掌握健康体适能的基本理论知识

给学生传授日常饮食营养、健康理论、科学体育锻炼方法、体适能自我评估手段以及肌肉力量、肌肉耐力、柔韧性和身体成分的知识,通过制作学习手册、学习卡片等方式使学生在课前课后进行自学和完成学习报告,这样掌握健康体适能的基本理论知识有利于后续工作的开展。

(2)学习各体适能项目的测量

利用实验仪器、训练器材给学生讲解肌肉力量、肌肉耐力、柔韧性、心肺耐力等。

(3)测量体适能初值

对每个学生进行体适能测试并对每个学生的数据结果进行记录,建立数据库。

(4)进行田径课程教学,并布置课后作业

将改造后的运动项目用体育游戏的方式进行教学,并要求学生利用当前的体适能水平进行练习,在每节课的最后给学生布置课后作业要求学生自己制定运动计划。

(5)讨论分析课后作业

将每个人的课后作业利用幻灯片方式呈献给学生,并且在教师指导下由学生自己完成个人运动计划的分析和修改。

(6)教师给予指导,学生进行锻炼

教师针对学生的锻炼过程进行指导,及时发现问题解决问题,整个过程是教师为辅学生为主,教师要经常给学生鼓励,提高学生积极性。

(7)学期结束对学生再次进行体适能测试

在学期末,对学生进行第二次健康体适能水平测试,并与学生共同分析评价结果。将学生的初始数据和学期末数据进行对比分析,评定结果应将测试成绩与学生健康体适能水平提升幅度相结合,综合评价学生的健康体适能水平。

4.学生学习评价

(1)学生学习评价原则

新《纲要》第二十一条明确指出:"学生的学习评价应是对学习效果和过程的评价,主要包括体能与运动技能、认知、学习态度与行为、交往与合作精神、情意表现等,通过学生自评、互评和教师评定等方式进行。评价中应淡化甄别、选拔功能,强化激励、发展功能,把学生的进步幅度纳入评价内容"。这种提法突出了学生的全面发展,承认学生存在个体差异,它基于评价对象的原有起点,重视评价对象的现有差异和付出的努力,更着眼于评价对象将来的发展潜力。基于此我们对该选项课学生学习评价必需遵循以下原则:①全面性原则,评价必须能全方位的考察和测量学生的学习结果。评价的内容包括体能、体育的知识与技能、学习的态度、交往与合作精神、情意等,能对学生做出全方位的评价;②个性化原则:由于学生在体育发面的先天条件、兴趣、爱好、动机和能力的差异,那么学习评价充分考虑学生的个体差异和需要,教学评价应包含每个人的诊断性评价、形成性评价及总结性评价,重视学生的进步幅度和体育态度评价;③发展性原则:评价是手段,不是最终目的,评价的最终目是激励和反馈,评价指向学生的学习进步和努力方向,通过评价及时向教师和学生提供反馈信息,使他们了解存在的缺陷和不足,并激励学生进一步努力,来弥补缺陷和不足,从而获得进步,对学生的自主学习产生积极的影响,引导他们形成良好终身体育活动态度和习惯。

(2)学生学习评价的内容

1)认知部分的评价

这部分的考察主要涉及体育基本知识、健康体适能理论知识、实际案例分析和案例模拟三项内容。测试的方法采用笔试,可进行随堂测试或者期末测试,同时结合学生根据自身制定的体育运动计划来考察学生的认知水平。

2)健康体适能评价

体适能评价是学生学习评价的一个重要部分,包括健康体适能四个主要指标的测试,将学生的初始数据和学期末数据进行对比分析,评定结果应将测试成绩与学生健康体适能水平提升幅度相结合,综合评价学生的健康体适能水平。

3)非智力因素的考察

在每学期结束时,教师根据学生一学期的课上和课下表现进行评估。课上表现主要包括学生课堂的出勤率、练习积极性、团队合作能力、学习态度;课下表现主要包括课下体育锻炼积极性、课后小作业完成情况。评价方式主要通过教师的评价、学生间的相互评价、自我评价这三种方式进行。

5.体适能指标测试

(1)心肺适能的测试

心肺适能的测试主要通过台阶试验、十二分钟跑测试。台阶试验:使用电子台阶试验测试仪,男女的台阶高度分别是40cm和35cm,测试者在台阶前站好听到指令后开始按照提示的节奏进行登台阶,持续时间为3分钟,登台阶结束后静止坐在椅子上中指戴上指脉仪,手心向上持续3min即显示台阶运动数据;十二分钟跑测试:受测学生在规定的跑道上进行12分钟跑,测出每人12分钟跑出的最长距离,然后在休息5秒后测试即刻的脉搏数,脉搏数应该小于(180-年龄数),脉搏数越低证明心肺适能越好。

（2）肌肉适能测试

肌肉适能的测试主要通过握力计测试法、1分钟仰卧起坐测试法、引体向上测试法进行。握力计测试法：用电子握力计进行两次测试，取两次数据的平均值。受测学生用最大握力进行测试，待仪器指数稳定后读取数据；1分钟仰卧起坐测试法：测试人员准备瑜伽垫和计时表。学生两人一组，受测者仰卧在瑜伽垫上，屈膝90度，同伴压紧脚踝，得到测试人员指令后受测者开始测试，持续1分钟由同伴报数据；引体向上测试法：两人一组，受测学生站在单杠前面，同伴帮助受测学生抓稳单杠，两手距离等于受测者的一个半肩宽，准备动作完成后即可开始做动作，要求上拉时下颚超过单杠，下落至双臂伸直，整个过程不可晃动身体，否则不计数。受测女生可采取支臂悬垂的方法，时间越长肌肉适能越好。

（3）柔韧适能的测试

身体柔韧性测试主要采用坐位体前屈和立位体前屈测试法。

坐位体前屈测试：测试人员准备卷尺、瑜伽垫进行测试。两人一组。受测学生双腿放平脚部竖直坐在瑜伽垫上，同伴按住受测者膝盖，受测者听到指示开始双手同时前伸，到最大限度时停留两秒，测试人员量取距离。测试进行两次，取最高成绩为最终成；立位体前屈测试：测试器材选用体前屈测量计（或将标有刻度长约60cm的直尺垂直固定于测量凳或平台一侧），垫子。所有受试者必须先做适量的热身和伸展运动，以免受伤。受试者两脚分开5-10cm，并与平台前沿齐平，脚跟并拢，两腿伸直。上体尽量前屈，两腿伸直，两臂向后环抱两腿小腿处。用额头尽量贴近双腿。记录以cm为单位，取小数后一位。连续测三次取最好成绩，记录以cm为单位，取小数后一位。

（4）体脂百分比的测试

体脂百分比的测试主要通过BMI（身体质量指数）和体脂百分比公式进行计算。一般认为男性体脂>25%，女性>33%是诊断肥胖的标准（也说法是男性>20%女性>25%即为肥胖）。

身体质量指数（BMI）= 体重（kg）÷ 身高^2（m²）

体脂% =（1.20 × BMI）+（0.23 × 年龄）-（10.8 × 性别）-5.4（其中男性性别为1，女性为0）

身体质量指数的测量：器材选用标准身高体重秤。

身高的测量：受试者脱鞋站在身高器上，两脚踵紧贴、直立，紧靠测量尺。受试者眼向前平视，测量尺的横板轻微接触头顶与测量尺成直角。测量结果以厘米为单位，记至小数点两位，以下四舍五入。

体重的测量：受试者最好在饭后两个小时后测量，并着轻便服装，脱去鞋帽及厚重衣物。受试者站立与体重器上，测量此刻的体重。测量结果以公斤为单位（计至小数点一位，以下四舍五入）。将所得身高（换以厘米为单位）、体重（以公斤为单位），带入下列公式中：体重指数（BMI）= 体重（kg）÷ 身高 2（m^2）

2.4　健康体适能与田径选项课相结合的理论框架

2.4.1　健康体适能理论进入田径课程的契合点

1.健康体适能理论进入田径课程弥补学生健身理论知识的欠缺

对学生健身理论知识掌握程度的调查表 2-1，"不仅能应付自身锻炼还能指导他人"和"只能应付自身锻炼"分别占 11.9% 和 17.8%，两项合计仅为 29.7%，"有一定了解，但不能应付自身锻炼"和"一知半解"分别占了 34.2% 和 36.1%，这两项合计为 70.3%，这说明大部分学生对健身理论知识是比较匮乏的，新《纲要》规定体育课必须安排约 10% 的理论教学内容（每学期约 4 学时），这其中还包含了选项课的技术理论等，就这些课时想让学生理论知识能达到"应付自身锻炼"的水平，是远远不够的。

表 2-1　学生对健身理论知识的掌握程度（n=1091）

	人数	百分比（%）
不仅能应付自身锻炼还能指导他人	130	11.9
只能应付自身锻炼	194	17.8
有一定的了解，但不能应付自身锻炼	373	34.2
一知半解	394	36.1

通过对学生理论知识的获得手段的调查（图 2-2），我们可以知道学生理论知识主要来源是课堂教师的传授占 80.4%，而来源于同学间的交流和媒体网络分别占 60.7% 和 61.5%，课堂上教师教授理论知识，学生是处于被动接受的位置，而且在传统的体育课，由于课时的限制，教师无暇顾及学生理论知识的掌握，只顾技术教学。所以传统教学中我们的理论课讲的内容很少，远远不能弥补学生理论知识的欠缺。

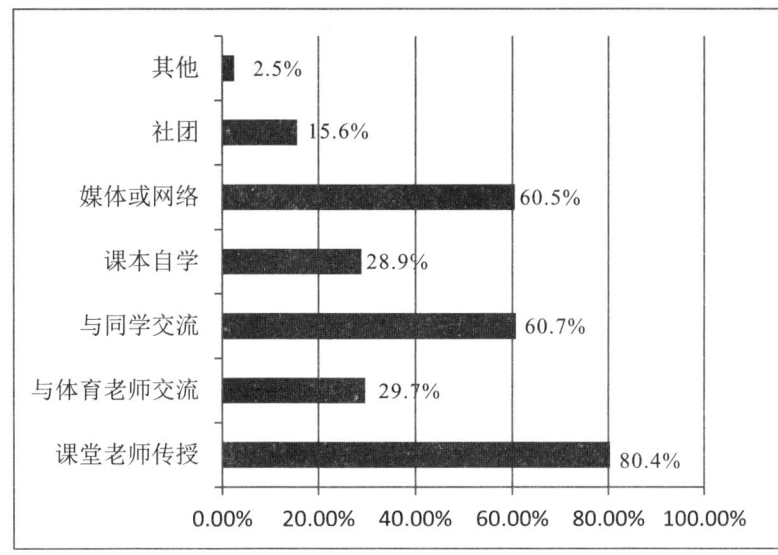

图 2-2 对学生理论知识的获得手段的调查（n=1091）

通过对学生健康体适能理论知识的初步需求分析（表 2-3），学生对参加健康体适能锻炼所得到的大部分益处普遍的需求都比较高，说明健康体适能理论有大多数学生所需求的健身理论知识。健康体适能理论有着完整健康理论体系，在健康体适能的教学中，强调健康知识的学习，其把健康理论知识以电子文稿和卡片的形式分阶段地让学生进行课前或课后自学，并且回答问题、完成课外作业，丰富学生的理论知识，这就解决了，理论课时的限制而且学生学习理论知识处于是主动的位置，可以根据所学内容，来解决自己健康所需的实际问题，提高学生学习的积极性。所以健康体适能理论进入田径课程是可以弥补学生健身理论知识的欠缺。

表 2-3 参加健康体适能锻炼所得到的益处的需求（n=1091）

	非常需要	较需要	一般	较不需要	非常不需要
改善并强化心肺系统	43.3%	42.6%	11.8%	2.1%	0.2%
拥有良好的肌肉力量与耐力	32.5%	45.5%	14.7%	6.8%	0.5%
改善肌肉的柔软度	29.3%	42.9%	21.1%	5.9%	0.8%
维持理想体重	29.6%	40.5%	23.6%	5.2%	1.0%
维持去脂体重	24.9%	35.5%	27.8%	9.7%	2.1%
改善姿态与身体外观	30.9%	40.1%	22.5%	6.0%	0.4%
提升运动表现	23.8%	28.9%	33.9%	8.8%	4.6%
调节并改善身体机能	38.3%	43.0%	16.0%	2.3%	0.4%
改善免疫系统的功能	40.8%	34.6%	18.1%	6.0%	0.4%
维持骨量，防止骨质疏松	35.5%	35.2%	22.3%	6.3%	0.7%
提升睡眠品质	39.0%	31.3%	20.6%	7.8%	0.9%
降低慢行疾病的危险因为	38.5%	33.4%	20.2%	7.1%	0.9%

2.健康体适能理论为田径健身化教学内容的选择提供了依据

目前田径教学内容是田径选项课面临的首要问题,传统的田径教学内容明显的过于系统化、专业化,缺乏趣味性。学生对田径选项课教学内容改革的观点,从表2-4我们可以看出,让学生给田径选项课选择教学内容排序,在第一位的是田径健身、游戏、娱乐为主的内容排序指数为29.8%,第二位的是田径运动与健身知识实践结合的内容排序指数为18.4%,第三田是径健身运动技能的内容,第四才是田径竞技运动的技能。随着社会经济和文化的发展以及人民物质生活水平的提高,人们参加体育锻炼的观念也在发生变化,许多人在参加某项运动的时候,并不关心该项目的竞技水平,而对运动给人带来的健康和娱乐更为关注。因此,学生多数希望田径课内容以健身娱乐为主,也就是说田径课的教学内容要体现田径的健身价值、娱乐价值,而不只是单纯的竞技技术教学内容。

表2-4 学生选择田径课教学内容排序(n=1091)

	第一	第二	第三	第四	排序指数
田径健身运动技能的内容	21.8%	12.9%	10.5%	1.1%	14.8%
田径竞技运动技能的教授为主	6.5%	6.5%	4.2%	6.0%	7.3%
田径健身、游戏、娱乐内容为主	52.3%	23.6%	7.6%	2.0%	29.8%
健身知识与田径运动实践相结合	19.4%	27.3%	10.5%	2.9%	18.4%

通过上述对学生选择田径课教学内容调查,学生选择排序在前的是田径健身、游戏、娱乐为主的内容和田径运动与健身知识实践结合的内容,而田径健身属性的运动,其具有灵活性大、简单容学、运动量易于控制、不受性别年龄限制、不受场地器材限制等特点,对于学生来讲,只要掌握了一定的健身知识,不经过特殊的学习也能进行田径锻炼,这些正是满足学生所需求的。因此选择田径课教学内容应该偏向具有田径运动健身属性的教学内容,而且在田径健身教学内容上选择上必须面向学生健康需求、终身体育的需求等。

要面向学生的健康需要和终身体育需要,其健身运动内容上的选择必需要有健康理论知识作为指导。健康体适能教学内容不是按竞技项目排列,而按健身的功能排列,如发展力量素质、发展耐力素质等,其要求的运动项目是要根据学生所需各项体适能来选择的,所以教师和学生可以根据健康体适能理论,来选择学生所需要的田径健身运动项目,从而进行科学的锻炼。通过对教师和学生就健康体适能理论进入田径课程态度调查图2-5,教师积极认同的有87.4%,学生有70.9%,说明健康体适能理论进入田径课程大部分教师和学生是持肯定的态度。

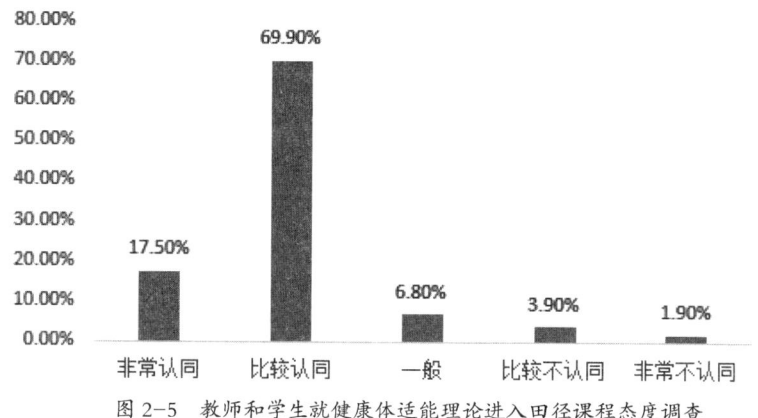

图 2-5 教师和学生就健康体适能理论进入田径课程态度调查

3.设计以学生为主体的教学模式,实现从"教"为中心向以"学"为中心的转移

通过对田径课教师的访谈,了解到,目前田径课教师重于课堂讲授,忽视学生能力培养,使学生始终处于被动消极的位置,学生自主学习的积极性不高,而且过分的强调技术学习,束缚了教师和学生的思维方式,学生机械、呆板的模仿技术动作,使课堂教学单调、枯燥、乏味,从而也限制了学生学习的主动性与创造性,与现行素质教育要求的目标不相适应。健康体适能教学过程中着重学生自我学习能力和自信心的培养。发展学生的健康体适能的教学模式是以学生为主的自主锻炼,学生要自我检测、自我评价,根据测试和评价结果制定自己的目标和计划,然后进行科学锻炼。它是一种因材施教的教学和学习方式,能充分发挥学生在学习过程中的主动性与创造性,充分体现了学生学习的主体性,而教师在课堂教学中的中心角色,在自由开放的活动与学习中转变成了学习的"媒介"之一,成了学生的运动伙伴或健身、健康的指导者。田径课以健康体适能的教学模式来进行,实现了田径教学从"教"为中心向以"学"为中心的转移,学生是学习的主体,学生从解决问题的角度着手思考,既调动了其主动积极性、创造性,又让学生在问题解决中学会学习、学会思考,实现学生的自我构建、自我发展,而教师的作用在于引导、启发,加强学法指导。

通过对健康体适能理论结合田径选项课运用此种教学模式的调查图 2-6,教师积极认同有 78.6%,学生有 72.2%,说明田径课运用健康体适能的教学模式大部分教师和学生是持肯定的态度。

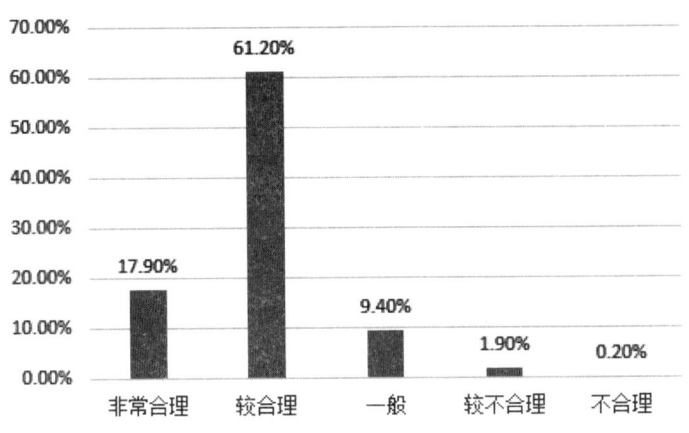

图 2-6　田径课运用健康体适能的教学模式调查

4.完善田径选项课学生学习评价体系

体育教学评价是手段而不是目的,其基本功能是反馈和激励,目的在于使所有学生的体育学习都能获得进步,对学生的自主学习产生积极的影响,引导他们形成良好终身体育活动态度和习惯。目前我省田径选项课对学生学习评价受传统的模式影响,评价内容单一,评价指标过于量化,忽视了对学生的学习态度和自身技术技能提高状况的考察,使学生看不到自身的进步与发展,对学习产生了消极影响,不利于终身体育习惯的形成,也使得许多学生由于先天身体素质的不足难以通过考试,而放弃选修田径课。通过对专家和教师的调查访谈普遍认为,学生学习评价要科学地考查学生全面的学习成果,多角度、全方位地进行评价,评价既要注重学生增进健康的近期效益,又要着眼于培养学生终身健康意识的长远效益,所以评定学生的成绩应包括学生的努力和进步程度、自我锻炼能力的提高和锻炼习惯的养成、各项身体素质提高的幅度以及理论知识的掌握、学习态度等,同时要考虑学生的个体差异,使田径成绩的评定更全面、更科学、更合理、更真实,而且要考虑是否为学生今后的体育学习和终身体育发展奠定了良好基础。

从教师对学生学习评价内容排序表 2-7,我们可以看出排序的顺序是素质性内容、过程性内容、操作性内容、态度性内容、知识性内容、技能性内容;从学生对学习评价内容排序表 2-8,我们可以看出排序的顺序是态度性内容、素质性内容、过程性内容、操作性内容、技能性内容、知识性内容。从排序顺序上看,教师和学生普遍认为素质性内容、过程性内容、操作性内容、态度性内容的排序位置比较靠前。

表 2-7 教师对学生学习评价内容排序（n=103）

排序	第一	第二	第三	第四	第五	第六	排序指数
知识性内容以考察学生对健康体适能知识的理解和记忆程度	16.5%	14.6%	10.7%	12.6%	10.7%	14.6%	13.77%
技能型内容评价学生掌握田径动技能的程度	7.8%	12.6%	16.5%	16.5%	12.6%	12.6%	12.5%
素质性内容以身体各项健康体适能的达标评价	26.2%	18.4%	12.6%	16.5%	7.8%	1.9%	17.5%
操作性内容以反映学生对田径运动与健康体适能理论知识的实践综合能力	22.3%	21.4%	7.8%	3.9%	12.8%	10.7%	15.2%
态度性内容以学生课堂表现、课外作业的完成	14.6%	18.4%	14.6%	16.5%	7.8%	5.8%	14.7%
过程性内容以身体各项健康体适能提高的幅度情况和课外锻炼积极性等	14.6%	14.6%	31.1%	10.7%	14.6%	14.6%	16.6%

表 2-8 学生对学习评价内容排序（n=1091）

排序	第一	第二	第三	第四	第五	第六	排序指数
知识性内容以考察学生对健康体适能知识的理解和记忆程度	20.6%	7.0%	7.1%	10.4%	10.4%	16.4%	12.2%
技能型内容评价学生掌握田径动技能的程度	15.4%	13.8%	15.3%	10.5%	9.7%	4.4%	13.2%
素质性内容以身体各项健康体适能的达标评价	19.5%	19.0%	16.0%	11.8%	5.7%	5.1%	15.6%
操作性内容以反映学生对田径运动与健康体适能理论知识的实践综合能力	16.0%	16.0%	18.4%	14.8%	7.3%	4.9%	15.0%
态度性内容以学生课堂表现、课外作业的完成	14.0%	24.1%	15.3%	13.1%	11.8%	6.4%	15.9%
过程性内容以身体各项健康体适能提高的幅度情况和课外锻炼积极性等	14.7%	19.2%	15.3%	12.0%	11.1%	11.6%	15.0%

发展学生健康体适能的教学在评价的目标上是以改善教师的教学和激励学生学习为主，强调对学生进行个体评价和过程评价，评价的内容主张多元评价，包括认知、情感和健康体适能三个方面，在权重分配上向学习态度、健身知识的掌握和努力程度倾斜。评价的目的是对学生的自主学习产生积极的影响，引导他们形成良好终身体育活动态度和习惯。对认知的评价主要通过学生对体育运动与健康体适能理论知识的实践综合能力的评价；对健康体适能的评价主要通过各项健康体适能的达标评价与各项健康适能提高的幅度评价；对情感态度的评价主要通过学生课堂表现、

课外作业的完成情况和课外锻炼积极性等的评价。这些是与教师和学生的意见比较相符合的,其评价有如下特点:

(1)通过评价达到教师教会学生怎样去锻炼的目的;

(2)对学生的评价注重的是"过程性"评价,在"过程性"评价的过程中,根据学生自身特点制定的目标,在教师的指导下,通过学生积极锻炼,不断地调整目标,使得学生有能力达到身体锻炼的最佳目标;

(3)通过评价,不断地激励学生。让学生拿现在的自己和过去比,这样,每次参加体育锻炼都能感觉到,那怕是微小的进步,通过不断的日积月累,学生在身体、情感、认识领域上就得到的不断进步,最终达到最佳健康体适能的目标。

显然田径课通过健康体适能的教学评价,参考学生的个体性差异,注重对学生学习过程的评价,不仅能反应学生真实的学习状况,而且能对学生学习和锻炼态度产生积极的影响,从而引导他们形成良好终身体育活动态度和习惯。所以健康体适能的教学评价模式能对目前田径选项课的学生学习评价体系起到完善作用。

2.4.2 健康体适能理论进入田径课程的意义与价值

1.使田径课程目标合理兼顾了近期目标和长期目标,体现"健康第一、终身体育"的教学指导思想

健康体适能理论的进入为田径体育教学提出了全新的教学目标,田径选项课目标不仅考虑了学校阶段,而且能着眼于未来。在发展学生健康体适能的教学中,学生可以用科学的体育理论和健康的知识和方法指导运动和生活实践,使学生认识到田径运动的价值,激发学生自己的学习兴趣,并且使他们懂得怎样设计和实施个人健康体适能计划,并积极自觉的锻炼,从而增进学生身心健康,为终身体育打基础,最终促进了田径课程的近期目标—增强体质、增进健康。健康体适能理论尤其重视把体育作为增进健康的思维方式、行为方式和生活方式传授给学生,接纳田径这种健康的运动方式,在学生个性和生活习性形成的关键时期建立起正确的健身意识,形成终身体育的意识,如此就达到了田径课程的长期目标—形成终身体育的意识,从而体现"健康第一、终身体育"的教学指导思想。

2.使田径课程的健身理论知识和实践方法充分满足学生的个体健康需求

随着社会的发展,对学校体育教育所提出新的要求以及体育自身发展规律的变化,满足教育对象个体的需求呈发展趋势。田径选项课以技术技能为主要教学内容,这些显然无法满足现时代学生对自身健康的个体需要。首先健康体适能理论有着

完整健康理论体系,其弥补了田径课程对学生如何增进健康的思维方式、行为方式和生活方式等健康行为教育的理论缺乏;其次健康体适能教学中不是按体育项目排列,而按健身的功能排列,如发展力量素质、发展耐力素质等,其要求的运动项目是要根据学生所需各项体适能来选择,而进行科学的锻炼,达到健康的目的。这些健康的行为教育与科学的锻炼是学生个体健康发展的需求。

3.使田径教学达成教、学、练的和谐统一

现代教学论已经实现了以知识技术传授为价值取向到以学生主体为价值取向的转变,这决定了教学应从以"教"为中心向以"学"为中心的转移。传统的田径教学重技术的传授已经不适应现代教学的要求了,而田径教学以健康体适能的教学模式来进行,此种教学是以学生的"学"为中心的,其是以学生为主的自主学习与锻炼,它是一种因材施教的教学和学习方式,充分体现了学生学习的主体性,学生从解决问题的角度着手思考,让学生在问题解决中学会学习、学会思考,实现学生的自我构建、自我发展,达成知识、技能传授的教学过程与体育意识、习惯、能力的培养过程及锻炼、养护的健身过程和谐统一,即教、学、练的和谐统一。

4.使田径课程学生学习评价指向终身体育

体育课程的评价应该考虑学生未来的发展,应体现终身体育的思想,评价的目的是对学生的自主学习产生积极的影响,引导他们形成良好终身体育活动态度和习惯。发展学生健康体适能的教学在评价的目标上是以改善教师的教学和激励学生学习为主,强调对学生进行个体评价和过程评价,评价的内容主张多元评价。显然田径课通过健康体适能的教学评价,参考学生的个体性差异,注重对学生学习过程的评价,这不仅能反应学生真实的学习状况,而且能使学生学习和锻炼态度产生积极的影响,并且能引导他们形成良好终身体育活动态度和习惯。

2.4.3 健康体适能理论与田径课程结合的内容与途径的理论探讨

1.明确"健康第一、终身体育"的教学指导思想

以"健康第一、终身体育"来指导体育课,是时代的需要,也是学生身心发展的需要。《中共中央国务院关于深化教育改革全面推进素质教育的决定》里明确指出"学校教育要树立健康第一的指导思想,切实加强体育工作,使学生掌握基本的运动技能,养成坚持锻炼身体的良好习惯。体育作为教育的重要组成部分,肩负着促进学生身心健康发展的重任。学校体育树立健康第一的指导思想,是人与社会协调发展的

客观需要,是素质教育的基本要求,是学校体育目的之所在。以终生健身作为指导思想,立足于现实,着眼于未来,努力培养学生身心自我完善的能力,提高学生对自我身体锻炼重要性的认识,使之具有终身锻炼身体的欲望,不仅在学生时代,而且进入社会后,在任何时候和任何情况下,都能自觉地独立自主地从事身体锻炼,以保持体育教学效益的连续性,大学体育是学校体育的最后一站,大学生即将走向社会,在最后阶段的学校生活中,确立终身体育理念,养成终生体育的习惯和能力,将是他们今后个体健康发展的保证。健康体适能理论结合田径选项课以"健康第一、终身体育"的指导思想就是提高学生的健康水平,促进学生全面健康和谐地发展,为培养社会主义现代化建设需要的高素质劳动者服务。传统田径课单纯以运动技术为中心的教学观念,虽然体育课程要达到的主要目标,还是以身体练习为主要手段,但是它强调的是通过合理的、科学的体育锻炼,促进身体和心灵的和谐发展,并把生活技能和体育技能的培养有机地结合起来,在增强体质、增进健康的同时,提高大学生对社会的适应能力。显然田径课以单纯以运动技术为中心的教学观念已不能适应新课程的要求,而必须在增强学生体质健康的同时,还要把增进体质健康的方法和健康的思维方式、行为方式等传授给学生,促进学生的全面发展。健康体适能理论结合田径选项课,把"健康第一"和"终身体育"作为教学指导思想,是全面符合学生现实需要的,它体现了田径课程以个人需要的个人本位的发展方向,表明了田径课程以健身本质的回归,体现了以人为本。

2.确定健康体适能理论结合田径选项课的课程内容

(1)确定课程内容的原则

《全国普通高等学校体育课程教学指导纲要》第十一条指出大学体育课程内容的设置要做到:

1)健身性:与文化性相结合、选择性与实效性相结合、科学性与可接受性相结合、民族性与世界性相结合。因此确定健康体适能理论结合田径选项课教学内容的应遵循健身性基本原则。健身性原则是指确定的课程内容能有效地为增进身体健康服务,有助于培养学生的体育锻炼能力。在确定本课程,应以健身为主要特征的健康体适能理论和田径健身知识技能,应能很好地体现"面向全体学生"、"健康第一"、"终身体育"等教学指导思想;

2)文化性:任何知识体系都是建立在一定的世界观和方法论的基础上的,体育的基础在于体育文化,没有文化形成不了体育。在确定内容上一方面具有丰富的文化内涵的健身理论知识和田径运动技术,另一方面体现文化教育和体育教育,能使

学生形成正确的体育态度和认识,促进学生形成正确的体育价值观;

3)科学性与可行性:确定课程内容必须注重科学性,这已成为广大专家学者的共识。它要求课程内容必须保持与学科发展相适应的规律性,在基本理论和基本技术方面,能反映出学科发展阶段的特征,以及学科最新成就的水平。还要求课程内容要与课程目标的统一,与教学对象有较好的适应性,与家庭体育、社会体育以及与相关学科的横向联系等。同时,还要求课程内容必须符合我国国情,必须考虑学校的物质条件,教师能力以及学生实际情况。也就是说,健康体适能结合田径选项课的课程内容,应该具有较高的科学性和切实的可行性;

4)实用性指内容的用途,也就是说,所选择内容对于促进大学生身体、心理健康具有明显效果。在选择课程内容时,既要注意不要造成学生学习上太大的难度,又要选择大众喜欢的、社会上比较普及的、并有很好的健身娱乐效果的项目;

5)趣味性:是指所选择的内容必须是大部分学生感兴趣的,并且从中体验到学习和锻炼的乐趣。

如果体育课程内容不能被学生所接受、所同化,就不可能对他们的体育行为、态度、身体、心理产生作用,如果选择体育课程内容时能够注意到学生的兴趣、需求和能力,并尽可能与之相适应,这样就不仅有助于学生更好地学习掌握体育知识技能,而且还有助于他们形成对体育的兴趣爱好,为终身体育奠定良好的基础。

(2)课程内容的确定

根据健康体适能理论结合田径选项课教学指导思想与课程内容选择的原则,以及上述对学生和教师关于健身知识理论和田径教学内容调查,我们试图确定健康体适能理论结合田径选项课的课程内容,并且以健身理论知识内容、技能性内容、操作性内容的形式呈现。

1)健身理论知识内容

①体适能和健康。

这部分内容主要讲述体适能和健康的定义、组成、影响因素及它们之间的联系与区别、参加终身健身和整体健康的利益和意义等。

②行为的改变。

这部分内容主要讲述环境对人类行为的影响及阻碍行为改变的障碍,行为改变的步骤、过程、方法、技巧等。

③健康的营养

主要讲述营养与体能和健康的关系,三大营养是体育锻炼者的营养膳食指导,制定健康饮食计划（合理膳食的策划，减脂及增加非脂肪体重的饮食方法，训练饮食的科学指导。）让学生明白只有丰富的营养物质，科学合理的膳食结构与摄取，才能使身体健康，才能达到更好的锻炼效果。

④体重的管理

主要讲述身体成分与体重的关系评估身体成分的方法肥胖对健康的影响能量平衡原理及失衡导致的体重变化田径健身运动在控制体重中的重要性控制体重的方法，并拟订运动计划等。

⑤心肺耐力

主要讲述心肺耐力训练的好处及对健康的重要性，利用各种测验方法和检验结果来评估运动强度、运动型式、运动持续时间和运动频率，并拟订心肺耐力的运动处方等。

⑥肌力和肌耐力

主要讲述肌力对于维持健康的重要性评估和解读肌力与肌耐力的方法，改善肌力和肌耐力的原则运动型式、阻力、组数和运动频率，并拟订肌力训练计划等。

⑦肌肉柔软度

主要讲述肌肉柔软度对于健康体适能的重要性，影响肌肉柔软度的因素三种肌肉伸展的方法、改善身体各关节柔韧性的具体方法、柔韧性锻炼计划的制定等。

⑧运动中的常见问题

主要讲述解运动中的安全问题预防和治疗运动损伤等。

2）田径健身运动的技能性内容

以田径健身属性运动为主，包括健身走、健身跑、健身跳、健身投的项目和柔韧练习的方法。介绍这些运动对健康益处，如何正确的运用这些内容进行身体的锻炼，为实践健康体适能理论提供身体运动的载体。

①关于走的内容选择

走是人体最基本的运动方式。而日常生活中，人们几乎忽视了走的健身意义。休闲散步是最为常见的"走"的练习方法，中华养生谚语"饭后百步走，能活九十九"就是对散步的健身效果的总结。从健身与健康的角度设计走的健身练习，可以有人们日常生活中的普通走，有改变走的方向和姿势的各种特殊形式的走，有发展有氧代谢能力的长距离快步疾走等。通过走的教学，加深学生对走的健身价值的理解，养成爱走、会走的良好习惯，提高走的能力。

②关于跑的内容选择

跑也是人体最基本的运动方式，可以分为慢跑和快速跑。坚持有规律的慢跑锻炼可以给人体的呼吸、循环系统以及运动系统以良性的刺激,有助于保持和发展人的耐力,保持良好的机能,因而具有较高的锻炼价值。慢跑几乎不需要任何设施,因而极易普及。快速跑是发展速度素质的有效手段,一般需在田径场跑道上进行。在跑的教学中应树立"健康第一"的思想,通过游戏、竞赛情绪、激励等教学方法,激发学生求知欲、求练欲,以培养兴趣,形成锻炼习惯。

③关于跳跃的内容选择

田径课程意义上的跳跃是指人体在水平和垂直两个方向上,以原地或行进间两种运动方式所表现出的跳跃能力。在水平方向上,常见有立定跳远,行进间跳远,连续蛙跳和跨步跳等;在垂直方向上最为常见的有原地摸高、跳绳、行进间助跑摸高、三步上篮等。进行跳跃练习,对发展学生力量、速度、灵敏、协调、柔韧等身体素质有积极的作用,尤其对发展腿部力量、提高爆发力和弹跳能力,有直接的作用。

④关于投掷的内容选择

健身性投掷分为肩上和肩下投两大类。肩上是指人体运用自身的能力,用双手或单手将投掷物投出的运动方式,用以发展人体投掷力量素质。肩上投掷是最为常见的方式,有投沙袋、实心球、叠球等等;肩下投掷的方式也很多,如前后抛实心球,抛飞碟、掷地滚球、保龄球等。投掷运动可以使学生健壮体格、健美体型、增强肌肉力量、改善肌肉的协调能力。

3)健康体适能理论与田径健身实践的操作性内容

操作性内容主要是学生运用田径健身运动进行健康体适能理论的实践,是以提高学生的健身实践能力,来培养体育意识和能力,这也符合学校体育与健康教育为生活体育、终身体育服务的指导思想。其操作内容与健康理论知识是相对应的,是以促进学生健康愿望、行为、行动能力而设计的,拟通过课外作业形式来实现操作性内容,在对教师关于田径选项课的课外作业以促进学生健康愿望、行为、行动能力而设计的调查中有71.8%的教师持肯定的态度图2-9。

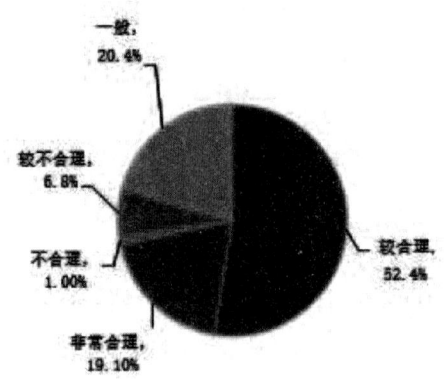

图2-9 教师关于课外作业以促进学生健康而设计的调查

依据健康理论知识内容与上述的调查,我们确定健康体适能理论与田径健身实践的操作性内容:

①健康生活方式调查表、运动安全问卷,安静心跳与血压的测量;

②行为修正,行为改变的阶段、方法与技巧;

③健康饮食计划;

④身体组成的评估、患病率的评估、理想体重的判定;

⑤评估每天的能量需求、行为改变的阶段,并拟定运动计划;

⑥心肺耐力的评估、运动准备调查表、心肺耐力的运动处方;

⑦肌力和肌耐力的评估、肌力训练计划;

⑧肌肉柔软度的评估、身体姿势的评估,拟订一套柔软度和下背部的训练计划。

3.健康体适能理论结合田径选项课的教学设计

教学中以学生为主体,注重启发、引导,而且手段方法应个性化、多样化。从发展的眼光看,现代体育教学注重学生的个性,在师生关系上更加民主,在教学上强调学生的兴趣与主动积极性。新《纲要》第十二条明确指出,教学方法要讲究个性化和多样化,提倡师生之间、学生与学生之间的多边互助活动,努力提高学生参与的积极性,最大限度地发挥学生的创造性更要加强对学生学习方法和练习方法的指导,提高学生自学、自练的能力。因此在教法手段上应个性化、多样化,力求实现因材施教,注意个体学习的参与度,将个体的活动作为体育教学过程的重要环节,在教学中,给以学生自学自练的时间和空间。在教学活动中应以"学"为中心,学生是学习的主体,教师的作用在于引导、启发。高校学生的认识水平已经达到了一个较高的水平,设定问题情景,让学生从解决问题的角度思考,既调动了其主动积极性,又让学生在解决问题中学会学习,学会思考,实现学生学习的自我构建、自我发展。基于以上对新纲要》教学方法的理解,和田径课运用健康体适能的教学模式的调查,本书为健康体适能理论结合田径选项课的教学设计了以学生为主体的理论教学方法和实践教学操作步骤。

(1)理论教学方法

由于田径课是一门以体育实践活动为主要手段的课程,而且一周一次体育课的课时限制,在课堂上进行较多的理论教学是不可取的,那就失去了体育课的本质意义了,而认识到大学生有较强的自律和认知水平,充分调动学生学习的积极性,让其在课外自学理论知识,因此健康体适能理论的教学中我们把理论知识以电子文稿或卡片的形式分阶段地让学生进行课前或课后自学、讨论,并完成课外作业,以丰富学生的理论知识,提高学生学习的趣味性。

(2)教学实践的操作步骤

1)课前学生自学相应健康体适能与健康的关系、评价的方法以及提升相应适能的手段与方法;

2)课堂上以各种有趣味的游戏、练习来学习能发展相应适能的田径健身运动技术,并且实践相应健康体适能评估方法,测量学生的相应的健康体适能水平;

3)课后根据测量结果,完成相应课外作业作业是根据测量的结果,学生对自己健康体适能水平进行评价,并要求学生运用健康体适能理论和田径健身运动技术,来提出解决策略,制定锻炼计划或运动处方;

4)教师对学生作业进行分析与评价,对学生锻炼计划提出修改建议,确保学生能科学、安全、有效的锻炼;

5)教师在课堂上,指导学生根据自己制定的策略和运动处方进行体育锻炼;

6)完成若干周的运动计划后对健康体适能水平再测试,记录进步幅度;

7)根据测试结果再调整策略,补充新知识,又进入第三步,重新新的学习与锻炼。实践的操作过程如图2-10。

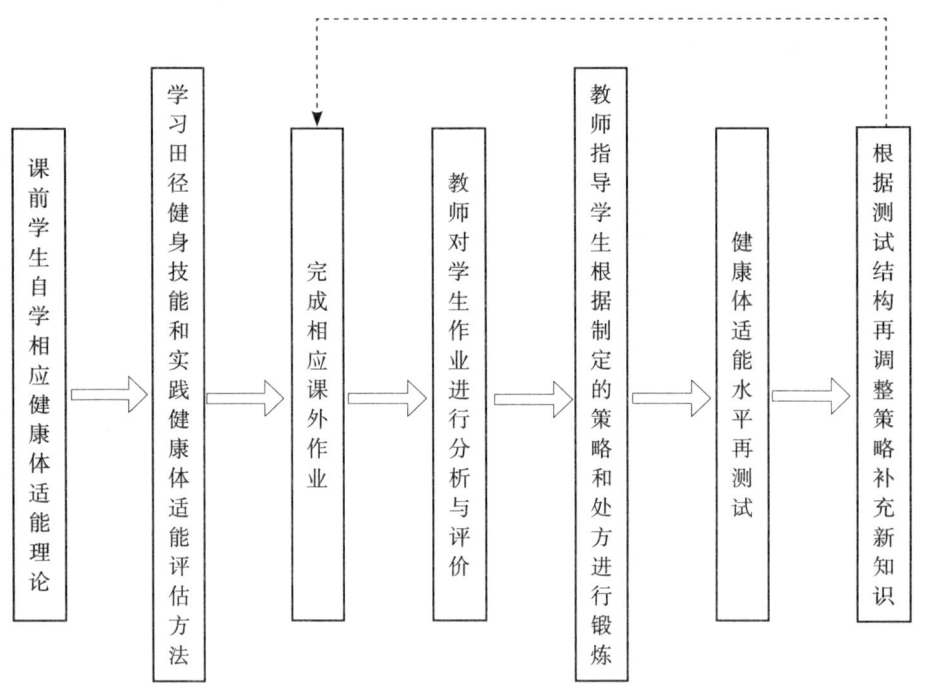

图 2-10 健康体适能理论结合田径选项课的教学实践操作过程

4.学生学习评价原则与方法

（1）学生学习评价的原则

学生学习评价目的是了解学生的学习情况与表现,以及达到学习目标的程度,判断学生学习中存在的不足及原因,改进教学,为学生提供表现自己能力、水平和个性的机会,并鼓励、促进学生的进步与发展培养与提高学生自我认识及自我教育的能力。新《纲要》第二十一条明确指出"学生的学习评价应是对学习效果和过程的评价,主要包括体能与运动技能、认知、学习态度与行为、交往与合作精神、情意表现等,通过学生自评、互评和教师评定等方式进行。评价中应淡化甄别、选拔功能,强化激励、发展功能,把学生的进步幅度纳入评价内容"。这种提法突出了学生的全面发展,承认学生存在个体差异,它基于评价对象的原有起点,重视评价对象的现有差异和付出的努力,更着眼于评价对象将来的发展潜力。基于此我们对该选项课学生学习评价必需遵循以下原则：

1）全面性原则,评价必须能全方位的考察和测量学生的学习结果。评价的内容包括体能、体育的知识与技能、学习的态度、交往与合作精神、情意等,能对学生做出全方位的评价；

2）个性化原则由于学生在体育发面的先天条件、兴趣、爱好、动机和能力的差异，那么学习评价充分考虑学生的个体差异和需要，教学评价应包含每个人的诊断性评价、形成性评价及总结性评价，重视学生的进步幅度和体育态度评价；

3）发展性原则评价是手段，不是最终目的，评价的最终目是激励和反馈，评价指向学生的学习进步和努力方向，通过评价及时向教师和学生提供反馈信息，使他们了解存在的缺陷和不足，并激励学生进一步努力，来弥补缺陷和不足，从而获得进步，对学生的自主学习产生积极的影响，引导他们形成良好终身体育活动态度和习惯。

（2）学生学习评价的方法

1）体能的评价主要涉及一些健康体适能的测验，这是评价的一个重要内容，但要注意的是不要把健康体适能测验的结果作为成绩评定的唯一标准，同时还要根据健康体适能进步幅度来评定；

2）认知、运动技能的评价对考察学生对健康体适能理论知识的记忆和理解程度可采取口试或笔试的等形式进行由于田径健身运动技能相对简单，我们更倾向于对学生田径健身运动与健康体适能理论知识的实践综合能力的评价，主要方法是设置真实情景或模拟情景，让学生制定运动锻炼计划或运动处方，以考察学生实践操作能力；

3）情感态度的评价主要通过学生课堂表现、课外作业评价和运动参与等的评价。课堂表现以出勤情况、学习表现包括积极主动思考为达到目标而反复练习和团体协作、认真接受教师指导等；课外作业评价即随堂分发的作业的完成情况；运动参与以课外锻炼积极性来评价。评价的方式以通过教师评价、学生自评和同学互评价来进行。

2.5 普通高校理论结合案例

2.5.1 山东普通高校理论结合

1.研究对象与方法

（1）研究对象

以山东省12所普通高校的公共体育田径课为主要研究对象。

（2）研究方法

① 文献资料法

根据本篇论文的选题依据和研究目的，在中国知网、万方数据库、百度文库中检索了近十年来与高校体育课程改革、田径课程改革和健康体适能理论有关的文献资料，查阅了山东省内部分高校的教学大纲，对相关文献进行整理、归纳、分析、借鉴。

②调查问卷法

共设计了学生问卷和教师问卷,教师问卷对象为调查学校的体育教师;学生问卷对象为调查学校的大一、大二非体育专业在校学生。

1)问卷的发放和回收

问卷的发放、回收采取了两种形式,一种是当面发放当面回收,另一种是将调查问卷制作成网络调查问卷形式,对山东省12所学校的600名学生和35名教师进行调查,发放普通高校体育教师问卷35份,回收35份,问卷全部有效,回收率100%;发放普通高校大一、大二学生问卷600份回收548份,无效问卷22份,问卷回收率91.33%,有效率95.99%。

2)问卷的信度检验

为了保证调查材料的可靠程度,对调查结果进行了信度检验,采用从问卷中随机抽取一部分的方法进行第二轮问卷调查,说明两种问卷的可信度能够基本满足需要,从而证实两种问卷的调查结果是可信的。

3)问卷的效度检验

初稿设计后,将问卷呈送给副教授以上田径专业教师,并根据他们的意见进行修改和补充。最后请从事高校体育研究的专家和担任田径选项课的副教授以上教师对问卷效度进行判断,结果证明具有比较好的有效性。

③访谈法

对从事高校体育理论方面的专家和田径副教授以上教师进行访谈,通过面对面、电话、邮件等方式,就目前山东省普通高校公共体育田径课的现状、原因、未来发展等问题进行了咨询,同时向教师介绍了将健康体适能引入到田径教学改革中的思路并咨询意见。

④数理统计法

利用Excel进行分类汇总进行描述性统计,对回收的有效问卷数据进行分析等。

⑤逻辑分析法

在研究过程中,采用了归纳、类比、综合等思维形式,对现有的理论和所获得的实际资料数据进行了逻辑分析。

2.山东省普通高校公共体育田径选项课的现状调查

(1)山东省普通高校公共体育田径选项课开设情况

对山东省普通高校公共体育田径选项课开设情况进行了详细调查,通过表2.11可以看出,调查的12所学校中公共体育课程开设有田径课的只有3所,占25%,分别是青岛大学、潍坊医学院、山东理工大学,没有开设田径课的9所,占75%。在此次调查中发现目前山东省普通高校公共体育田径选项课的开设情况非常差,甚至有些开课的学校也在考虑暂停的可能,有些学校在开始开设体育选项课的时候是设有田径项目的,但是由于长时间的没有学生选课导致不得不取消田径课,这样下去会严重阻碍学校体育的发展,同时也对田径运动在我国的发展有着消极作用。公共体育田径课的现状迫使我们不得不做出两种选择,要么取消田径课,要么就对现在的田径课进行改革,因此我们应当打破旧有的观念重新审视田径的重要价值,探索公共体育田径课改革的新思路。

表2-11 山东省普通高校公共体育田径选项课开设情调查表

高校名称	是否开设	开设形式
山东大学	否	
山东师范大学	否	
济南大学	否	
青岛大学	是	体适能
青岛科技大学	否	
中国海洋大学	否	
烟台大学	否	
潍坊医学院	是	田径技术教学
山东理工大学	是	田径技术教学
山东农业大学	否	
聊城大学	否	
山东财经大学	否	

(2)山东省普通高校学生对田径选项课的认识分析

1)大学生对目前田径选项课的态度调查

在对大学生是不是喜欢田径课的问题进行调查时发现选择喜欢和非常喜欢田径课的学生占14%,觉得一般的学生占38%,不喜欢和非常不喜欢田径课的学生占48%。在问及到是否会选择田径选项课时只29%的学生表示会选择,有71%的学生表示不会选择,由此可以看出田径课在学生中受欢迎程度是比较低的,但是在调查中也发现不喜欢田径课的学生里面参加田径运动的学生占到了58%的比例,这说明田径运动还是有一定的学生基础,在学校里是有开展空间的。在针对田径运动的健身价值进行调查时得出有12%的学生认为田径运动的健身价值非常大,有48%的学生认为田径的健身价值大,觉得一般的学生有24%,认为不大的占8%,觉得不清楚的有8%,并且81%的学生认为田径运动不能被其他运动所代替,这可以说明大学生对田径运动的健身价值、作用和地位是很认同的,所以田径课在普通高校有着良好的土壤。另外认为目前的普通高校田径选项课应该改革的占72%,认为应该维持现状的有5%，认为不应该开设的有11%，抱着无所谓态度的有12%，这说明大部分的学生还是希望田径课进行改革，现在的田径课与学生的心中期望是不符的，这也坚定了我们进行田径课改革的信心。

2）田径选项课选择率低的原因调查

表2-12 大学生不选择田径课的原因

原因	百分比	排序
教学内容没有吸引力	55.6%	1
自身素质低、考试难度大	48.5%	2
田径课枯燥乏味	41.2%	3
教学方法单一、没有创新	24.9%	4
学了没有用	21.3%	5
健身功能可由其他项目代替	11.2%	6
教材陈旧、场地缺乏	9.4%	7
教师水平地	7.1%	8

从（表2.12）中我们可以看出认为教学内容没有吸引力的学生有55.6%，认为自身的身体素质不足以应付技术考试的学生有48.5%，认为田径课枯燥、乏味的学生有41.2%，认为教学手法单一、没有创新性的学生有24.9%，以上这四大方面是影响大学生不选择田径选项课的重要原因。我们再从（表2.13）中发现羽毛球、篮球、乒乓球、足球、游泳、网球、健美操几个项目的选择率很高，根据这些方面，可以总结出大学生不愿意选择田径课的原因：第一，这些项目除了篮球外在中学阶段的体育课学习较少，有些项目已经通过电视等途径有过了解，这些运动项目有些属于团队性的球类运动，有些属于新兴的时尚运动，它们都拥有娱乐性、趣味性、时尚性等特点，大学上在选修这些选项课时会有一种娱乐、锻炼两不误的感觉，这样一来更凸显出田径课的枯燥、乏味，自然会使田径选择率变低；第二，我国的田径课教学一直采用传统的教学模式，对于技术动作的传授过于重视，将田径课变成了运动训练课，反而忽视了田径课的本质目的，这也是影响田径课选择率的一个重要原因；第三，对于学生的学习评价以量化成绩为主，考核方式过于标准化、系统化，忽视了学生的努力程度、学习态度、体育意识的养成等因素的考察，这就使一些基础较差的学生望而却步，对田径课产生距离感。

表 2-13 大学生喜欢的体育选项课

选项	百分比	排序
羽毛球	38.1%	1
篮球	33.2%	2
乒乓球	25.6%	3
足球	19.4%	4
游泳	18.8%	5
网球	17.7%	6
健美操	16.4%	7
排球	11.2%	8
跆拳道	9.5%	9
体育舞蹈	8.8%	10
武术	8.6%	11
田径	2.4%	12
其他	2%	13

（3）高校体育教师对田径选项课的认识分析

在对高校田径教师进行调查中，发现有91%的教师认为目前普通高校田径选项课不应该取消，这说明大多数的体育教师认为田径课作为运动之母，是各个运动项目的基础，不应该被取消。调查田径课是否可以被其他运动项目代替时，认为田径课可以被其他运动项目代替的有15%，认为不应该代替的有85%，更有部分教师在交谈中认为应该进一步加大田径课在体育选项课中的比例，这说明大部分高校体育教师对于田径课的作用和价值很认可，但是由于目前田径课的教学内容、教学方法、学习评价等方面的原因造成了目前田径课尴尬的现状，学生逐渐远离田径课，面对这种局面，教师也很无奈。

在对田径课的改革进行调查时，88%的教师认为目前的田径课应该改革，认为可以维持现状的有9%，觉得无所谓的有3%。绝大多数的教师认为目前的田径课的教学内容、教学方法、学习评价等方面必须进行改革，只有这样才能使田径课的地位慢慢恢复，才能发挥其应有的作用。但是由于现在很多高校的田径选项课已经取消，很多田径教师已经不再从事田径教学，这就使得很多田径改革的措施难以实施，也使得田径课程改革的研究严重滞后，这些原因对于田径课在高校的发展产生了消极作用。

从（表2-14）看出，对于田径课陷入尴尬境地的原因，82.5%的教师认为是现行教学内容的陈旧、脱离实际，69.8%的教师认为是教学方法的单一，66.2%的教师认为是学生有怕苦、怕累、怕危险的心态，因此可以看出大部分教师认为田径课难以开展的两个最大原因分别来自于教学内容和教学方法。

表2-14　教师对教学现状产生原因的调查

调查内容	百分比	排序
内容陈旧、重复、脱离实际	82.5%	1
教学方法单一	69.8%	2
学生怕累、怕危险	66.2%	3
学生的理解片面化	55.6%	4
其他运动项目的冲击	49.8%	5
学习评价过于量化	28.8%	6
场地陈旧、器材缺乏	22.3%	7
教师的个人水平不够	13.1%	8
其他	3.2%	9

与其他体育项目相比，田径的娱乐性、时尚性稍显不足，但是田径也具有自身的价值。第一，田径是所有运动的基础，不仅对于学生全面的身体素质培养有重要作用，还有利于提高学生的体质健康水平；第二，从健身角度来说，田径的健身功能更易于发挥，它不受年龄、性别、运动量、场地等因素的限制，这有利于培养大学生终身体育的意识。但是也通过对教师的调查分析得出田径的几个不足之处：第一，现在各高校的田径教学缺乏趣味性，枯燥乏味，教学方法单一，没有创新性；第二，部分现代的大学生对田径的理解比较片面，认为田径就是无目的的跑、跳、投，并且很多学生怕苦、怕累，再加上现在高校的田径课对身体素质要求较高，这就造成了学生对田径课的放弃，长此以往容易使田径课陷入恶性循环。

3.山东省普通高校公共体育田径选项课教学状况与分析

（1）山东省普通高校田径选项课的教学内容状况

当前山东省普通高校的田径选项课是按照《国家体育锻炼标准》的内容进行考核的，测试项目也大都通过田径技能测试和理论课笔试的方式进行，因此很多学校的田径课就是围绕着考试来进行的，教学内容主要是短跑、跳远、跳高、跨栏、铅球、中距离跑和裁判法这些竞技性较强的项目，通过这种情况可以说明目前普通高校的田径教学并没有与时俱进，缺乏创新性，忽视学生的实际需求，脱离现在的社会实际。

在调查大学生对现行田径课程教学内容的满意度时，选择非常满意和满意的学生一共只有15%，选择不满意和非常不满意的达到了60%，感觉一般的占了25%，这个调查可以说明当前的田径教学内容已经不能满足大学生的需求，田径教学内容急需改革，改革的方向应该是发挥田径运动的文化和健身价值，培养学生的终身体育意识，结合新的健康、健身理论创建合理、科学的田径内容体系。

(2)山东省普通高校田径选项课的教学手段使用状况

通过与高校体育教师的交谈和调查得知,几乎所有的田径教师都是采用传统的教学方式,从未采用过多样化教学手段的教师占了61%,偶尔使用和经常使用的教师只有39%,通过这样的比例可以看出多数体育教师教学手段的缺乏、教学方法单一。这些教学方法和手段的问题是由于在传统的田径教学模式下体育教师已经对固有的教学方法手段产生了定式和依赖性,再加上田径选项课地位的日益下降使教师失去了改革创新的动力产生的。

通过与学生的交谈得知,在整个教学过程中教师是主体,学生先看完教师的示范和讲解,然后在教师指导下完成教师要求的练习,这样的一套程序和中学体育课是一模一样的,缺乏个性化和多样化的教学方式,这对于当代大学生没有任何吸引力,而且田径项目大多属于个人项目忽视了团队精神的培养,这些都是田径教学改革者应当下功夫解决的。新型的教学手段能把田径中的技术动作通过多样化的手段呈现给学生,这种方式不仅生动、直接,而且还有利于学生的接受,这些优点是显而易见的,因此现代化的教学手段应当在高校田径选项课教学中大力推广。田径选项课的教学方法要经常改变,根据田径运动项目的特点,选用既能达到教学目的又能激发大学生兴趣的教学模式,充分发挥大学生的想象力和创造力,使大学生通过互帮、互助、互学的教学方式,积极参与到学习和练习中去。

(3)山东省普通高校公共体育田径选项课教学评价状况

通过对普通高校大学生和体育教师对于现行的田径课程教学评价的调查发现学生选择非常满意和满意的只有12.56%,教师选择非常合理和较合理的共占20.54%,这说明对于现行普通高校田径选项课的学习评价方式不论是教师还是学生大都认为不合理。那么对于这样的评价体系能不能正确的反映出学生的学习过程呢,对教师的调查发现选择能和较能的共有20%,选择较不能和不能的占有27%,选择一般的有53%,这说明现有的教学评价体系仅仅是像其他学科一样的考试评价体系,对于学生的学习过程的反应程度不够,忽视了学生的主观努力、学习态度、学习情感的考察。因此通过对开展田径选项课学校的学习评价的调查找出了以下几个不足之处:第一,对学生学习评价的内容主要围绕运动技术进行,对于学生的学习态度、情感、学习过程等非智力因素考察不够;第二,学习评价只有教师的单方面评价,也就是以传统的考试的方式进行缺少了学生自评、互评的部分;第三,对学生学习评价的指标多以量化成绩为主,缺少评分的弹性和灵活性,这种方式对于身体素质出色的学生来说可以简单的就取得好成绩,但对于身体素质差的学生来说却是一个难题。所以就会造成身体素质好的学生觉得田径课太简单,身体素质差的学生觉得难以通过的现象,由此可以看出出现学生对于田径课的"不感冒"情况在正常不过了。

4.当前山东省普通高校田径选项课主要面临的问题

(1)旧有模式缺乏"以人为本"阻碍了学校田径教学的进行

山东省普通高校的田径教学依然停留在传授田径项目技术这个层次上,过于重视学生对技术动作的掌握以及学生跑、跳、投能力的提高,忽视了综合素质的全面发展,忽视了学生的情绪和情感的表达,忽视了田径课对学生未来影响的延续性,忽视了新课程理念下的健康需求。在教学内容方上往往是对中学已学内容的重复,教学方法、方式单一,在提高学生学习积极性方面缺乏创新性,不少教师对课的组织过程也变化不大,从而使自己陷入教学的习惯定式之中。以上这些综合来看是各高校在田径教学中缺乏"以人为本"教学理念的体现,这就使学校体育和竞技体育十分类似,这自然使学生对田径运动产生较大的误解,不仅影响教师的课堂教学,还给学生增加难度,从而影响学生的课程选择。

(2)田径教材目标定位单一,脱离了现代大学生的实际需求

目前各高校的田径教材设计仍然围绕竞技项目展开,教材内容基本以讲授各田径项目运动技术为主,这与现代学生健身性、娱乐性的实际需求不相符。学生认为田径运动是既讲究技术又需要消耗较大体力的运动项目;跳类项目难度高、跳不起来、害怕;跨类项目很危险、跨不过、会摔倒、会受伤。可见,学生对田径课程的评价很低、印象不好,参与田径运动的心情较为复杂。

(3)体育课选择的多元化,使田径课程受到冲击

近几年来,随着选课制在全国普通高校体育教学中的实施和推行,学生有权选择体育课程,健美操、体育舞蹈、武术、乒乓球、网球、羽毛球、游泳、贻拳道等运动项目越来越受到学生的青睐,这些项目大多数具有娱乐性和时尚性的特点,对学生的吸引力不言而喻,这些都是现有的田径课所不具备的,这自然使田径课在普通高校公共体育课中正面临着前所未有的困境,不但得不到应有的发展,而且逐步在萎缩,甚至消亡。

(4)考评体系缺乏科学性、合理性

现在山东省普通高校田径选项课的考评方法与其他体育课程的考评是一样的,都是通过最后的技术课和理论课的分数来衡量,其中技术课分数占了相当大的比例,这样使学生对田径课产生了恐惧和厌恶心理。这种统一性的要求使初始水平差的学生难以看到希望,其中一部分学生在平时的练习时就会认为反正都不能通过还不如偷偷懒,还有一部分学生觉得自己差距很大,再上田径课会没面子而且很累。这

些学生的情况反映出现在的考评方式不科学不合理,严重影响了学生的积极性,致使学生对于田径考试抱着一种应付的态度。

(5)教学环境不容乐观

目前很多高校的对田径设施的投入不足,使得田径场地、器材在数量上与实际学生人数产生了供需不足,而且器材质量也不敢保证,这不仅影响学生学习的积极性还对田径教学的组织进行影响很大,使田径教学无法保证,打乱了田径教学的教学计划,从而造成田径教学任务的难以完成。

5.健康体适能的概念和理论内容

(1)健康体适能概念解析

体适能的概念来源于美国的最佳体适能教育计划,这个计划是美国健康、体育、娱乐、舞蹈联盟于1987年提出的一项旨在建立一个能协助体育教师帮助少年儿童理解终身体育活动的价值、意义,并养成健康行为习惯的教育计划。该计划的本质就是使学生正确理解健康知识,了解现阶段的身体状况,通过掌握正确的健身理论和锻炼方法开出适合自身的运动处方,同时在体育锻炼的过程中增强人际交往能力,养成健康的生活方式。

世界卫生组织把体适能定义为:除了应付日常工作之余,身体又不会感到过度疲倦,并且还有余力去享受休闲及应付突发事情的能力。也就是说如果一个人在身体和心理是健康无疾病的状态下,每天精力充沛的进行学习、工作、生活并且不会感到过度疲惫,在休息的时候可以进行娱乐生活,那么他就拥有较好的健康体适能。体适能在运动方面又表现为竞技体适能和健康体适能,竞技体适能是指运动员以取得最佳成绩为目的所追求的体适能。竞技体适能主要包括:速度、反应、爆发力、协调性和灵敏性等素质;健康体适能主要包括:心肺适能、身体成分、肌肉力量和耐力及柔韧性等素质。通过对概念的理解我们可以明显看出,对于普通高校的非体育专业学生来说他们最需要的就是健康体适能,这同时也是我们普通人需要的健康体适能,因此对于健康体适能理论的研究和应用对于提高大学生的身体健康水平是有重要作用的。

(2)健康体适能理论的基本内容

拥有健康体适能的人可以在日常的工作、学习和生活中有充沛的精力,可以尽情享受休闲娱乐生活,对于紧急状况的处理也张弛有度。健康体适能的基本理论内容分为五个方面,包括心肺适能、肌肉力量、肌肉耐力、柔韧性和体脂百分比。

1)心肺适能,一般指有氧体适能,是指个人的肺脏与心脏,从空气中携带氧气并将氧气输送到组织细胞加以使用的能力。因此,心肺适能可以说是个人的心脏、肺脏、血管与组织细胞的有氧能力指标。心肺适能较佳，可以使我们运动持续较久、且不至于很快疲劳，也可以使我们平日工作时间更久，更有效率。心肺适能较差，不仅容易疲劳，精神萎靡不振，而且较容易引起心血管疾病的发生。健康体适能测试指标中的最重要一项就是心肺耐力，这也是评价健康体适能好坏的第一标准。

2）肌适能：肌适能主要是指肌力与肌耐力。肌力是指肌肉对抗某种阻力时所发出的力量，一般而言是指肌肉在一次收缩时所能产生的最大力量；肌耐力是指肌肉维持使用某种肌力时，能持续用力的时间或反复次数。保持良好的肌力和肌耐力对于促进健康、预防伤与提高工作效率有很大的帮助，当肌力和肌耐力衰退时，肌肉本身往往无法胜任日活动及紧张的工作负荷，容易产生肌肉疲劳及疼痛现象。肌肉适能的改善对于处在现代社会的人们有重要作用，比如延缓衰老、改进身体形态、增加骨密度防止骨质疏松、减少伤痛、损伤、加速热量消耗等。

2.5.2 山东普通高校理论结合

1.福建省部分高校田径课程教学现状调查与分析

（1）福建省部分高校田径选项课总体情况现状及分析

1）福建省部分高校田径选项课的开设情况分析

根据调查及访谈的结果来看，我省15个普通高校中田径课开设情况具体见表2-15，田径课规定为必修课为2所占13.3%，设置选项课为7所占46.7%，取消田径选项课的有6所占40%。开设田径选项课，但由于各种原因而没开课的学校有5所占33.3%。从表2-16中可以看出，田径课正常开课的学校有26.7%，因其他种种原因无开课的学校占73.3%，在大一阶段有开课学校占26.7%，未开课学校占73.3%，而在大二阶段有开课学校占20%，未开课学校占80%。在调查的福建省高校田径课开课率，除必修的2所之外，选项课中能正常开课只有福建师范大学和武夷学院2所，由此可见,当前普通高校田径选项课已经处于十分困难的境地了。

表2-15 福建15所普通高校田径课开设情况（n=15）

大学			开设情况	
厦门大学			选项（未开题）	
福建农林大学			选项（未开题）	
武夷大学		选项（有课题）		
厦门理工学院			选项（未开题）	
集美大学			选项（未开题）	
福州大学	必修			
福建医科大学				取消
泉州师范学院				取消
福建师范大学		选项（有课题）		
华侨大学				取消
闽江大学				取消
龙岩学院			选项（未开题）	
漳州师范学院				取消
福建工程学院				取消
莆田学院	必修			
合计	2	2	5	6
百分比	13.3%	13.3%	33.3%	40%

表2-16 高校田径课开课率（n=15）

	有开课学校			未开课学校
	必修课	选项课（正常开课）	选项课（无法正常开课）	取消
大一	2	2	5	6
百分比	13.3%	13.3%	33.3%	40%
合计	26.7%			73.3%
大二	1	2	5	7
百分比	6.7%	13.3%	33.3%	46.7%
合计	20%			80%

在开课学校数据的表面上开课率有到中26.7%，但其中却存在着一些不确定因素，从表2-17可以看出，不确定因素占有75.9%。不确定因素主要是有教学条件的限制等，无法满足全部学生需求，部分学生迫于学分压力，无奈的选择田径课。

表2-17 对开课学校的教师观察学生对田径课态度和选课意愿的调查（n=29）

	确定因素			不确定因素	
	非常喜欢	较喜欢	一般	不怎喜欢	非常不喜欢
必修课中学生的态度	0	2	7	5	0
选项课中学生的选课意愿		自愿选修		非自愿选修	
合计		5		10	
		7		22	
百分比		24.1%		75.9%	

在对无法正常开田径课学校的74名体育教师关于无法开课原因的调查中表2-18，可以看出认为学生选择田径课的人数减少导致一些高校停开田径课的教师有

是 82.4%，学校有开展田径课的计划，只是由于学生选择这门课的人数较少无法开班才被迫停开的，这不是学校和老师的初衷。因此选修学生数少是未能开课学校无法正常开课的主要因素。

表 2-18　学校无法正常开课的主要因素的调查（n=74）

因素	人数	百分比
由于选修学生数太少	61	82.4%
场地器材不足	8	10.8%
缺乏田径专项教师	0	0.0%
一些田径项目比较危险	2	2.7%
其他	3	4.1%

调查结果表明，第一，26.7%的学校有开田径课，但其中却存在75.9%的不确定因素，由于有不确定因素的存在使开课学校的开课率是要大打折扣的。此种情况无论就田径课程本身而言还是对学生来说都是被动的，具有不确定性，相信随着学校的发展和教学条件的改善这种情况也会得到改变。如通过访谈知道厦门理工学院在2008年以前田径课作为必修课，而随着该校搬入新校区，教学条件改善，从2008年开始田径课就作为了选项课。所以随着学校的发展和教学条件的不断改善，对于田径选项课的开课率是呈负影响的；第二，未开课学校无法正常的开课的主要因素是选修学生数少。从这种两种情况表明，田径选项课在普通高校正面临巨大的挑战。

2）福建普通高校田径课的模式分析

根据调查及访谈的结果来看，在被调查的巧所普通高校中，田径教学的模式大致可以分为三种：

①在体育课中开设的一或多项教学内容中融入部分田径教学内容的方式，属于这种方式的学校是莆田学院，其两学年里都有田径教学内容，其主要是田径教学内容融入多项教学内容中的形式。

②以田径教学内容为主项，其他项目为副项的方式，这种方式称为"主、副项制"，属于这种方式的学校有福建师范大学，其每学期主项田径课有28课时，副项有篮球、体操、武术、排球，每个学期一个项目。又如集美大学的田径选项课其中有规定30学时的游泳课。

③作为独立完整的一门体育课进行教学的方式，时间跨度为一学年或两学年。除上面所提到的所学校外，其他开设的所学校就属于此种。在进一步调查中发现，产生这三种情况的原因，有以下原因：

a. 在高校体育"三自主"的教学指导方针下,课程设计者充分发挥学生的主体作用和教师的主导作用,努力倡导开放式、探究式教学,努力拓展田径课程的时间和空间。将课外体育锻炼、运动训练等有目的、有计划、有组织的纳入田径课程,所以就出现了"主、副项制"或各具有特色内容的田径课。

b. 由于近些年来受"应试"教育的影响,部分学生在考入大学之前忽视体育锻炼,导致升入大学后,健康水平整体较差,身体素质也存在不同程度的差别。所以部分学校针对这种情况,面向大一的新生开设了基础体育课程,其中包含了大部分田径教学内容。

c. 近几年来,学校扩招等因素,使得在校生的数量急剧增加,某些院校虽然开设的体育教学内容也很丰富,但由于要求选课的学生数量较多,教学条件的限制等,学校无法满足全部学生需求,如部分体育项目所需的室内场馆和场地面积等,但同时学校又具备田径场地,且能够满足田径课所需的器材,所以在所开设的内容有限的体育课中,设置了田径课。

(2)高校体育教师对田径选项课的认识分析

从图2-19可以看出,有23.3%的教师认为田径教学可以用其他运动形式的课代替,这个数字说明有部分老师只看到传统的田径课教学的弊病和不足,对田径教学的健身价值没有深入的研究,或者只看到素质练习的内容与田径课项目的近似之处,而对田径课独特的健身价值和教育功能认识不足,这种观念的存在也会潜移默化的影响着学生对田径课的认识。

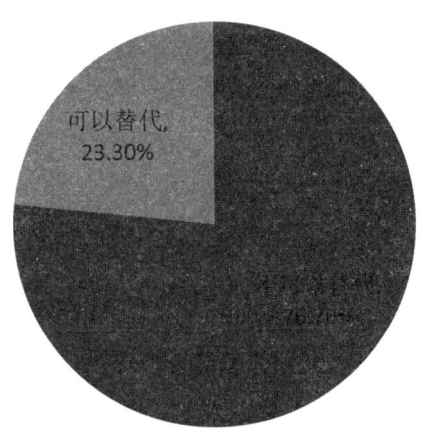

图 2-19 高校体育教师对田径选项课可否替代的看法(n=103)

教师对田径健身运动的认识,根据图2-20可以看出,教师"田径健身运动具有运动量易于控制、简便易行、不受性别年龄限制、不受场地器材限制等特点"持肯定态度 89.3%，说明决大部分高校体育教师对于田径健身属性的运动的健身价值认识是比较高的。

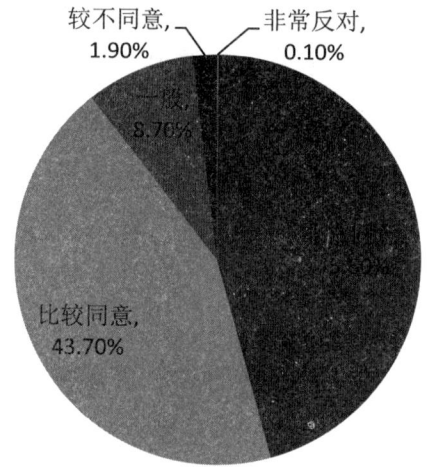

2-20 从健身的角度来参加田径运动，具有简便易行的特点（n=103）

从图 2-21 可以看出，有 86.4% 的教师对田径选项课岌岌可危的现状有共同认识，而且对田径选项课发展有着积极的态度的。

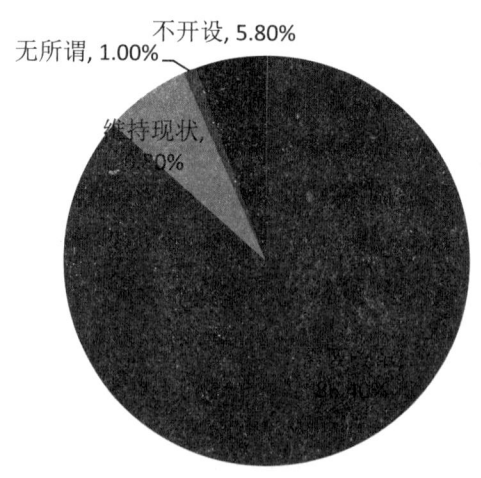

图 2-21 高校体育教师对目前田径选项课的看法（n=103）

对于田径选项课为什么有这岌岌可危的现状，通过对上述学校教师做更深入的调查。从表 2-22 可以看出，造成田径选项课现状的原因，被调查的体育教师有 81.4% 认为是田径教学内容陈旧、枯燥、脱离生活、与中学重复，69.8% 认为是学生的畏难畏苦心理，60.5% 认为是学生对田径运动的理解，58.1% 认为是一些时尚运动项目在高校的兴起，53.5%认为是田径教学方法和手段的单一。可以看出大部分教师认为田径课内容陈旧、枯燥是造成目前田径选项课艰难局面的主要因素之一。

表 2-22 普通高校体育老师对造成田径选项课现状原因的看法（n=103）

调查内容	人数	百分比
普通高校公共体育"三自主"等指导思想	41	39.5%
田径教学内容陈旧、枯燥、脱离生活、与中学重复	84	81.4%
田径教学方法和手段单一	55	53.5%
田径教学学生学习评价偏重于技能形成	29	27.9%
学生的畏难畏苦心理	72	69.8%
学生对田径运动的理解	62	60.5%
教师个人魅力和业务水平	14	14.0%
一些时尚运动项目在高校的兴起	60	58.1%
场地器材无法得到保证	26	25.6%
其他	2	2.3%

在诸多体育教学项目中，田径虽然不如球类项目，时尚运动项目等那样具有很高的趣味性和实用性，但田径运动自身的健身特点却在素质教育中的有其明显的优势和强大的功能。第一，田径运动对于培养学生走、跑、跳、投的基本技能，全面发展学生的身体素质，提高学生健康水平的功能，其他项目无法替代；第二，从健身的角度来参加田径运动，具有运动量易于控制、简便易行、不受性别年龄限制、不受场地器材限制等特点。对于学生来讲，只要掌握了一定的健身知识，不经过特殊的学习也能进行田径锻炼，便于他们将来走向工作岗位继续参加体育锻炼，养成终身体育锻炼的习惯。因此在体育教学项目中田径运动是其他运动项目无法替代的。

田径运动自身的健身特点有其明显的优势和强大的功能，可在福建普通高校选项课的开课率却比较低，通过教师对造成田径选项课现状原因的认识分析，可以看出，首先就田径教学本身来说，传统的田径项目多数缺乏趣味性，使得整个田径课教学显得枯燥，而且练习手段较单一；其次，现代学生的畏难畏苦心理，而传统的田径项目对学生身体素质运动负荷要求较高，使很多学生趋乐避苦，不喜欢田径课再者，高校体育"三自主"的教学指导方针下，使学生有放弃田径的权力，而去选择时尚运动项目。由于学生不选择田径选项课，进而学校就不开设田径选项课，这样田径选项课就越是不能得到发展。这样一系列的因素使得田径选项课便产生了恶性的循环。

（3）普通高校学生对田径选项课的看法分析

1）对大学生选择田径选项课态度调查。

首先看大学生对田径运动的健身价值和参加田径运动态度的主体偏向，从图

2-23可以看出68.7%学生认为田径运动的健身价值大,60.1%的学生认为田径运动健身价值是运动项目所无法替代的,这说明大部分学生田径运动健身价值及无可替代性是比较认同的,而且从图2-24可以看出有52.9%喜欢参加田径运动的。这组数字在以往调查文献中已经出现过,只是他们的数字百分点比较低,现在出现这样高的百分点说明同学们正在转变对田径运动的看法;其次看大学生对田径选项课态度调查,表2-25表示喜欢田径课的学生有18.8%,说明现在高校的田径课已不再受到大学生的喜爱,至于选择上田径课的学生只有14.8%,从中可以看出田径选项课目前所面临问题的严重性,这也是导致现在很多学校的田径课开不起来的主要原因。而被调查的学生有半数以上是喜欢参加田径运动的,而真正想上田径课的学生只有14.8%,其中原因应该值得田径教育工作者做深入的探讨。81.0%在认为田径课是否需要改革的调查中,学生还是支持田径课要进行需要改革的,而且在对田径课进行健身性、趣味性改革后图2-25,有49.8%的学生表示愿意选择田径课,有37.5%的学生处于观望中,可以看出学生对田径课改革还是有很高的期望,这与大部分学生喜欢田径运动还是很有关系的。

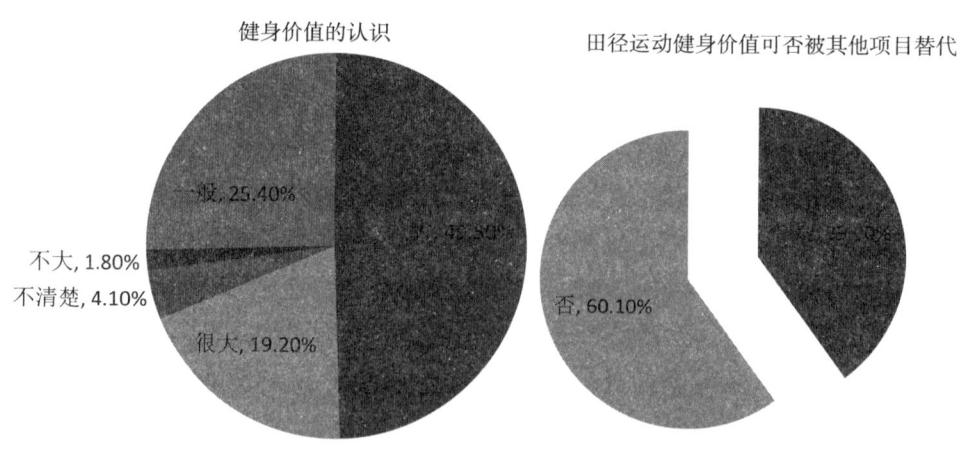

图 2-23 学生对田径运动的健身价值认识主体倾向(n=1091)

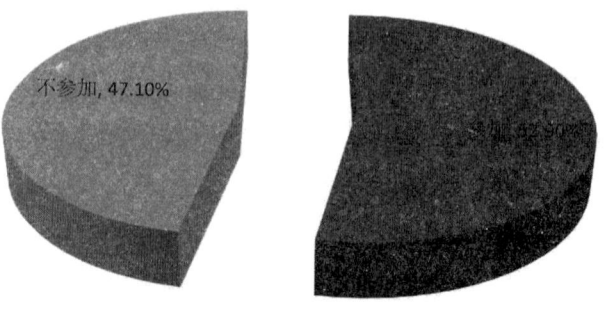

图 2-24 大学生对参加田径运动态度的主体倾向(n=1091)

表2-25 大学生对田径选项课主体倾向调查（n=1091）

田径选项课态度	积极偏向			消极偏向	
	非常喜欢	喜欢	一般	不喜欢	非常不喜欢
人数	34	171	625	214	47
百分比	3.1%	15.7%	57.3%	19.6%	4.3%
合计		18.8%		81.2%	

是否选择田径课	是	否
人数	162	929
百分比	14.8%	85.2%

田径课改革态度	需要改革	维持现状	无所谓	不开设
人数	884	40	121	46
百分比	81.0%	3.7%	11.1%	4.2%
合计	81.0%		19.0%	

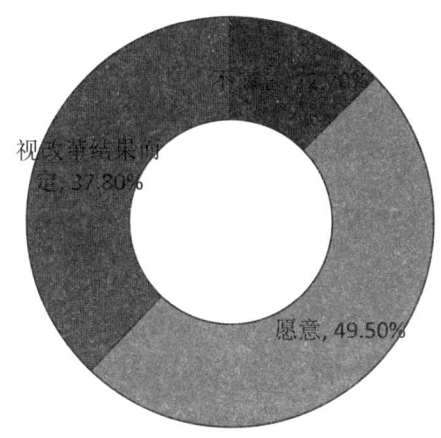

图2-26 学生对田径课进行健身性、趣味性改革后的选课态度（n=1091）

2）形成目前高校大学生对田径选项课消极态度的分析

对大学生喜欢的体育选项课分析，从表2-27调查结果可以看出羽毛球、篮球、乒乓球、足球、游泳、网球、健美操等选项课的排序明显在前，以上这些体育课在中学开展很有限，而且文化课学习的时间较多，体育锻炼的时间较少，在高考的压力下他们不能根据自己的兴趣去学习喜欢的运动项目，而进入大学后他们可以根据自己的兴趣和爱好去选择喜欢的体育课。再者大学里开设有许多新鲜时尚体育课，有些体育课他们没有接触过，而大学生恰恰是思维活跃、乐于、勇于接受新事物的群体，越是以前很少接触的东西越要试一试，在新的运动项目面前，他们有足够的兴趣和胆量去实现自己的好奇心。

表2-27　大学生对喜欢的体育选项课统计表（n=1091）

选项	人数	百分比	排序
羽毛球	416	38.1%	1
篮球	366	33.5%	2
乒乓球	300	27.6%	3
足球	212	19.4%	4
游泳	205	18.8%	5
网球	192	17.6%	6
健美操	159	14.6%	7
排球	152	13.9%	8
野外生存	152	13.9%	9
跆拳道	150	13.7%	10
轮滑	123	11.3%	11
攀岩	89	8.2%	12
民族传统体育	85	7.8%	13
形体操	78	7.1%	14
散手	71	6.5%	15
体育舞蹈	63	5.8%	16
田径	55	5.0%	17
拳击	38	2.5%	18
健美	30	2.7%	19
康复保健	25	2.3%	20
其他	22	2.0%	21

学生不选择田径课的原因调查表2-28，我们可以发现学生们选择率最高的就是田径选项课"枯燥、乏味"占57.8%，"田径课内容不感兴趣"占43.4%，"自身素质低，考试不易通过或拿不到高分"也占总数的36.7%。

表2-28　不选择田径课的原因（n=929）

原因	人数	百分比（%）
对田径课内容不感兴趣	403	43.1
自身素质低、考试不易通过或拿不到高分	341	36.7
健身价值不高，学了没用	51	5.5
田径选项课枯燥、乏味、其他项目更好玩	537	57.8
教学器材陈旧、缺乏	120	12.9
田径健身功能可以由其他项目代替	70	7.5
教师水平不高	22	2.4
想尝试以前没有尝试的项目	248	26.7
其他	13	1.4

形成田径选项课不受大学生欢迎的主要原因：一是田径课是基础项目，他们在

较早的时候已经接触过,其中部分项目他们已经学过,即使有些没有学过的项目他们也经常在学校运动会和电视等媒体上略知一二,可以说对这些充满好奇心、且求知欲强的大学生来说,田径课对他们失去了往日的吸引力,他们想了解和掌握新的运动项目,在这种好奇心的支持下,田径课显得那么的单调和乏味,于是就不奇怪学生为什么热衷于选择田径课以外的体育课了,这也是许多的学生选择其他项目的体育课而不选择田径课的原因之一;二是多年来学校的田径教学中注重田径竞技运动技术教学的误导有很大关系。这并不代表我们反对技术教学,只是过分追求技术的规范性和系统性是不可取的,田径项目大多是封闭式的动作技能,而封闭性的动作技能通常是顺序性、单一性的,过分追求技术的规范性和系统性,使得田径教学练习内容单调、动作强度较大,缺乏趣味性和娱乐性,对田径运动内在的健身性质没有很好的挖掘,而且忽视学生的认知水平与体育需求,这也许是造成部分学生虽然喜欢田径运动但却不喜欢田径课的现象;三是学生学习评价方式注重技能的形成和身体素质的达标,评价偏重标准化和定量化,使用量化指标过多,忽视了对学生的学习态度和自身能力提高状况的考察,致使一些先天身体素质差的学生,难以通过考试或拿到满意的分数,从而对田径选项课望而却步,放弃选修田径课。

(4)福建省部分田径选项课选课课程目标分析

2002年教育部的《全国普通高等学校体育课程教学指导纲要》颁布实施后,体育课程明确规定了五个基本目标和五个发展目标,目标结构设置有面向大多数学生设置的基本目标,又有针对部分特长和余力的学生设置的发展目标,充分体现了健康第一思想、素质教育思想和终身体育教学思想。普通高校的田径课的也应围绕这些目标来展开。对收集到的9所开课高校的田径课教学大纲进行分析综合,大体的目标表述可以归纳为以下几点:

1)通过田径课教学落实"健康第一"的思想,使学生增强体质、增进健康;

2)掌握田径运动的基本技术、基本技能及科学锻炼身体的方法,为终身体育打下良好的基础;

3)了解田径运动的基础理论知识和田径比赛规则与裁判法,让学生具备一定的田径比赛的观赏能力,培养学生积极乐观、开朗、自信的生活态度以及具有进取心和团队精神的良好品德,使学生在运动中体验运动的乐趣和成功的感觉。

通过调查高校体育教师对田径课程目标构成的看法表2-29显示,高校体育教师认为增进学生身体健康是田径课程的首要目标,这说明通过田径课来提高身体素质、促进健康,掌握有效全面发展体能的知识与方法等是最为重要的;其次排序在第二的是运动参与,这说明培养学生参与活动的兴趣与爱好,形成坚持锻炼的习惯也比较重要,这也是田径基础性的表现;排序在第三的是心理健康,这至少说明教师已经认识到身体和心理的健康才是完整意义的健康;此外排在第四和第五是掌握技术与社会适应,这说明单纯掌握技术已为大多数教师所摒弃。

表2-29 高校体育教师对田径课程目标构成的看法（n=103）

排序	第一	第二	第三	第四	第五	排序指数
运动参与	36.9%	35.9%	4.9%	10.7%	3.9%	24.5%
掌握技术	1.9%	10.7%	30.1%	31.1%	15.5%	14.7%
增进健康	61.2%	26.2%	12.6%	0.0%	0.0%	29.9%
心理健康	0.0%	22.3%	30.1%	20.4%	13.6%	15.5%
社会适应	0.0%	1.0%	13.6%	18.4%	38.8%	8.0%

从9所高校田径选项课现有的目标与高校体育教师对田径课程目标构成的看法进行比较,在增进身体健康的目标上是已经达成共识了。但福建高校田径选项课在运动参与目标上重视不够,体现在对于如何形成终身体育意识的行为教育关注的不够。部分学校田径课竞技色彩依然比较强,课程目标还是局限于学生田径运动技能的形成,而单纯掌握技术已是大多数教师所摒弃的。再从发展目标上看,目前9所高校田径选项课的目标还只局限于对学生基本需求的目标,对部分学有所长和有余力的学生发展目标关注不够。

（5）福建省部分田径选项课教学内容现状及分析

调查对有设置田径选项课的教学内容表明,目前在选择田径教学内容时并没有摆脱作为纯竞技比赛田径项目的束缚,教学内容主要是以技术性较强的田径运动项目为主,在对9所开设田径选项课高校的田径课教学内容的调查中显示2-30图,当前大学田径教学内容主要集中在跨栏、跳远、跳高、铅球、短跑、裁判法等,个别高校有健身走、健身跑、健身跳、健身投的教学内容,像铅球这种纯竞技的田径项目在高校的田径教材中仍占有一定比例。对教师的调查中,绝大部分教师认为教材内容陈旧难度高、技术复杂注重竞技脱离生活与初、高中重复。

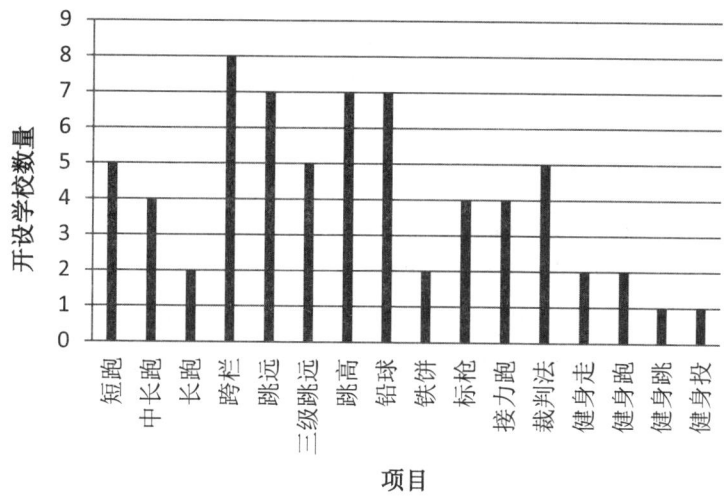

图 2-30 开设田径选项课高校的田径课教学内容的调查（n=9）

从学生喜欢的田径项目的调查结果来看图 2-31，排在前六项目是：短跑的占学生总数的 35.9%，跳远的有 31.2%，中长跑的学生有 28.4%，健身走的学生有 23.9%，长跑的学生有 22.5%，健身跑的学生有 19.0%，可见从高校开课率较高的项目除了短跑和跳远是学生比较喜欢的田径项目外，其他开课率较高的项目在学生中只有比较少的市场。

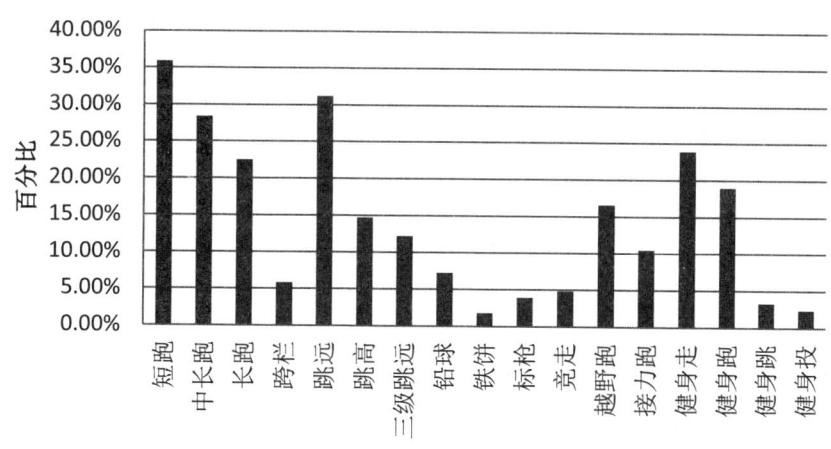

2-31 学生喜欢得田径项目调查（n=1091）

现代教育观认为，如何培养学生的学习兴趣和学习能力，使之踏出校门还能继续学习，是教育的主要目的。学校体育对于促进学生体质健康是责无旁贷的。但我们也应该意识到，学生在学校里、在课堂上的锻炼时间是极其有限的，更多的是学生走出校门以后的时间。体育教学的重点应该是在学生掌握一定知识和技能的同时，培养学生继续锻炼的习惯和兴趣，使学生能自觉主动的利用所学的技能、知识进行活动。对学生平时锻炼身体经常的情况和选用的体育运动的调查显示每周参加次或次以上课外体育锻炼的学生有84.6%。选用的体育运动排序前八，如图2-32。

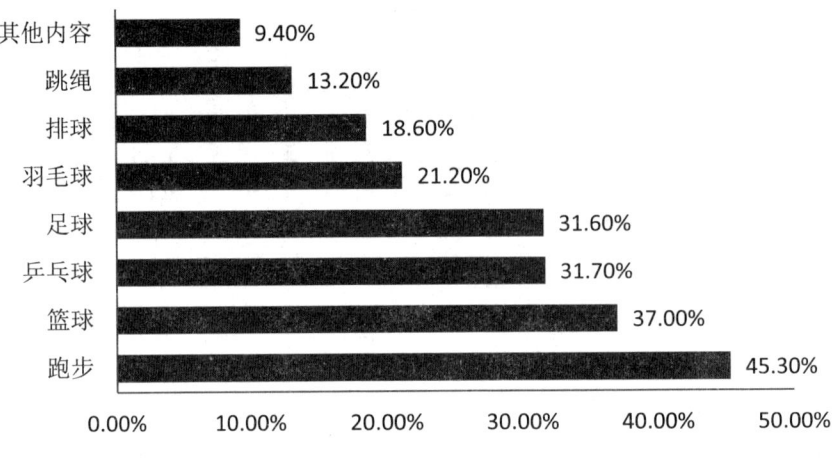

图2-32 学生经常从事体育活动（n=1091）

学生在大学时期，有很多课余时间进行体育锻炼，那么可以选择的锻炼方式是很多的，但仅就田径项目而言，除了跑步这种简单，对场地器材要求不高的项目外，学生几乎很少问津其他。在将来走向工作岗位,时间不能得到保障的情况下,结果自然不难想象。田径课的很多教学内容在学校中，受客观条件限制，如投掷项目，课外活动中学生找不到合适的练习场所和环境；又如跳远既要翻沙坑，又存在泥沙带来的麻烦，背越式跳高，没有海绵垫将无法练习，除了个别非常喜欢田径的学生外，哪位学生每天愿意借个铅球去推呢，诸如此类。我们知道田径蕴含着人体最基本的活动技能，虽然田径竞技运动追求的是极限化、规范化，但教育则应要求多样化、普及化和实用化，所以学校中的田径教学应该通过田径运动的健身手段和文化内涵来教育学生，增强学生体质，使学生掌握田径健身方法和手段，促进学生身心的协调发展。我们应该对竞技化的田径项目进行改造，创新教学内容，加强田径内容，面向终身体育的可持续性发展，是我们应该重点解决的现实问题。

（6）福建省部分田径选项课学生评价体系现状及分析

通过调查和访谈对有设置田径选项课的教学评价体系表明，目前福建普通高校田径选项课的学生学习评价基本上是采用传统的模式，评价的内容主要是田径项目技能、身体素质达标等，评价指标主要是从学生掌握技术的情况以及运动成绩来加以衡量，评价方式主要是教师对学生的评价。评价的内容主要受以田径竞技项目为教学内容的影响，比例偏重于技术、技能和身体的素质，这些评价内容比较单一。评价指标的高低直接影响学生的学习成绩，对有些素质好的学生来讲，不用多学、多练也能拿高分，而对于身体素质较差的学生，再认真学、认真练也无法及格，所以在学生选课时就出现一些学生喜欢田径运动，想进行田径方面的学习，但因身体素质条件便不敢选择田径课。通过调查开设田径课学校的田径教学大纲，发现评价指标使用量化的评价指标是普遍存在的，对指标的合理程度我们通过对设置田径选项课学校的教师调查表明图2-33，对目前该校田径选项课学习评价指标设置比较认同的教师只有18.8%，认同率是比较低的。对于14.5%能否反应学生学习过程的评价，只有的教师对该校学生学习过程的评价图2-34，表示认同。

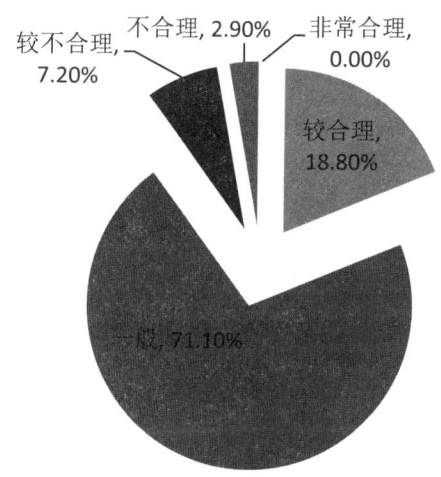

图2-33 教师对学生学习评价指标设置的看法（n=69）

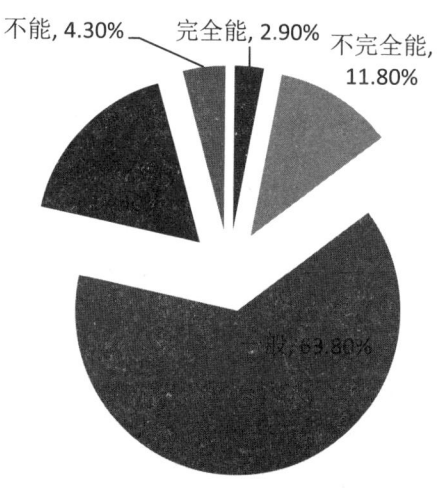

图2-34 教师对学生学习过程的评价的看法（n=69）

通过以上对田径选项课的学生学习评价的调查，我们可以看出目前有以下几点不足：第一，评价内容比例偏重于技术和技能，忽视学生情感、学习过程的评价；第二，评价方式比较单一，对学生的评价只有来自教师的评价，这种评价方法忽略了学生自评、学生互评；第三，评价偏重标准化和定量化，使用量化指标过多，忽视了对学生的学习态度和自身能力提高状况的考察，致使许多学生由于先天身体素质的不足难以通过考试，而放弃选修田径课。其主要产生的原因是，教学中对学生学习的评价受传统体育教学技能观的影响，仅仅局限于田径运动技能与体能，导致田径教学的考核方法过于单一、评价偏重标准化和定量化。

（7）田径选项课改革的必要性分析

经过此次调查发现现在的福建普通高校田径选项课至少面临以下的问题：

1）田径选项课难以受到广泛学生的认同，所以选修学生数少、开课率低，有些学校甚至取消田径选项课，田径选项课有面临消亡的危险；

2）教学目标还是局限于形成学生的运动技能，对于如何形成终身体育意识的行为教育关注还不够，对部分学有所长和有余力的学生发展目标关注不够；

3）教学内容是田径选项课改革目前面临的第一问题，田径内容明显的过于系统化、专业化，趣味性缺乏，创新教学内容加强田径内容面向终身体育的可持续性发展，是我们应该重点解决的现实问题；

4）学生学习评价受传统的模式影响，评价内容单一、评价指标过于量化，忽视了对学生的学习态度和自身技术技能提高状况的考察。这些分析的结果与前人的研究结果是比较一致的，说明福建普通高校田径选项课改革与发展的现状应该说比较让人担忧。

因此田径选项课的改革是必要的也是急需的，就是否要求改革的问题在图2-21教师对田径选项课的态度和表2-25学生对田径选项课的态度进行了统计。有86.4%的教师和的学生认为必须进行改革，说明田径选项课的改革在教师和学生中呼声是很高的。那么如何进行田径选项课的改革，对教师的调查图2-36，选择频数较高的前四项是教学内容、教学形式、教学方法、评价方法。其中有86.4%的教师选择教学内容的改革，这与教学内容是田径选项课目前面临的首要问题是一致的。

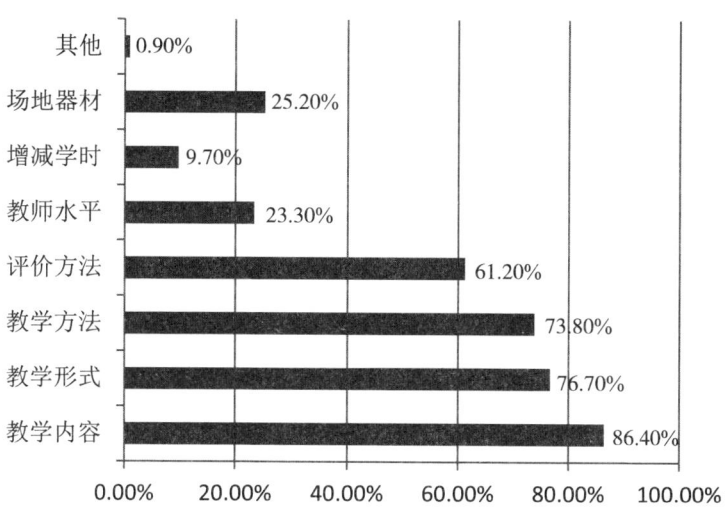

图 2-36 田径教学改革重点的调查（n=103）

对田径选项课的改革首先要解决的是学生对田径选项课的看法，传统的田径课已经是对学生没有什么吸引力，而健康体适能理论的引入，通过对学生整体健康的教育，使学生必需从自己的健康需求的角度出发，重新审视田径课在促进其身体健康的重要作用；其次将健康体适能理论引入田径选项课使田径教学不是以运动项目排列，而是按健身的功能排列，其要求的运动项目是要根据学生所需各项体适能来选择的，并且能有效的把教、学、练很好的统一起来。其改变田径课内容单一、练习枯燥的方法，可以将田径运动内容健身化，通过各种有趣味的游戏、练习来进行教学，学生在学习过程中充分发挥其主动性与创造性，使学生在学习中发现问题解决问题，从而体验学习的乐趣和科学锻炼的有效性，将健康体适能理论引入田径选项课具有其合理性和可行性。

第 3 章　不同年龄段的体适能田径运动

3.1　儿童体适能田径运动——少儿趣味田径运动

随着我国社会不停地进步，2008 年奥林匹克运动会在我国完美落幕以后，我国已经从一个体育大国逐渐的发展成为一个体育强国，国家体育总局为了选拔更优秀的运动员，目前我国各省市中小学已经开始着重于培养竞技体育后备人才。然而这一举动造成青少年儿童运动训练过早专业化，并且只有少部分学生身体素质得以全面发展，大部分的学生身体素质没有得到学校以及体育教师的重视，导致学生的健康体适能状况日趋下降。

由于传统田径运动项目内容更适合成年人练习、比赛规则和竞技要求更加严格和标准、各类项目器材的专业化不利于儿童使用，以上原因有效的阻碍了传统田径运动项目在中小学的发展。现如今的中小学生中很大一部分学生已经存在严重厌恶学习田径运动的想法，导致各年龄段青少年儿童不能根据身心发展规律正确的发展身体素质，影响学生健康体适能的发展。根据国内外已经研究得出的青少年儿童健康体适能的成果，我国中小学生的体质健康逐年下降，为了更好的发展青少年的体质健康，我国根据国际田联开展的《国际田联少儿趣味田径》的项目计划进行各省市的大力宣传和推广，以此项目来刺激学生积极主动的进行体育锻炼，通过适合青少年儿童发展特点并且能吸引他们注意力的方式向各个年龄段的青少年儿童教授传统的田径知识和项目技能，从而使普通人民群众和学生在参与田径项目锻炼的情况下一定程度上不会过早的消逝，使其进行可持续发展。

少儿趣味田径的方便之处在于可以让学生在随处可见的不具有危险性的地方参与一些基本的体育锻炼活动：短跑、耐力跑、跳跃、投掷，可以通过各种趣味项目激发学生对田径的爱好，积极参加体育锻炼，达到全面发展身心健康以及体质健康的发展。目前中小学体育课程目标就是为了加强学生体质健康，提高身体在日常生活中的机能使用状况，有效的使身体各器官系统的能力有所提升，验证少儿趣味田径运动项目对中小学生的各项身体机能以及身体素质的发展能够起到很好的作用，就要根据参与少儿趣味田径运动锻炼者结束实验后对锻炼效果进行客观的评价。运动锻炼效果是指：在经常参与各项运动锻炼的人在不同的体育项目进行锻炼后的影响下，身体各器官系统、外在形态和本身的机能能力等方面所产生的具有适应该项目的变化和良好机能反应。如果在对参与体育锻炼后所达到的效果进行客观有效的评价，就能促进锻炼着更积极的参与健身活动，并且能够为以后参与不同项目的锻炼提供科学的参考依据。目前，我国基本是采用体质综合评价方法来评价各个年龄段的健身效果，经过多年的实验所得出，利用体质监测这种具有时效性的测试方法了解我国人民群众的体质健康整体状况的变化具有一定的效果，但是，用此方法来评价健身效果就存在一些缺陷和不适用性。因此，以青少年儿童身心发展特点，结合国际田联少儿趣味运动项目特点，通过理论分析和实验干预，验证该项目对少年儿童的健康体适能的影响，为建立科学的学校体育实施奠定基础。

3.1.1 国内外研究现状

1. 少儿趣味田径的介绍

在"少儿趣味田径运动"中，编排创造的过程时尽量简化传统田径运动中的跑、跳、投项目中只适用于与成人化的比赛规则和技能技术要求，全面改变中小学生使用成人化的运动器械的情况，使用色彩鲜艳、材质柔软和重量较轻的材料制造成适合青少年儿童使用的软式器材。同时在设计比赛内容的过程中可以根据不同的地理环境用不同的器材组织其中的各种项目。鼓励教师对田径运动使用不同教学方式和不同教学手段进行授课。此外，对与传统田径比赛方法和技术动作要求进行的简洁化，并不是单一的删去运动项目的基本要求和完成动作的技术技能环节，而是通过根据不同年龄阶段的青少年儿童和外界不同环境因素来进行编排的一种运动项目。为组织少儿趣味田径运动比赛有效的提供了科学合理的比赛规则、计分和裁判法，可以在任何地方进行锻炼，有效的解决了场地不足的需求。

"少儿趣味田径运动"在与传统田径项目的教学方面不同之处是在进行体育文化传授过程中的不同。"少儿趣味田径运动"不再单一的将传统的课程标准作为参考将教学所要求的重点全部放在传统体育项目的教学和技术技能教学上，而是在学校体育的教学过程中对青少年儿童进行新型的田径运动精神及理论知识的传播。比如在本身不适合青少年儿童的跨栏、铅球、标枪等具有一定危险性以及难度的项目上，甚至大部分学生在求学的过程中不会涉及到的一些体育运动项目，"少儿趣味田径运动"都将传统田径运动项目进行简洁化、改进各个项目的缺点，将优点与锻炼目的吸收到国际田联少儿趣味田径运动项目中。这样做就可以更好的让青少年儿童了解和掌握到这些项目的特点,感受田径运动项目独特的魅力,从而达到增强学生健康体适能,将田径运动所拥有的特征和传承下来的体育理论知识文化有机的集合在一起。

少儿趣味田径运动依据年龄段分为四个组:少儿组中包括7~8岁、9~10岁11~12岁;少年组:13~15岁。此项目编排根据不同年龄阶段身心发展规律所学习接触的内容也不同,贯穿传统田径内容,让青少年儿童接触到所有项目,但区别于传统田径竞赛方法以及裁判法。各年龄段所学项目包括内容见表3-1:

表3-1 不同年龄阶段比赛项目内容

年龄组	项目	6~8岁	9~10岁	11~12岁
跑类项目	短跑/跨栏接力	×	×	
	弯曲方程式:短跑/跨栏接力			×
	弯曲方程式:短跑接力			×
	一级方程式(短跑、绕杆跑、跨栏)短跑/绕杆	×	×	
	跨栏		×	×
				×
	8分钟耐久跑	×	×	
	渐进耐久跑		×	×
	1000米耐久跑			×
跳跃项目	撑杆跳远			×
	撑杆跳跃沙坑			
	跳绳	×		
	短程助跑三级跳			×
	向前蹲踞式跳远	×	×	
	交叉单足跳	×	×	×
	短程助跑跳远			×
	梯子跳跑	×	×	
	限制区域三级跳	×		×
	精确跳远		×	×
投掷项目	投准		×	×
	青少年掷标枪			×
	少儿掷标枪			
	跪姿投掷	×	×	
	青少年掷铁饼			
	后抛		×	×
	旋转投掷		×	×
	推荐项目总计	8	9	10

(1)少儿趣味田径(7~8岁)目标

1)身体机能目标

让学生们拥有更佳的身体机能情况,可以在生活和学习中以充沛的体能来面对各种问题,使身体和心理机能得到有效锻炼,积极参与体育运动。通过教师科学性的指导来引领学生参与到健康的体育运动锻炼,促进学生身心健康的发展,能高效地发展学生的身体各部位的能力和熟练的掌握各项运动技能。

2)社会功能目标

锻炼和培养学生适应社会能力的同时,建立团队意识,增强交往能力和群体生活中的互相协作意识。

3)思想品德目标

让学生在整个过程中培养良好的思想品德,在进锻炼的过程中完成教师为个人和团队所制定的各项目标。在实现目标的同时学会尊重他人,在生活和学习中有较强的独立能力,并主动承担自身的角色,服务于社会。

4)学习能力目标

指引学生使用正确的态度学习,指导他们无论在课堂还是平时的生活中都积极担负起自身所应承担的责任,使学生在学习的过程中总结出的经验应用于实践中。通过组织少儿趣味田径运动促进学生能快速接受新鲜环境,帮助学生理解世界的组成以及将自我与周围的事物建立联系。

5)少儿趣味田径(7~8岁)项目原则

不同年龄阶段的学生都必须要参加所规定内容的运动项目,这样使学生能充分得到身体锻炼的同时也避免过早的进入了专项化的训练模式。男女生混合的形式运用到每个不同年龄段的组别当中。在最终的成绩评定中,每个人的比赛成绩都会对其产生一定的影响,而且让每个学生都认为自己在所处的团队中是不可或缺的一员,让学生体会到自身的表现对整个团队成绩的影响起着决定性的作用,能有利于增强各队员参与比赛和训练的积极性,也使学生产生团结协作的观念。

(3)少儿趣味田径比赛原则

1)集体性——比赛必须以集体的方式进行比赛,以团队总分来评判;

2)全方位性——比赛项目包括田径项目中的远度、高度、速度三个基本类型;

3)趣味性——比赛项目内容编排的具有新颖以及乐趣性,寓教于乐;

4)简单性——竞赛规则侧重学生的理解程度,评分的方式简单易懂;

5)激励性——队员在进行比赛时,出现犯规或者松懈情况,进行鼓舞激励并无犯规判罚;

6)针对性——学生年龄段不同所参与的运动项目也各不相同;

7）专业性——教师和培训员的专业技能，竞赛方法、教学器材专业标准化；

8）安全性——运动器械、场地必须安全稳妥。

3.1.2 国内相关研究

1.我国在提高青少年健康体适能方面出台的相关措施

国家体育总局为了提高我国青少年儿童健康体适能出台了相关措施并且举行了全民活动，邀请各个年龄段的青少年儿童参与到利民利己的阳光体育的工程当中。目的在于锻炼青少年儿童的健康体适能以及身体素质，使学生乐于参与锻炼，积极投向大自然的怀抱，积极的走向阳光健康的生活。阳光体育是教育、体育各部门新推崇的一种运动方式，其目的在于促进各个年龄段尤其是小学阶段的学生身体素质发展的重要举措。阳光体育在目前的要求包括：在各个省市的大力推广下，必须在 3 到 5 年的时间内，学生身体各个机能状态必须达到国家体制健康所要求的最低等级线以上，要求各个年龄段的学生能熟练掌握及运动最少两项体育锻炼项目技能，在日常的生活中养成良好的并且能自发的进行体育锻炼，使促进大部分的学生健康体适能水平长期有效的发展。长远目标是：在各个省市推广该项目以后，每年进行体质测试的评估，来监测实施该运动以后学生的健康体适能状况是否有所改变，并最终能使学生们健康成长，身体各机能发育到最佳状态。在实施该项目的长期过程中，通过奖励机制的方法，积极鼓励学生参与锻炼，在锻炼后达到一定效果时进行奖励，使学生在得到鼓舞以后能更佳激励其锻炼欲望，增加学生的活动量，从而在根本上解决了青少年儿童健康体适能的状况。学校组织各种类的体育活动课程的同时，可以借助外界社会的传播功能及传播效应大力宣扬各类型的体育运动在改善青少年儿童的身体素质中的有效作用，在学校进行体育活动中建立"健康第一"的观念。截止到目前为止，阳光体育运动在实施的道路上经历了五年时间的发展，在我国各个地区开展后得到大力的反响，为以后更好的发展积攒了丰富的经验。

在《关于加强青少年体育增强青少年体质的意见》文件中指出，青少年是未来我国发展的坚实基础，必须从小培养他们的吃苦精神，要求他们有充沛的体力以及更佳的身体状态来学习和生活，全方面的培养他们的身心健康。由此可见，青少年儿童在中国发展的过程是属于未来坚实可靠的后盾，青少年儿童的健康体适能现状可以直接影响到我国将来全民身体素质的健康，因此青少年儿童的健康体适能问题是未来国家与世界各国竞相竞争的首要因素。由于我国规定传统田径运动课程是各个学校体育与健康课上所必须接触的一项运动，在执行的过程中，不能须有其表，不按照运动项目要求和竞赛方法来执行,因此学校在执行的过程中教师必须具备全面的体育技能,能有效的传授给学生正确的锻炼方法,进行有趣的教学使学生不会厌学。

魏勇在《体适能—学校体育的核心概念》里谈到健康体适能测试的方法上,着重阐述了了身体组成分包括身高、体重、心肺耐力、柔韧性、肌力和肌肉耐力这些健康体适能所包含的方面,其中身体成分检测使用的评价仪器是在专业的实验室中用医疗仪器断层扫描法、电阻抗法、水下称重法、排空法和测量皮下脂肪厚度法以及身体质量指数。在柔韧适能的测试中使用的测量方法是一般颈部和背部用专用的量角器来检测柔韧适能,其他的用坐位体前屈测试仪来检测学生柔韧素质。在心肺适能测试中用学生最大耗氧量来评价心肺功能;或者使用长距离跑如 12 分钟耐力跑或 9 分钟跑走、八百米跑;年龄层次较大的人可以用三分钟台阶实验来测试心肺适能。肌力一般采用手部握力计,左右手各测一次、腰部或腿部测力计等测量仪器测试,肌耐力在中小学生的实验中一般采用一分钟仰卧起坐。

2.少儿趣味田径运动对青少年儿童技能培养的研究

纵观相关文献,由最初单纯研究少儿趣味田径规则认识、发展以及推广,逐步过渡到更加深层次的研究。例如北京体育大学硕士学生钟宇的《少儿趣味田径对适龄学生基本田径技能培养效果的实验研究》的文章中提出结论:通过进行国际田联少儿趣味田径运动项目的实施,该项目可以有效的提高不同年龄阶段学生跑、跳、投基本田径技术。李铁录、赵文捧,钟宇在《国际田联趣味田径推广研究》一文中得出结果:国际田联少儿趣味田径运动对于不同年龄段的学生身体基本情况中身高和体重各方面没有不利于其正常发育,在教授学生各类项目上与传统田径运动中跑、跳、投项目的课程教材与教授方法上区别不是很明显,并且在 50 米、实心球两项基本运动实验实施后,实验组的成绩提高的非常明显。由此可以得出少儿趣味田径运动在对各个年龄段的学生所学体育运动中跑类和投掷类项目方面具有非常显著的优异性。

3.我国中、小学体育课程开展现状的研究

结合杨泳明的《胶东沿海地区中小学农村田径教学的现状与发展对策研究》、骆新明的《浅析中小学田径教学的现状和对策分析》、于敬平等的《"以人为本"改革中小学田径教学内容》、郝琪《中小学开展田径教学的意义及现状分析》等论文中总结得出:我国各中小学在进行传统体育教学过程中已经所达到的目标,开展现状和包括的一些显著的问题:

(1)目前各个学校教师所用的教学课本、器材、教学方法、手段、目的等内容不符合青少年儿童所具有的身心等特点，不能有针对性的进行锻炼。以往所使用的教学内容只是搬照各个项目自身的特点和锻炼要求进行传授给学生学习和组织教学内容，并且教师在教授体育技能的过程中，教学内容的枯燥使学生没有兴趣学习，使用的教学手段也比较落后并没有创新点。

（2）体育课程中传统的田径项目教学器械不适合青少年儿童使用，过于成人化，使用标准对于中小学生太严格，容易在锻炼和教学过程中产生安全性问题。目前中小学所使用的田径场馆、运动器材等总体来说都是比较贴合传统田径比赛方法的要求，在青少年儿童使用的过程中，学生不能自我的掌控好对于器材的使用，从而使安全性等问题出现。

（3）教师在教学的过程中所使用的教学方法没有随机应变的能力，在受到国内外所新开发出来的项目影响之下，青少年儿童已经完全不能满足于对传统田径中所包含的跑类、投掷类、远度、高度类项目的渴求，受到影响后开始追求与不同类型的新型运动项目，涉及到水、陆、空等包罗万象的体育运动项目。学校在安排课程时，不考虑学生身体发育的特点，随意更改课程内容和课程时间，跟随教师的个人能力来决定课程内容。焦现伟、尚晓华《将趣味田径引入初中体育课的实验研究及分析》中提出国际田联少儿趣味田径运动参照了青少年儿童身心发展等特征严格的编制了田径项目的练习技巧和使用，其主要目的是培养中学生的田径基本运动能力和自发的参与身体锻炼。诸多文献已经从单纯的对少儿趣味田径运动在各地区的推广、开展、现状等转变为少儿趣味田径对不同年龄阶段的学生健康体适能以及身心健康发展影响方面的深入探索研究。

4.少儿趣味田径开展现状及研究

覃坤玲、张冰《在湖北省中小学开展趣味田径运动的可行性研究》中，得出结论：在各个农村中小学的开展情况非常可观，并且具有很好的发展前景和上升趋势，而且该运动项目在各个中小学的学生和老师中广受好评；国际田联少儿趣味田径运动能积极的促进学生参与锻炼，并且在课后的时间也可以自发的研究器材的不同组建方法，从而有不同的使用方法，使学生从中获得更多的启发，培养了独立思考问题的能力，快乐的进行学习和锻炼，可以有效的改善生活和学习，家长及学校等方面给予的各种压力，真正做到轻松学习、快乐生活，除此之外也能达到锻炼身体素质的目的。王伟男在《"少儿趣味田径运动"在沈阳市小学体育活动中的实验研究及项目推广实践中》得出的结果表明：在东北地区三所中小学推广国际田联少儿趣味田径运动项目中，每个学校反馈的结果显示开展的情况非常好，通过该项目的而推广让学生认识到新型田径运动的锻炼方法，大大提高了学生对体育锻炼的兴趣，愿意在日常生活中进行探索，得出该项目不同的组织方法和比赛内容。张文涛、施讳在《少儿趣味田径在江西高校开展的 SWOT 分析》一文中明确的指出了在江西高校开展国际田联少儿趣味田径运动项目中存在的一些问题：开展过程中项目新颖的特点，具有很大的优势；该项目器材种类的繁多以及价格等方面的不足；在该省市推广是受到广大学生的爱好，具备非常好的推广前景。在《对中国小学推广国际田联少儿田径项目现状的研究》一文中丁盼盼指出：少儿趣味田径运动在各省市推广实施的情况非常显著，已经举行了多次全国性质的培训指导员的活动，该项目在培训教师的过程中强调项目的趣味和新颖性，是教师在传授给学生的时候能着重的突出这些优点，在比赛项目的多样和团体性的特点下，使更多的学生参与到锻炼中来，项目器材的安全和鲜艳的特点更能吸引学生的关注及参与，学生良好的锻炼习惯养成和较好的课堂氛围使教师和学生更加喜爱该项目的开展。少儿趣味田径运动开展的实验学校，已经拥有居多的优秀教练员以及全面了解项目构造的研发人员，全国各地中小学、高中、大专、高等教育院校都已经将少儿趣味田径运动项目加入到学校的教学大纲当中，让更多的学生接触新型运动项目，也在传统的体育教学过程中加入新型的教学方法用来激励学生更加积极地进行锻炼。

随着夏季、冬季奥运会的成功的举办，国家越来越重视体育的发展，2010 年 10 月 23 日，在鸟巢国家体育场隆重的举行了第一届关于少儿趣味田径运动盛会。组委会在比赛项目的选择上，根据少儿趣味田径运动所包含的内容选定了短跑跨栏接力、一级方程式、十字跳、撑杆跳远、投掷少儿标枪、跪投实心球六项比赛内容，这六个项目全部覆盖了田径运动中跑、跳、投项目，目的在于在告诉学校以及学生必须要参与并且学会基本田径技能，避免早期运动专项化。这次活动是从引进少儿趣味田径运动以来，第一次向全国展示各地区实施少儿趣味田径运动的成果，也使更多人了解到国际田联推荐的新式少儿田径项目的各个特点及其器材的新颖性和独创性。为全国青少年儿童田径课程开展的事业能够更快、更好、更高速的发展和在全国中小学的普及开启了先例。

2014 年 8 月 16 日，在江苏省南京市开展了第二届夏季青年奥林匹克运动会，运动会期间，组委会增添了少儿趣味田径启蒙活动。此次运动会还是传承以往的运动风格，设置了各个年龄组的比赛，平均分配场次。这次青奥会成功举办也带领了观众以及各界人士更加全面的了解少儿趣味田径运动，活动中请了奥运冠军刘翔作为领军人物和此次参赛人员进行互动，更加推动少儿趣味田径运动在重大赛事中的地位。

5.关于少儿趣味田径对青少年儿童健康体适能的研究

北京体育大学程真真的《国际少儿趣味田径对少儿体质的影响》中提出结论：传统的田径教学在课程内容的设置和教师的教学方法、运动器材等问题上不能满足学生日常在校学习期间身体锻炼的需求，在学校体育的开展中，传统的体育课程进行时教师教授的内容枯燥无味、学生参与到课程内容的兴趣性不高、在跨栏、标枪等项目上容易发生安全问题、学生难以适应成人运动器材、对场地的要求难以得到满足、不能使全部学生在锻炼过程中体会到责任及成就感等问题。国际田联推广的少儿趣味田径在剖析这些存在的问题以后，根据少年儿童的身心发展特点进项改进，以田径为基础创造出不仅能够改善少儿体质健康状况，而且还能促进少年儿童身心发展规律朝积极向上方面发展的一个新型项目。在运动实施过程中能够积极地调动学生参与到锻炼中，有效的锻炼学生各项技能及身体素质，减少学生的肥胖率。阮荔在《运用少儿趣味田径器械提高小学生耐力素质》的文中强调：少儿趣味田径运动项目中，器材的研发具有鲜艳的外表和安全性，以及涉及到田径内容中各个项目的特征，减少了传统田径教学的约束，也避免的发生安全等问题，例如少儿标枪的器械，不仅适合少年儿童使用，在器材上加入了趣味性，让学生觉得新鲜有趣，从而更多的参与锻炼，避免了教师在教授传统体育过程中学生不愿意活动，害怕使用体育器械伤到别人的局面。学生在学习的过程也能认真听老师讲解器材的使用方法以及判罚规定，学生了解以后可以自发组织团体进行小型的比赛，使学生可以自觉地担当不同的角色任务。与此同时学生无形的增加了锻炼时间，运动负荷达到需求，使学生的身体机能得到充分的锻炼，身体素质也明显提高。在进行耐力跑的过程中，不要求跑动距离只要求学生在一定的时间内进行运动就可以，使学生没有压力的进行有氧锻炼，从而心肺适能大大提高。从感官、构造上消除学生恐惧和厌烦的心理影响，使在教学过程中更具连续性、实用性，目的让学生在互相学习、互相增补的玩耍气氛中，轻松体验到耐力运动的带来的喜悦，释放运动就是大强度、高运动量的恐惧心理；新颖、具特色的教学方法也成为教师在讲授过程中可以验证学生是否愿意参与到课程设置当中存在的一些问题的解决方法。在使学生变换不同项目的比赛上充当不同的角色，有效的锻炼了学生的责任意识和集体意识，挖掘学生不怕吃苦，勇于挑战的意志，使我们的课堂教学组织自由轻松化、教学过程系统化、教学评估独特化，使每一个老师都能根据学生的个体差异性进行教学。与此同时学生回馈，感受到老师对自己的关心和关注，从而不懈努力，体验运动所赋予的快乐、健康。吴洁在《少儿趣味田径对提高河南省中小学生身体素质实证研究》中也得出结论，国际田联验证少儿趣味田径运动在课堂中能有效的吸引学生的注意力，使学生在锻炼的过程中不断的加强思考和协作能力，能有效的增加有效锻炼时间，可以增强学生的身体发展和健康成长。

3.1.3 国外相关研究

少儿趣味田径运动在与田径、体操、球类等运动项目上相比较来说，目前在世界各国范围内仍是属于一个发展中的项目，经过国际田联在世界各国中小学进行试点、推行研究反馈的信息，对于该项目的各个比赛类容进行不间断的完善，最终推出了一套成熟的项目，并在世界范围内推广。

艾里奥右路、联邦铁路局的查尔斯等曾在《国际田联少儿趣味田径-孩子们的团体活动》一文中详细的解释了国际田联少儿趣味田径项目的构成、竞赛方法、比赛规则，还阐述了少儿田径如何在历史条件下的推动而形成的；布赛和库克也在《体育运动的有趣性》、《少儿趣味田径的一些思想转变》的文章中分别阐述了少儿趣味田径运动的相比传统田径来说对儿童开展的优势以及对青少年儿童生长发育的积极促进作用，为青少年儿童建立了终身体育的观念打下基础。而不是把少儿趣味田径运动看作一种仅供学生娱乐的项目，代替学校普通体育课程的一项运动，应该从其本质和目标入手，观望该项目对于儿童身体发展所具有的长期影响，具有科学性和客观性的评判该项目是否利于青少年儿童的身体发育；国际田联官方网站中《国际田联少儿趣味田径 13-15 岁团队锦标赛》中第一次介绍了国际田联少儿趣味田径运动少年组 13-15 岁项目，通过一系列的实验测试、结果反馈来组织大型比赛，进行推广少年组项目内容。该项目在欧洲等地已经逐渐开展起来，在我国以及亚洲、东南亚等地区还在推广过程中，儿童组别的项目已经得到较好的发展，但是少年组的项目开展仍然缓慢需要大力推广和探索研究。

在外国，国际田联开发的"少儿田径运动"已经进行了大范围的宣传和实验，并且已经取得了相当明显的效果，因此国际田联趁着目前的火热趋势，进一步的向不发达的国家进行推广和实验，目的是使少儿趣味田径运动能真正的做到遍布全世界，让更多的青少年儿童都能接触到有利于他们身体健康发展的运动项目。

3.2 少儿趣味田径运动对体适能的影响案例及分析

3.2.1 研究对象

实验随机选取西安市小雁塔小学二年级两个班为研究对象,共96名学生,其中二年二班48名学生为实验组,二年级一班48名学生为对照组,平均年龄为7岁,该实验对象符合少儿趣味田径运动中对最低年龄组训练的要求(见表3-2)。

表3-2 对照组与实验组学生情况表

组别	男生	女生	年龄(岁)	身高(m^2)	体重(kg)
对照组	23	25	7—8	117—141	20—44
实验组	24	24	7—8	120—149	20—43

3.2.2 研究方法

1.文献资料法

本书收集了有关少儿趣味田径运动在中国的发展,少儿趣味田径运动与健康体适能的发展等相关文献资料,参考了中国优秀博硕士论文、期刊等全文数据库中相关文章,并从西安体育学院图书馆借阅有关少儿趣味田径、体育统计、体质健康评价等多方面的文献资料,将收到的资料进行整理汇合,借鉴和参考前人的研究成果,为撰写提供了理论依据和基础。

2.问卷调查法

少儿趣味田径运动与传统田径的区别较大,问卷的发放也具有相应的针对性,在西安体育学院少儿趣味田径运动专业培训教师中发放问卷,随后又在传统田径运动教师中发放专家调查问卷,以保证问卷的科学有效性。

(1)问卷的设计

在专家问卷的设计过程中,借阅了问卷设计方面的书籍,并咨询少儿趣味田径运动方面的专家,对问卷进行编写和发放。编写了少儿趣味田径运动对7~8岁儿童健康体适能的影响研究相关问卷,包括教师对少儿趣味田径运动(7~8岁项目)的认可情况和国际田联少儿趣味田径运动(7~8岁项目)与传统田径教学的对比调查两份专家问卷(见附件)。

（2）问卷的效度检验

表 3-3 问卷发放和回收情况

发放问卷	回收问卷	回收率	有效率
10	20	100%	100%

为保证专家问卷的权威性和有效性，在问卷编写完成后请相关专家进行改正后，将问卷向西安体育学院田径教研室田径方面的 5 名资深专家进行发放，每名专家两份问卷，问卷回收率 100%，有效率 100%。

表 3-4 问卷效度检验结果统计表

	有效程度	很有效	有效	基本有效	无效	总计
教师认可度问卷	人数	2	2	1	0	5
	百分比	40%	40%	20%	0%	100%
与传统教学对比问卷	人数	3	1	1	0	5
	百分比	60%	20%	20%	0%	100%

由表 3-4 可以看出，对少儿趣味田径运动（7~8 岁项目）的认可情况问卷中"很有效"和"有效"的百分比占到总数的 80%，没有人认为此内容无效；国际田联少儿趣味田径运动（7~8 岁项目）与传统田径教学的对比调查问卷中认为"很有效"和"有效"的人有 4 人，百分比达到 80%，"基本有效"有 1 人，没有人认为无效。从问卷收回的统计结果来看，问卷所涉及问题能够满足本书所需的调查内容，具有一定的有效性。

3．数理统计法

对收集到的调查问卷进行分类整理，实验结束后实验数据输入计算机，计算数据结果用均数 ± 标准差（x ± SD）表示，用统计软件 SPSS19.0 进行 T 检验统计和分析处理。

4．实验法

（1）实验目的

通过实施少儿趣味田径运动在西安市小雁塔小学二年级体育课堂中进行教学实践，以此来检验少儿趣味田径运动对 7~8 岁小学生健康体适能是否能产生积极有效的影响。

（2）实验时间

实验时间为：2015 年 9 月 13 日开始，到 2016 年 1 月上旬截止。实验时间共

19周,每周两次课程,每次课程40分钟(实验教学共有16周,实验前后项目测试需要3周)。

(3)教学内容指标的选取

教学内容指标是采用实验来验证少儿趣味田径运动对7~8岁儿童健康体适能方面的影响研究,来验证学校体育中教学大纲对学生在学习传统田径项目中跑、跳等项目技术能力有相关的作用,因此教学内容的指标为了验证国际田联少儿趣味田径运动7~8岁项目内容除了在对青少年儿童健康体适能方面的影响外,在提高教学指标方面也具有一定的影响作用。通过少儿趣味田径运动中7~8岁项目器材对小学二年级学生进行授课,实验组授课内容为7~8岁项目内容(表3-5)。

表3-5 实验组二年级二班课程内容项目列表

发放问卷	回收问卷	回收率	有效率
10	20	100%	100%

对照组二年级一班授课内容根据学校教学大纲来上课,内容包括表3-6。

表3-6 对照组二年级一班课程内容项目列表

	有效程度	很有效	有效	基本有效	无效	总计
教师认可度问卷	人数	2	2	1	0	5
	百分比	40%	40%	20%	0%	100%
与传统教学对比问卷	人数	3	1	1	0	5
	百分比	60%	20%	20%	0%	100%

根据中小学田径教学内容的教学特点,同田径运动教学专家的访谈和沟通,以及小雁塔小学的体育与健康课程开展情况,选取了具有代表性的教学内容指标:50米跑、一分钟跳绳。

实验过程中,由二年级体育教师分别对实验组与对照组进行授课,笔者负责辅助教师授课,完成实验测试。

5.测试法

(1)健康体适能测试内容指标的选取

根据2005年由教育部、国家体育总局共同组织研制的《国家学生体质健康标准》的要求,对西安市小雁塔小学二年级一班和二年级二班各两个班学生的体适能指标进行了相关的测试(见表3-7)。

表 3-7　健康体适能测试内容

测试内容	身体适能	心肺适能	肌力和肌肉耐力	柔韧适能	瞬发力
测试指标	身高体重	肺活量	一分钟跳绳	坐位体前屈	50米

表 3-7 中测试指标的选取是采用了西安体育学院在国际田联少儿趣味田径方面的教师和资深的专家意见,进行了访谈和沟通,在小雁塔小学进行实地考察得出的测试内容。

健康体适能指标对应测试项目,身体成分:身高(cm)、体重(kg);肌力与肌肉耐力:一分钟跳绳(次);瞬发力:50米跑(s);心肺适能:肺活量(ml);柔韧适能:坐位体前屈(cm)。

测试仪器:身高体重测试仪、肺活量测试仪、口哨、秒表、跳绳、坐位体前屈仪器。每个项目两个老师,一个讲解使用方法并且发令,另一个登记学生成绩。测试方法:身高和体重,通过身高体重测试仪测量,学生身体直立,老师测量并进行登记;肺活量,学生采用肺活量测试仪,对住仪器口进行最大呼气,二次呼气视为作废,老师看仪器显示值进行登记;50米跑,学生在百米跑道起点处,听候老师发令,50米终点处老师负责计时并登记;坐位体前屈,学生坐在瑜伽垫上,腿伸直,脚底抵在仪器挡板处,上体弯曲,双手推动挡板进行测量;跳绳,学校提供统一跳绳,一组五人同时起跳,时限为一分钟,未跳过绳不计数。

实验分为五个阶段,即:

1)选取对象;

2)实验前期测试(第 1 周);

3)实验实施(第 2 周);

4)实验中期测试(第 10 周);

5)实验后期测试(第 19 周)。

1)选取对象:随机选取一个班级 7~8 岁适龄儿童为实验对象,再选取一个班级学生为对照组。为了避免无关变量的影响,实验前期对小雁塔小学的体育教师进行了测试培训,使教师了解整个实验的时间、进程和方法等详细内容,从而深刻的了解本研究内容的目的和相关内容。在实验开始前对测试人员进行相关测试仪器使用方法和测试方法的培训,通过多次的练习,达到熟练操作仪器和精确的测量。

2)前期测试:实验开始时第 1 周,对一班和二班的学生都进行健体适能指标测量。

3）实验实施：依据实验设计对实验对象进行干预，实验组开始学习少儿趣味田径运动内容，对照组学习传统体育课程不进行干预。实验实施的过程中与任课教师保持沟通练习，随时监控课堂进程以及保证课程内容符合实验要求。

4）中期测试：实验进行到第 10 周时，实验组和对照组进行健康体适能指标测量。

5）后期测试：19 周课程结束之后，实验组和对照组同时进行健康体适能指标测量。实验结束，收集整理测试指标内容，进行统计分析。

3.2.3 结果与分析

1.实验前期、中期 7～8 岁学生健康体适能变化情况与分析

（1）实验组前期、中期变化情况与分析

人体的生长发育中遗传基因占很大比重，后天的生活环境因素也能对身体发育具有一定的影响。学生身体发育阶段中身高为首要评价指标，身高在遗传因素的影响下对比变化比较大，也存在地域性的差异。在本次实验中，为了准确把握西安市小雁塔小学二年级两个班级学生健康体适能的基本状况，在实验实施前我们严格按照儿童健康体适能测试的标准对测试人员进行培训测试方法和注意事项，详细讲解项目规则，然后进行测试。

统计结果表明：二年级 7～8 岁学生实验组和对照组的年龄（岁）、身高（cm）、体重（kg）、肺活量（ml）、速度（秒）几项指标均无显著性差异（P>0.05），在柔韧适能评价指标中，坐位体前屈无显著性差异（P＞0.05）；肺活量是评价心肺适能的主要参考依据，实验组和对照组肺活量指标无显著性差异（P>0.05）。由这些数据可以得出：在实验进行前，二年级学生健康体适能指标无显著性差异（见表 3-8）。

表 3-8 实验前期两组学生体适能相关指标的数据统计与对比分析（x±SD）

组别		身高（CM）	体重（Kg）	肺活量（ml）	50米（S）	坐位体前屈（CM）	一分钟跳绳（次）
对照组	X值	129.21	27.35	758.96	11.27	9.02	72.77
	SD	±5.61	±4.87	±199.99	±1.04	±8.79	±32.80
实验组	X值	129.79	28.33	806.56	11.27	3.8	63.38
	SD	±5.97	±6.83	±252	±0.86	±6.57	±32.92
	T值	49.3	−809	−1025	−0.24	1.133	1.401
	P值	6.23	421	308	981	206	165

就实验组而言，实验前和实验中相比较，学生体重平均增加了 0.09kg，身高增长不明显，平均肺活量增加了 173.13 毫升，50 米跑提升仅 0.35 秒，柔韧性略有提高，

总体的体质参数改变的程度相对明显,说明八周的少儿趣味田径运动授课对学生素质及体质有提高。从学生在课堂上的参与运动程度来看,实验组学生的积极性明显高于对照组。因此活动量逐渐的增加导致身高略微增长,体重有所改变,速度、柔韧素质不但没有下降反而均出现适度提高(见表3-9)。

表3-9 实验前期、中期实验组体适能相关指标的数据统计与对比分析(x±SD)

实验组		身高(CM)	体重(Kg)	肺活量(ml)	50米(S)	坐位体前屈(CM)	一分钟跳绳(次)
实验前期	X值	129.79	28.33	806.56	11.27	3.8	63.38
	SD	±5.97	±6.83	±252	±0.86	±6.57	±32.92
	X值	129.85	28.42	979.69	10.92	5.29	78.67
	SD	±5.85	±6.71	±276.86	±0.86	±6.24	±32.92

(2)实验前期、中期实验组与对照组变化情况与分析

经过九周课程结束,对照组学生身高发生了显著变化($P<0.05$);肺活量、50米、一分钟跳绳差异非常显著($P<0.01$);体重、坐位体前屈项目无显著性差异。实验组身高、体重无显著性差异;肺活量、一分钟跳绳、坐位体前屈项目呈现非常显著性差异(见表3-10)。

表3-10 实验中期学生体适能相关指标的数据统计与对比分析(x±SD)

组别		身高(CM)	体重(Kg)	肺活量(ml)	50米(S)	坐位体前屈(CM)	一分钟跳绳(次)
对照组	x̄	129.35	27.44	775.10	11.23	9.20	82.10
	SD	±5.67	±4.35	±221.39	±1.04	±5.83	±31.15
	T值	−2.833	−197	−2.781	.447	−1.901	−4.652
	P值	.007	.845	.008	.675	.000	.063
实验组	x̄	129.82	28.42	979.69	10.92	5.29	78.67
	SD	±5.85	±6.71	±276.86	±0.86	±6.24	±32.78
	T值	−.279	−.628	−7.172	9.092	−6.266	−8.254
	P值	.781	.533	.000	.000	.000	.000

实验前期和实验中期,实验组与对照组在进行实验过程中,实验组学生身高、体重有所变化是由于正处于生长发育阶段,因此有略微变化。在实验组课程上,每节课结束前会有8分钟耐力跑项目,在一定程度上可以增强学生心肺功能,因此实验组学生心肺适能增长速度明显高于对照组。实验组与对照组课程中都有一分钟跳绳项目,该项目技术性较强,对学生身体素质要求较低,熟练掌握以后增长幅度明显,因此两组学生该项目出现非常显著性差异(见表3-11)。

表 3-11　实验前期、中期两组学生体适能相关指标的数据统计与对比分析（x±SD）

测试内容	实验前		实验中	
	对照组（n=48）	实验组（n=48）	对照组（n=48）	实验组（n=48）
身高	129.21±5.61	129.79±5.97	129.35±5.67	129.85±5.85
体重	27.35±4.87	28.33±6.83	27.44±4.35	28.42±6.71
肺活量	258.96±199.99	806.56±252	775.10±221.39	979.69±276.86
坐位体前屈	9.02±5.79	3.8±6.57	11.23±5.83	5.29±6.24
50米	11.27±1.04	11.27±0.86	11.23±1.04	10.92±0.86
跳绳	72.77±32.80	63.38±32.92	82.10±31.148	78.67±32.78

在实验刚开始进行时，实验组学生出现轻微排斥该项运动，由于以前的体育课程较松散，运动负荷较小，实验开始时学生不能适应少儿趣味田径运动过程中各项目的运动负荷量，以及团队协作过程中由于不熟悉该项目运动技能及其判罚规则、存在偷懒等情况，所以实验组学生成绩增长速度比较缓慢。对照组上课内容是广播操及队列练习等活动，学生活动量远不如实验组学生活动量大，因此测试结果较低，增长幅度不明显。

（3）少儿趣味田径运动实施前教学内容指标的分析

根据小学教学大纲和体育与健康课程的教学要求，现在体育课程要求学生提高身体素质，更有利于学生身体健康的发展，因此教学内容为 50 米跑以及一分钟跳绳为评价指标具有一定代表性。从项目属性上看，50 米跑考察学生的跑的能力，侧重学生肌力和肌肉耐力的体现；一分钟跳绳考察学生的肌肉耐力以及身体协调能力。两个项目都体现了健康体适能中肌力和肌肉耐力的内容。通过测试，实验组与对照组的 50 米跑、一分钟跳绳无显著差异（$P > 0.05$）。

表 3-12　少儿趣味田径运动实施前期教学内容指标的数据统计与对比分析（x±SD）

	数据类型	50米（s）	一分钟跳绳（次）	P值
对照组	x	11.27	72.77	.122
	SD	±1.04	±32.80	
实验组	x	11.27	63.38	.165
	SD	±0.86	±32.92	

实验实施第一周进行实验前测，由于该校学生除了一周两节体育与健康课程以外没有参加任何校外体育锻炼，因此在实验实施前测试学生各项指标过程中，一分钟跳绳项目存在个别同学不会。

2.实验中期、后期7~8岁学生健康体适能变化情况与分析

(1)实验组中期、后期变化情况与分析

就实验组而言,实验中和实验后相比较,学生体重平均增加了0.25kg,平均肺活量增加了162.58毫升,50米跑提升0.29秒,柔韧素质提高了0.88厘米。总体的参数改变的程度较明显,柔韧性略有提高。根据表3-13显示,通过少儿趣味田径教学的10周教学后身高、体重有所变化,实验组的肺活量、50米跑、坐位体前屈和一分钟跳绳经过练习后成绩明显提高。

表3-13 实验中期、后期实验组学生体适能相关指标的数据统计与对比分析(x±SD)

实验组		身高(CM)	体重(Kg)	肺活量(ml)	50米(S)	坐位体前屈(CM)	一分钟跳绳(次)
实验中期	x̄	129.85	28.42	979.69	10.92	5.29	78.67
	SD	±5.85	±6.71	±276.86	±0.86	±6.24	±32.78
实验后期	x̄	130.27	28.67	1142.27	10.63	6.17	90.06
	SD	±5.86	±6.80	±274.27	±0.95	±6.34	±34.95

(2)实验中期、后期实验组与对照组变化情况与分析

经过19周的实验干预训练,实验组的学生已经全部学完少儿趣味田径运动中7~8岁组别中跑、跳、投以及组合等所有项目。对照组学生也全部接触到广播操、队列队形练习、跳绳、50米跑等项目,两组学生测试成绩结果如表3-14:

表3-14 实验中期、后期两组学生体适能相关指标的数据统计与对比分析(x±SD)

测试内容	实验中期		实验后期	
	对照组(n=48)	实验组(n=48)	对照组(n=48)	实验组(n=48)
身高	129.35±5.67	129.85±5.85	129.48±5.66	130.27±5.86
体重	27.44±4.35	28.42±6.71	28.13±5.21	28.67±6.80
肺活量	775.10±221.39	979.69±276.86	792.83±249.15	1142.27±274.27
坐位体前屈	9.20±5.83	5.29±6.27	9.40±5.84	6.17±6.34
50米	11.23±1.04	10.92±0.86	10.98±0.87	10.63±0.95
跳绳	82.10±31.14	78.67±32.78	10.98±31.86	90.06±34.95

对照组学生身高发生了显著变化($P<0.05$);肺活量、一分钟跳绳差异非常显著($P<0.01$);体重、50米项目无显著性差异。实验组身高、体重显著性差异;肺活量、一分钟跳绳、坐位体前屈、50米项目均呈现非常显著性差异(见表3-15)。

表 3-15　实验中期两组学生体适能的相关指标数据统计与对比分析（x±SD）

组别		身高（CM）	体重（Kg）	肺活量（ml）	50米（S）	坐位体前屈（CM）	一分钟跳绳（次）
对照组	x̄	129.35	27.44	775.10	11.23	9.20	82.10
	SD	±5.67	±4.35	±221.39	±1.04	±5.83	±31.15
	T值	−2.591	−1.567	−2.994	2.558	−2.752	−7.720
	P值	0.013	0.124	0.004	0.014	0.000	0.008
实验组	x̄	129.85	28.42	979.69	10.92	5.29	78.67
	SD	±5.85	±6.71	±276.86	±0.86	±6.24	±32.78
	T值	−1.794	−2.205	−9.147	7.468	−6.451	−8.441
	P值	0.079	0.032	0.000	0.000	0.000	0.000

十二周课程结束后，第十三周开始进行实验中期测试。通过平常课程中学生表现来分析，经常参与8分钟耐力跑的学生，实验组学生心肺适能呈现显著差异，进行跪姿投掷训练后学生柔韧适能成绩也在逐步提高。在传统体育课程中学生运动负荷量达不到要求，觉得传统体育课程枯燥无味，教师教授过程中重复率较高容易产生疲劳，造成学生厌学，不愿意积极主动锻炼身体，课程内容完成后没有更多兴趣进行与体育有关的锻炼及游戏。实验组实验过程中，由于对运动项目的技术技能及其规则熟知，实验进行过程中学生积极性很高，愿意主动参加锻炼，并且完成度很高，运动负荷量达到要求，身体各部位能得到充分锻炼，全面活动。少儿趣味田径运动中速度阶梯、短跑项目锻炼学生腿部肌力和肌肉耐力，每节课程中都有速度阶梯项目，可以充分锻炼到学生腿部肌肉力量以及短跑节奏，使实验组学生50米跑出现显著性差异。

（3）少儿趣味田径运动实验中期教学指标的分析

教学内容指标是反映传统体育教学和少儿趣味田径运动课程教学效果的综合评价指标，本研究的目的之一也是在于探索不同教学方法对教学内容的总体影响。传统体育教学与少儿趣味田径是两种截然不同的教学方式，在课堂上我们都设有50米跑以及一分钟跳绳的项目，因此在教学效果的综合评价上更具有客观性、针对性、实效性。随着少儿趣味田径运动课程的开展，在教学内容指标上（表3-16），实验组的50米跑和一分钟跳绳成绩如下表：

表 3-16　少儿趣味田径运动实施中期教学内容指标统计与对比分析（x±SD）

	类型	50米（s）	一分钟跳绳（次）	P值
对照组	X值	11.23	82.10	0.122
	SD	±1.04	±31.14	
实验组	X值	10.92	78.57	0.059
	SD	±0.86	±32.78	

在同一年级的纵向比较中，对照组实验前和实验中50米跑提高了0.04秒，一分

钟跳绳平均提高了9.33个。实验组实验前与实验中相比较,50米跑提高了0.35秒,高于对照组;对照组和实验组50米、一分钟跳绳独立样本T检验,无显著差异。少儿趣味田径项目中短跑、一级方程式项目结合短跑及跨栏项目锻炼学生肌力与肌肉耐力,十字跳、跳绳项目可以锻炼学生下肢力量与耐力,充分说明少儿趣味田径运动的开展能够提高少年儿童的体适能以及学生参与体育运动的积极性。

3.实验前期、后期7~8岁学生健康体适能变化情况与分析

(1)实验组前期、后期变化情况与分析

经过十九周的训练之后,对照组平均肺活量792.83ml,50米跑平均为10.98s,坐位体前屈平均为9.40cm,一分钟跳绳平均为90.04次;实验组学生平均肺活量为1142.27ml,50米跑平均为10.63s,坐位体前屈平均为6.17cm,一分钟跳绳平均为90.06次(见表17)。因此可以得出,传统体育课程的教学比少儿趣味田径运动的课程安排对发展少年儿童心肺功能有明显的劣势,课程内容的设计直接影响学生健康体适能的发展。

表3-17 实验后期两组学生体适能相关指标的数据统计与对比分析(x±SD)

组别		身高(CM)	体重(Kg)	肺活量(ml)	50米(S)	坐位体前屈(CM)	一分钟跳绳(次)
对照组	X值	129.48	28.13	792.83	10.98	9.40	90.04
	SD	±5.66	±5.21	±249.15	±0.87	±5.84	±31.86
实验组	X值	130.27	28.67	1142.27	10.63	6.17	90.06
	SD	±5.86	±6.08	±274.27	±0.95	±6.34	±34.95

实验结束之后,实验组的身高有所增加,少年儿童期间身高体重有所增加属于身体发展自然规律。实验组进行十字跳、立定多级跳等项目,可以锻炼学生腿部力量,实验组的身高变化比对照组的变化略高,因此少儿趣味田径运动对小学生身体发展也有一定的影响。一级方程式、跪姿投掷项目可以充分锻炼学生上肢和下肢柔韧适能,因此坐位体前屈先比实验前期平均增长了2.37厘米,对照组增长了0.38厘米,实验组高于对照组;一分钟跳绳实验组平均提高了26.28,对照组提高了17.27,由此看出,少年儿童对于跳绳的练习学习接受能力很强,平常训练都能有所增加。

(2)少儿趣味田径运动实验后期教学指标的分析

少儿趣味田径运动实验十九周课程结束后,在教学内容指标上(表3-18),实验组的50米跑和一分钟跳绳成绩如下表:

表 3-18 少儿趣味田径运动实施后期教学内容指标（x±SD）

	数据类型	50米（s）	一分钟跳绳（次）	P值
对照组	x̄	10.98	90.04	0.988
	SD	±0.87	±31.86	
实验组	x̄	10.63	90.06	0.059
	SD	±0.95	±34.95	

学生的健康体适能指标受多种因素作用的影响，学生正处于生长发育阶段的初期，一天中的大部分时间均是在学校课堂中度过，因此教学内容的设计对少年儿童的身心发育起着决定性的作用，教学内容评价指标即是学校课程教学效果的综合体现也是学生健康体适能的重要风向标。

表 3-19 少儿趣味田径运动实验前期与后期教学内容指标的数据统计与对比分析（x±SD）

教学内容	实验前		实验后	
	对照组（n=48）	实验组（n=48）	对照组（n=48）	实验组（n=48）
50米	11.27±1.04	11.27±0.86	10.98±0.87	10.63±0.95
跳绳	72.77±32.80	63.38±32.92	90.04±31.86	90.06±34.95

由表 3-19 得知，在本次实验教学内容综合评价指标上，根据采用传统的体育课程教学方法和少儿趣味田径运动教学方法后，学生各体适能项目指标均有所提高，但实验组的各项目成绩要比对照组高。分析其原因为：根据观察学生平时上课情况，实验组采用国际田联少儿趣味田径 7~8 岁项目教案的班级，上课的积极性，以及运动项目练习的主动性较高，由此说明学生们很大程度上接受并且喜欢少儿趣味田径运动项目课程。但是使用小雁塔小学所要求的教学大纲来进行上课的对照组，学生们上课积极性不高，大部分同学对所学习的内容感到枯燥无味，没有继续学习的兴趣。说明少儿趣味田径运动项目教学的趣味性明显比传统体育教学更有优势，因此实验组比对照组各项目成绩总体要高。从成绩提高的幅度来看，实验组 50 米提高幅度高于对照组 0.35 秒，一分钟跳绳项目实验组高于对照组 9.41。

（3）实验前期、后期实验组与对照组变化情况与分析

实验结束后，实验组与对照组体适能测试项目均有不同程度提高，实验组与对照组学生身高、体重无显著性差异；坐位体前屈呈显著性差异（$P<0.05$）；肺活量项目差异非常显著（$P<0.01$）；50 米跑项目无显著性差异（$P>0.05$）；一分钟跳绳、50 米项目无显著性差异（见表 3-20）。

表3-20 实验后期两组学生体适能相关指标的数据统计与对比分析（x±SD）

		身高（CM）	体重（Kg）	肺活量（ml）	50米（S）	坐位体前屈（CM）	一分钟跳绳（次）
对照组	x̄	129.48	28.13	792.83	10.98	9.40	90.04
	SD	±5.66	±5.21	±249.15	±0.87	±5.84	±31.86
实验组	x̄	130.27	28.67	1142.27	10.63	6.17	90.06
	SD	±5.85	±6.80	±274.27	±0.95	±6.34	±34.95
	T值						
	P值						

由表3-21可以看出，对照组和实验组在身高以及体重的差异性不是很大，肺活量的增长实验组明显高于对照组，差异性非常大。在实验组的课程教学里，增加了8分钟耐力跑项目，学生在规定的时间内进行有氧训练，不要求跑多少距离，只要在完成规定时间即可，因此学生不会急于冲刺导致变成短时间的训练爆发力的无氧运动，不给学生添加额外的压力，学生能更好的完成此项目训练。因此在训练内容上，传统教学内容需要加强肺活量的练习；柔韧素质上，对照组略微增加，实验组也有所提高；速度上，实验组和对照组都有所提升，但实验组更明显，提高了0.64秒。一分钟跳绳项目，实验组和对照组增加都比较明显，因此在传统的田径项目上，多增加趣味性，学生能更好的学习并且接受，在跳绳等项目上，学生只要课堂上多加练习都会有不同程度的增长。由以上分析可得知，在小学体育与健康课程中传统体育教学和国际田联少儿趣味田径运动教学两种不同的教学方法均对实现课程目标有实质性的影响，但是少儿趣味田径教学实验的效果明显高于传统体育教学。

表3-21 实验前期、后期两组学生体适能相关指标的数据统计与对比分析（x±SD）

测试内容	实验前		实验后	
	对照组（n=48）	实验组（n=48）	对照组（n=48）	实验组（n=48）
身高	129.21±5.61	129.79±5.97	129.48±5.66	130.27±5.86
体重	27.35±4.87	28.33±6.83	28.13±5.21	28.67±6.80
肺活量	758.96±199.99	806.56±252	792.83±249.15	1142.27±274.27
坐位体前屈	9.20±5.79	3.8±6.57	9.40±5.84	6.17±6.34
50米	11.27±1.04	11.27±0.86	10.98±0.87	10.63±0.95

由表3-21得出，在测试指标里50米跑这项指标实验前后实验组明显高于对照组，首要原因在于该校的教学大纲要求内容中学生锻炼时间和比例强度小，目前我国中小学体育课中主要突出强调快乐教学、安全教学，所以在体育与健康课中学校

只注重学生是否玩的高兴、快乐,在某些程度上忽略了学生生长发育阶段需要进行体育锻炼的要求,而体育教师看见学生在体育课上能够跑动起来,能在体育教学中得到快乐,不出现安全性等问题时,不会过多强调锻炼身体素质,并且认为小学生没有必要的过多参与身体素质练习,因此就导致学生身体素质得不到锻炼引发的体质下降的结果;其次,国际田联"少儿趣味田径"运动根据小学生身心发展规律在项目的创编上,在短跑项目上作了一定的改进,比如增加了跑步的节奏变化、在跑动线路中增加不同等级的障碍、较多采用集体参加形式进行,这样既能增强学生之间团队合作意识,同时又能培养学生的集体荣誉感,让他们也能体会到竞争意识和教师同学之间沟通的能力。这样,在奔跑的过程中学生的兴趣得到大大的提高,学生更愿意参与其中,久而久之,学生锻炼的次数也越来越多,从而加大了学生身体素质练习时间与强度。

实验组一分钟跳绳成绩有所提高的原因是,国际田联"少儿趣味田径"运动除了本身有跳绳项目以外,还有专门练习学生节奏感的项目:十字跳和速度阶梯。这两个项目在学生练习的时候教师会在一旁拍掌或者发出有节奏喊声,让学生能有效的分配自己体力,并且此项目充分活动了学生下肢的协调性和大脑支配手脚协调使用的能力。因此,在一分钟跳绳项目上,学生的灵活性和协调性以及时间和体力分配上能很好自我掌控,所以加以训练成绩增长速度很快;对照组的成绩也明显有所提升,因为教学大纲要求学生体育课上必须学会跳绳项目,因此,教师在平常教学中穿插跳绳训练,所以对照组学生在这方面的素质会有显著性提高。但实验组与对照组的成绩增长还是有一定差距,实验组以逐渐递增的方式发生变化,对照组中少数学生变化不明显,大部分出现增长趋势。通过短时间实验干预,实验组和对照组学生成绩都出现明显的变化,但是同国家体质健康所要求的标准还具有一定的差距,因此需要根本改变现状,必须长期以往的坚持该项目的运动锻炼。

3.2.4 少儿趣味田径发展7~8岁学生健康体适能的对策

1.引导学生自发遵守少儿趣味田径运动项目规则

无论是竞技比赛还是普通健身的体育活动,各类运动项目的规则判罚也迥然不同。制定客观公正的判罚规则是体育运动竞赛能够正常开展的有效保障,因而建立公平有序的运动环境,让每个学生都可以在公平的氛围下进行体育运动,逐渐养成遵守规则的习惯是国际田联少儿趣味田径运动项目的出发点。此项目规则简单易懂,适合青少年儿童的理解,在进行项目讲解时,教师应提前讲述规则的重要性,循序渐进的引导学生严格按照项目规定的要求进行锻炼参赛。这样长期以往,学生会养成特定的遵守规则的良好习惯,认识到遵守规则的重要性,无论在今后的学习或生活中,都能更好的适应整个社会复杂的生存法则,成为遵纪守法的好公民。

2. 教师重视及保护学生的好奇心

国际田联在对少儿趣味田径运动编排之初,充分考虑到孩子好动、好胜、好奇心等等儿童所具备的特性,把传统的田径运动器材简化,但不失去其锻炼效果,采用五彩缤纷的软式器材代替成人的运动器材,鲜艳的色彩给学生的视觉带来很大的冲击,能有效地吸引学生的注意力,使学生自发的组织,对新鲜又有趣的器材产生强烈的好奇心。在他们自己动手组装及玩耍的过程中让他们自己探索,充分调动学生的想象力,思考同一种器械各种不同的组装方法,然后采取不同的玩法,让普通的锻炼手法变成多种多样且有效的锻炼。对于学生组装不同的器材方法、探索组装后的使用方法给予鼓励与指导,在轻松的氛围下逐步塑造学生探索问题的好习惯,保护学生对未知领域的求知性和好奇心。

3. 发挥学生的主观能动性

在进行少儿趣味田径运动锻炼时,教师在正确的引导下,以学生为主体充分发挥学生的主观能动性,教师可以引导学生自己动手参与完成器材的搬运及组装,根据场地的形式设计比赛项目和内容,可以是比赛领域的工作人员或者参赛队员,学生可以充当裁判对比赛进行评判,也能担当团队的组长并带领队员进行锻炼和比赛,使学生充分感受各个角色不同的责任及任务。这样可以充分的调动学生的积极性,更愿意参加到该运动项目中,锻炼学生的组织、团队合作、互帮互助等需要团体来完成而得到的能力。

4. 学校给予奖励措施

学校在实施少儿趣味田径运动时,可制定一些奖励措施,比如在张贴公共板报处的地方制定一个比赛表格,把每次比赛时间、班级、姓名等信息写上,赢得比赛并做好标记,累计到一定程度可以对该班级进行奖励,增加学生对锻炼的信心。对于没有取得优秀名次的团队给予激励,也可设置一些安慰奖项,以小组的形式进行讨论,探讨各组间的优缺点。利用学生之间相互批评表扬的办法来激励落后的队伍,增加一定的自信心,有明确的奋斗目标,为下一次比赛付出努力,使同学之间团结一致,积极进取。

3.2.5 结论与建议

1. 结论

（1）通过实验得出，西安市小雁塔小学二年级实验组与对照组学生，身高、体重出现显著性差异，表明只要学生参与锻炼对身高、体重都具有一定影响。

（2）通过对实验组进行实验干预，教学内容评价指标上50米跑与一分钟跳绳项目呈非常显著性差异（$P<0.01$），因此少儿趣味田径运动对学生健康体适能的肌力与肌肉耐力发展有不同程度的促进作用。

（3）少儿趣味田径运动实验结束后，实验组学生心肺适能得到大幅度提高，柔韧适能欠佳，对照组学生心肺适能增加不明显。

（4）通过给两个班级不同的教学内容授课，教学内容评价指标上值均有所提高，即两种教学方法均属于有效教学，对学生体适能的发展均有不同程度的促进作用，但少儿趣味田径教学方法增长幅度更明显。

2. 建议

（1）应加强锻炼青少年儿童心肺适能，青少年儿童正处于生长发育阶段，学生心肺适功能不容忽视，因此，学校应在体育课程上增加锻炼心肺功能项目，比如：长跑、有氧耐力训练。

（2）学校应加强学生柔韧适能方面的练习，如增设舞蹈等类型课程锻炼学生柔韧适能。在进行体育锻炼时，增加课程趣味性，使学生积极参加体育锻炼。

（3）建议学校增设少儿趣味田径。各个年龄段项目课程，大力宣传以及开展，突出趣味田径器材的安全性以及新颖性等方面，促进此项目对各个年龄段学生健康体适能方面的积极影响。

3.3 青少年体适能有氧田径运动

从1985年开始，我国每五年对学生体质进行一次大规模调研，教育部网站公布了近二十五年我国学生体质水平资料。通过分析发现，近二十五年来学生肺活量历年变化呈下降趋势，肥胖检出率、视力不良检出率超过国际标准。学生耐力素质严重下降，虽然速度与力量素质近两年有所反弹，但总体呈下降趋势。青少年体质下降引起了人们的广泛关注，体质是人一生健康的重要标志，青少年如果能保持较高的体质水平，他们在繁重和紧张的日常活动中就不会感到过度疲劳，就有足够的活力进行休闲享受的追求。当遇到紧急情况，能够以高水平的能力加以应对。同时，良好的体质水平有助于学习效率的提高,保持对某些疾病具有特异性的免疫力。反之,体质水平下降会导致一系列的问题,如心血管疾病、二型糖尿病、脂肪肝、高血压、睡眠呼吸暂停综合征以及心理疾病等,体质水平下降是导致健康问题与死亡的风险因素。

尽管体质水平如此重要地影响着青少年的身心健康,但我国青少年进行体育锻炼的参与率仍然很低,为此,政府部门出台了一系列的政策法规来促进青少年参与体育锻炼,从而有效地提高体质水平。如近些年颁布的《关于加强青少年体育增强青少年体质的意见》《教育部、国家体育总局、共青团中央关于开展全国亿万学生阳光体育运动的通知》《教育部、国家体育总局关于实施〈国家学生体质健康标准〉的通知》等文件,充分体现加强青少年体育工作、增强青少年体质的重要性和紧迫性。为此,促进青少年体育锻炼和增强体质水平成为学术界研究的热点。不少学者从经济投入、政策制定等外在因素促进青少年体育锻炼方面进行研究,但我们认为更应该从提高青少年的健身意识和激发锻炼动机等内在心理因素进行研究。章建成等对全国8所城市28648名青少年课外体育锻炼的影响因素进行调研,发现影响因素前两位为锻炼兴趣、锻炼动机,而经济和政策等因素只是制约青少年课外体育锻炼参与的充分条件而非必要条件,因此,激发锻炼动机是促进青少年参加和维持体育锻炼的关键因素,也是开展学校体育教育和深入贯彻相关文件法规的重要工作之一。

动机是引起人的一切活动,发动和维持人体行为的一种内在动力。体育锻炼动机是指推动人们进行体育锻炼的心理动因。动机理论的一个核心主题就是探讨引起某种行为的原因,动机理论家们的工作起始于这样一个前提假设:任何行为都是有原因的。Ryan,Frederick,Lepes等人结合前人的研究及体育锻炼的特点认为人们进行体育锻炼的原因主要是兴趣/愉快感觉、能力/胜任感、外貌、健康和社会关联。例如,从体育锻炼中体验到乐趣和快乐,甚至运动上瘾(兴趣动机);参加体育锻炼是为了减肥和保持好身材(外貌动机);为了与同学、朋友进行交流而参与体育锻炼,个体希望能从他人中得到关爱理解与支持,从而体验到一种归属感(关联动机);有人参与锻炼是为了能得到健康方面的收益(健康动机);还有人能在体育锻炼中能充分感受到有能力胜任这项运动(胜任感)。

Ryan等人将这些动机分为外部动机和内部动机,并提出内部动机(自主性动机)不仅能激发个体从事体育锻炼,而且对个体的情绪体验、心理健康产生深远的影响。外部动机虽然也能促进个体参与体育锻炼,但在维持长时间体育锻炼行为方面显得无力。

有氧体适能是体质健康水平的一个重要维度,它反映人的心血管系统能力,而心血管系统与各种慢性疾病如高血压、冠心病、动脉硬化等有着重要关系。良好的有氧体适能是预防各种慢性疾病的重要因素。在世界各国体质测试中,有氧体适能是体质测试中的重要指标,我国对青少年有氧体适能的测试指标采用的是男生 1000 米跑或女生 800 米跑。

本研究借助 Ryan 等人对体育锻炼动机的分类,试图构建促进青少年有氧体适能和体育锻炼行为的动机路径模型。按组织行为学常用的 ABC（Antecedents-Behavioral process-Consequences）研究思路,以学生体育锻炼动机为前因变量,以氧体适能为结果变量,来探讨体育锻炼动机、行为和有氧体适能的关系及体育锻炼行为的中介效应,因此,本书提出如下研究假设。H1：体育锻炼动机能显著正向预测体育锻炼行为；H2：体育锻炼行为能显著正向预测有氧体适能；H3：体育锻炼动机能显著正向预测有氧体能；H4：体育锻炼行为在体育锻炼动机与有氧体适能之间扮演着中介变量的作用。本书提出的理论模型见图 3-22,图 3-22 中 A 图为完全中介模型,B 图为部分中介模型。

图 3-22　图本书构建的概念模型

3.4　青少年体适能有氧运动案例及分析

3.4.1　田径运动对比分析

1. 研究对象

（1）受试者选取对象及条件

本研究选取昆明主城区官渡一中、五华区昆八中、呈贡区昆三中、呈贡区一中四所学校初二年级学生为研究对象；按性别、运动项目分类标准分组,篮球、足球、田径、有氧啦啦操的学生样本均是参加课外体育活动的时间均是每周 3-5 次每次,40-60min,共测试 320 人,男生 160 人,女生 160 人。具备生活自理能力,精神正常、意识清晰、身体健康、而且无明显生理缺陷,凡是有下列情况之一者,均不能作为抽样对象。

1）心、肺、肝和肾等主要脏器有疾病者。

2）近期（1 年内）患有代谢性疾病。

3）身体发育异常。

4）身体残疾,肢体畸形者。

5）在近期（1月内）患有急性疾病,目前体力尚未恢复者。

6）近半年内肢体或关节有过骨折或脱位现象者。

（2）样本量及样本分组

每个受试者均接受健康体适能测量及身体成分仪测量,按照性别、运动项目分为篮球项目、足球项目、田径项目、有氧啦啦操项目总共320人、4个类别,共计8组,样本量及样本分组如表3-23所示。

表3-23 样本分组及样本量

性别	篮球	足球	田径	有氧啦啦操	合计
女生	40人	40人	40人	40人	160人
男生	40人	40人	40人	40人	160人

2.研究方法

（1）文献资料法

在本书的研究过程中,在云南师范大学图书馆、中国知网及万方数据库等资料库搜集并阅读有关体适能身体成分和体育课程相关文件、书籍及相关文献和资料,为该论文的调查和分析研究奠定了理论基础,为本研究找到适宜的切入点。

（2）测量法

测试仪器：身体成分测试仪测试方法：启动电脑,测试人员打开身体测试的程序。测试前,输入受试者的个人基本信息；测试时,受试者按照测试人员指令,赤脚站立在仪器的脚型最准处上,按照测试人员的指导下,听从仪器的语音提示,双手抓握住电子手柄,拇指按住按钮双手自然垂放于体侧,静力不动,等待结果。仪器会自行测试。

1）测量时间

测试时间：2017年9月~10月,分别到昆明主城区官渡一中、五华区昆八中、呈贡区昆三中、呈贡区一中四所学校田径场进行测量。

2）测量指标

健康体适能测试内容从教育部、国家体育总局《学生体质健康标准》中规定的测定项目中选取身体形态指标身高、体重；女800米/男1000米、女一分钟仰卧起坐/

男引体向上、立定跳远、坐位体前屈、50米。测定方法按人民教育出版的《学生体质健康标准解读》要求进行。身体成分指标选取体脂百分比、BMI、腰臀比。

3）测量控制

测试之前都限制机体的饮水量，静坐半小时左右，使测试结果尽量接近人体的实际情况；身体成分检测时让测试者身着轻便服装，事先用生理盐水纸巾擦拭双手和双脚，以增加皮肤的导电性。

（3）数理统计法

将本研究选取的 320 名研究对象各项测试的原始数据手动录入电脑并生成 EXCL 表格，再根据不同计算的要求将 EXCL 表格分类，然后把 EXCL 表格导入 SPSS17.0 软件对数据进行整合和处理。

3. 结果与分析

（1）不同运动项目的学生健康体适能对比分析

1）学生健康体适能男 1000 米 / 女 800 米成绩对比分析

表 3-24 不同运动项目男 1000 米 / 女 800 米（min）单因素对比分析

项目	N	男生			女生		
		均值±标准差	F	显著性	均值±标准差	F	显著性
篮球	40	3.943±0.505	2.844	0.040*	3.648±0.171	12.947	0.000**
有氧啦啦操	40	3.958±0.443			3.731±0.409		
田径	40	3.992±0.643			3.462±0.194		
足球	40	3.718±0.461			3.425±0.106		
总数	160	3.903±0.468			3.522±0.220		

注：N 是样本数，* 表示 P＜0.05、** 表示 P＜0.01

表 3-24 可以看出不同运动项目男 1000 米 / 女 800 米的单因素分析结果是：男生 F 值是 2.844，女生 F 值是 12.947，男生显著值为 0.040，女生显著值为 0.000；说明运动项目不同对于男生 1000 米 / 女生 800 米成绩有不同的影响；其中篮球运动项目学生男生均值是 3.943，标准差是 0.505，女生的均值是 3.468，标准差是 0.171；有氧啦啦操运动项目学生男生均值是 3.958，标准差是 0.443，女生的均值是 3.731，标准差是 0.409；田径运动项目学生男生均值是 3.992，标准差是 0.463，女生的均值是 3.462，标准差是 0.194；足球运动项目学生男生均值是 3.718，标准差是 0.461，女生的均值是 3.425，标准差是 0.106；从均值可以看出男生 1000 米成绩最好的是足

球运动学生，其次是篮球运动的学生、有氧啦啦操运动的学生以及田径运动的学生；女生800米成绩最好的是足球运动的学生，其次是篮球运动和田径运动的学生，然后是有氧啦啦操运动的学生。从男生1000米/女生800米的测试中也能反映出这四个运动的学生心肺耐力相对参加足球运动的学生、篮球运动的学生与田径运动的学生相对较好，有氧运动的学生相对来说都比较弱一点。

表3-25 不同运动项目男1000米/女800米（min）多重比较分析

项目	对比项目	男生			女生		
		均值差	标准误	显著性	均值差	标准误	显著性
篮球	有氧啦啦操	−0.015	0.105	0.890	−0.262	0.055	0.000**
	田径	−0.049		0.641	0.007		0.907
	足球	0.225		0.033*	0.044		0.430
田径	有氧啦啦操	0.035		0.742	−0.269		0.000**
	足球	0.274		0.010*	0.037		0.502
足球	有氧啦啦操	−0.239		0.023*	−0.306		0.000**

注：N是样本数，*表示P＜0.05、**表示P＜0.01

由表3-25男生的1000米成绩篮球运动与有氧啦啦操运动的多重比较分析结果是：均值差是-0.015，显著性是0.890；与田径运动的均值差是-0.049，显著性是0.641；与足球运动的均值是0.225，显著性是0.033；说明篮球运动学生的成绩与有氧啦啦操和田径的成绩相差不大，与足球的成绩相差比较明显；田径运动与有氧啦啦操学生的多重比较结果均值差是0.035，显著性是0.742；与足球运动的均值差是0.274，显著性是0.010；说明田径运动学生与足球运动的学生，男生1000米成绩也有显著差异；足球运动的学生与有氧啦啦操运动的学生多重比较分析结果是：均值差是-0.239，显著性是0.023，说明足球运动与有氧啦啦操运动有明显差异；其中四项运动中足球运动对男生1000米成绩最好，其他项目对男生1000米成绩高低顺序是：有氧啦啦操运动、田径运动、篮球运动，但是实际差距不是很明显；女生的800米成绩篮球运动与有氧啦啦操运动的多重比较分析结果是：均值差是-0.262，显著性是0.000；与田径运动的均值差是0.007，显著性是0.907；与足球运动的均值是0.044，显著性是0.430；说明篮球运动学生的成绩与足球运动和田径运动的成绩相差不大，与有氧啦啦操的成绩相差比较明显；田径运动与有氧啦啦操学生的多重比较结果是：均值差是-0.269，显著性是0.000；与足球运动的均值差是0.037，显著性是0.502；说明田径运动学生与有氧啦啦操的学生，女生800米成绩也有显著差异；足球运动的学生与有氧啦啦操运动的学生多重比较分析结果是：均值差是-0.306，显著性是 0.000，说明足球运动与有氧啦啦操运动有明显差异；其中在四项运动中有氧啦啦操运动对女生 800 米成绩最好，其他项目对女生 800 米成绩高低顺序是：足球运动、田径运动、篮球运动，但是实际差距不是很明显。

2）学生健康体适能男引体向上/女 1min 仰卧起坐成绩对比分析

表 3-26　不同运动项目男引体向上/女仰卧起坐（个）单因素对比分析

项目	N	男生			女生		
		均值±标准差	F	显著性	均值±标准差	F	显著性
篮球	40	4.550±3.769	23.109	0.000**	33.900±4.511	19.506	0.000**
有氧啦啦操	40	5.900±3.201			40.100±9.039		
田径	40	10.175±2.943			42.500±6.312		
足球	40	5.200±3.398			33.675±4.514		
总数	160	6.456±3.328			37.544±6.094		

注：N 是样本数，* 表示 $P<0.05$、** 表示 $P<0.01$

表 3-26 可以看出不同运动项目男引体向上/女仰卧起坐的单因素分析结果是：男生 F 值是 23.109，女生 F 值是 19.506，男生女生显著值均为 0.000，说明运动项目不同对于男生引体向上/女生 1min 仰卧起坐成绩有不同的影响；其中篮球运动项目学生男生均值是 4.550，标准差是 3.769，女生的均值是 33.900，标准差是 4.511；有氧啦啦操运动项目学生男生均值是 5.900，标准差是 3.201，女生的均值是 40.100，标准差是 9.039；田径运动项目学生男生均值是 10.175，标准差是 2.943，女生的均值是 42.500，标准差是 6.312；足球运动项目学生男生均值是 5.200，标准差是 3.398，女生的均值是 33.675，标准差是 4.514，从均值可以看出：男生引体向上成绩最好的是田径运动学生，其次是篮球运动的学生、有氧啦啦操运动的学生以及足球运动的学生；女生仰卧起坐成绩最好的是田径运动学生，其次是有氧啦啦操运动的学生，然后是篮球运动项目与田径运动项目的学生。从男生引体向上/女生仰卧起坐的测试中也能反映出这四个运动的学生肌力相对参加田径运动的学生和有氧啦啦操运动的学生比较优秀、篮球运动的学生与足球运动的学生相对较好。

表 3-27　不同运动项目男引体向上/女仰卧起坐（个）多重比较分析

项目	对比项目	男生			女生		
		均值差	标准误	显著性	均值差	标准误	显著性
篮球	有氧啦啦操	−1.350	0.747	0.073	−6.200	1.424	0.000**
	田径	−5.625		0.000**	−8.600		0.000**
	足球	−0.650		0.386	0.225		0.875
田径	有氧啦啦操	4.275		0.000**	2.400		0.094
	足球	4.975		0.000**	8.825		0.000**
足球	有氧啦啦操	−0.700		0.350	−6.425		0.000**

注：N 是样本数，* 表示 P < 0.05、** 表示 P < 0.01

由表 3-27 男生的引体向上成绩篮球运动与有氧啦啦操运动的多重比较分析结果均值差是 -1.350，显著性是 0.073；与田径运动的均值差是 -5.625，显著性是 0.000；与足球运动的均值是 -0.650，显著性是 0.386；说明篮球运动学生的成绩与有氧啦啦操和足球的成绩相差不大，与田径运动的学生成绩相差比较明显；田径运动与有氧啦啦操学生的多重比较结果均值差是 4.275，显著性是 0.000；与足球运动的均值差是 4.975，显著性是 0.000；说明田径运动学生与足球运动的学生、有氧啦啦操运动的学生男生引体向上成绩也有显著差异；足球运动的学生与有氧啦啦操运动的学生多重比较分析结果均值差是 -0.700，显著性是 0.350，说明足球运动与有氧啦啦操运动无明显差异；其中四项运动中田径运动的男生引体向上成绩最好，其他项目的相对稍微低一点点，但是实际差距不是很明显；女生的仰卧起坐成绩篮球运动与有氧啦啦操运动的多重比较分析结果均值差是 -6.200，显著性是 0.000；与田径运动的均值差是 -8.600，显著性是 0.000；与足球运动的均值是 0.225，显著性是 0.875；说明篮球运动学生的成绩与足球运动成绩相差不大，与有氧啦啦操运动的学生和田径运动的学生的成绩相差比较明显；田径运动与有氧啦啦操学生的多重比较结果均值差是 2.400，显著性是 0.094；与足球运动的均值差是 8.825，显著性是 0.000；说明田径运动学生与有氧啦啦操的学生女生仰卧起坐成绩无显著差异，与足球运动学生有显著差异，足球运动的学生与有氧啦啦操运动的学生多重比较分析结果是均值差是 -6.425，显著性是 0.000，说明足球运动与有氧啦啦操运动有明显差异；在四项运动中篮球运动、有氧啦啦操运动、足球运动的学生成绩差异不明显，参与田径项目这个课外体育活动的女生仰卧起坐成绩相对其他三项运动项目比较高一些。

3）学生健康体适能 50 米成绩对比分析

表 3-28　不同运动项目 50m（s）单因素对比分析

项目	N	男生			女生		
		均值±标准差	F	显著性	均值±标准差	F	显著性
篮球	40	7.829±0.905	6.935	0.000**	8.328±0.206	44.669	0.000**
有氧啦啦操	40	7.857±0.894			9.378±0.878		
田径	40	7.223±0.335			8.370±0.257		
足球	40	7.900±0.806			8.344±0.269		
总数	160	7.702±0.735			8.505±0.401		

注：N 是样本数，* 表示 $P<0.05$、** 表示 $P<0.01$

表 3-28 可以看出不同运动项目 50 米的单因素分析结果是：男生 F 值是 6.935，女生 F 值是 44.669，男生女生显著值均为 0.000，说明运动项目不同对于 50 米成绩有不同的影响；说明运动项目不同对于男生 1000 米 / 女生 800 米成绩有不同的影响；其中篮球运动项目男生均值是 7.829，标准差是 0.905，女生的均值是 8.328，标准差是 0.206；有氧啦啦操项目学生男生均值是 7.857，标准差是 0.894，女生的均值是 9.378，标准差是 0.878；田径运动项目学生男生均值是 7.223，标准差是 0.335，女生的均值是 8.370，标准差是 0.269；足球运动项目学生男生均值是 7.900，标准差是 0.806，女生的均值是 8.344，标准差是 0.269；从均值可以看出：男生 50 米成绩最好的是田径运动学生，其次是篮球运动、有氧啦啦操运动以及足球运动的学生；女生 50 米成绩篮球运动、足球运动、田径运动的学生相对都比较良好并且差距不明显，其次是有氧啦啦操运动的学生。从 50 米的测试中也能反映出这四个运动的学生瞬发力相对男生参加田径运动的学生比较优秀，女生参加篮球运动的学生比较优秀，田径运动的学生相对较好，有氧啦啦操运动的学生与足球运动的学生相对一般。

表3-29 不同运动项目50m（s）多重比较分析

项目	对比项目	男生			女生		
		均值差	标准误	显著性	均值差	标准误	显著性
篮球	有氧啦啦操	−0.029	0.172	0.869	−1.051	0.109	0.000**
	田径	−0.606		0.000**	−0.043		0.697
	足球	−0.072		0.679	−0.017		0.878
田径	有氧啦啦操	−0.635		0.000**	−1.034		0.000**
	足球	−0.678		0.000**	−0.026		0.0814
足球	有氧啦啦操	0.043		0.803	−1.008*		0.000**

注：N是样本数，* 表示 P < 0.05、** 表示 P < 0.01

由表3-29男生的50米成绩篮球运动与有氧啦啦操运动的多重比较分析结果均值差是-0.029，显著性是0.869；与田径运动的均值差是0.606，显著性是0.001；与足球运动的均值是-0.072，显著性是0.679；说明篮球运动学生的成绩与有氧啦啦操运动的学生成绩差异不明显，与足球运动的学生和田径运动的学生成绩相差比较明显；田径运动与有氧啦啦操学生的多重比较结果均值差是-0.635，显著性是0.000；与足球运动的均值差是-0.678，显著性是0.000；说明田径运动学生与足球运动的学生、有氧啦啦操运动的学生男生立定跳远成绩有显著差异；足球运动的学生与有氧啦啦操运动的学生多重比较分析结果是均值差是0.043，显著性是0.803，说明足球运动与有氧啦啦操运动无明显差异；其中4项运动中田径运动的男生50米成绩最好，其他项目的相对稍微低一点点，但是实际差距不是很明显；女生的50米篮球运动与有氧啦啦操运动的多重比较分析结果均值差是-1.051，显著性是0.000；与田径运动的均值差是-0.043，显著性是0.697；与足球运动的均值是-0.017，显著性是0.878；说明篮球运动学生的成绩与有氧啦啦操的成绩差异明显，与足球运动学生和田径运动的学生的成绩相差不明显；田径运动与有氧啦啦操学生的多重比较结果均值差是-1.034，显著性是0.000；与足球运动的均值差是-0.026，显著性是0.814；说明田径运动学生与有氧啦啦操的学生有明显差异，但是与足球运动学生无显著差异；足球运动的学生与有氧啦啦操运动的学生多重比较分析结果是均值差是-1.008，显著性是0.000，说明足球运动与有氧啦啦操运动有明显差异；在四项运动中男生田径运动成绩最优秀，有氧啦啦操运动、足球运动的学生成绩差异不明显，女生有氧啦啦操运动、篮球运动的学生、足球运动的学生成绩差异不明显，参与田径项目这个课外体育活动的学生50米成绩相对其他三项运动项目比较高一些。

4）学生健康体适能立定跳远成绩对比分析

表3-30　不同运动项目立定跳远（m）单因素对比分析

项目	N	男生			女生		
		均值±标准差	F	显著性	均值±标准差	F	显著性
篮球	40	2.256±0.161	6.240	0.000**	1.867±0.101	19.508	0.000**
有氧啦啦操	40	2.122±0.192			1.662±0.186		
田径	40	2.119±0.250			1.777±0.139		
足球	40	2.055±0.243			1.677±0.106		
总数	160	2.138±0.212			1.746±0.133		

注：N是样本数，*表示$P<0.05$、**表示$P<0.01$

表3-30可以看出不同运动项目立定跳远的单因素分析结果是，男生F值是6.240，女生F值是19.508，男生女生显著值均为0.000，说明运动项目不同对于立定跳远成绩有不同的影响；其中篮球运动项目学生男生均值是2.256，标准差是0.161，女生的均值是1.867，标准差是0.101；有氧啦啦操项目学生男生均值是2.122，标准差是0.192，女生的均值是1.662，标准差是0.186；田径运动项目学生男生均值是2.119，标准差是0.250，女生的均值是1.777，标准差是0.139；足球运动项目学生男生均值是2.055，标准差是0.243，女生的均值是1.677，标准差是0.106；从均值可以看出男生立定跳远成绩最好的是篮球运动学生，其次是足球运动、有氧啦啦操运动以及田径运动的学生；女生立定跳远最好的是篮球运动的学生，其次是足球运动的学生，然后是有氧啦啦操运动和田径运动的学生。从立定跳远的测试中也能反映出这四个运动的学生爆发力相对参加篮球运动的学生比较优秀，田径运动的学生相对较好，有氧啦啦操运动的学生与足球运动的学生相对一般。

表3-31　不同运动项目立定跳远（m）多重比较分析

项目	对比项目	男生			女生		
		均值差	标准误	显著性	均值差	标准误	显著性
篮球	有氧啦啦操	0.135	0.048	0.006**	0.205	0.031	0.000**
	田径	0.138		0.005**	0.090		0.004**
	足球	0.201		0.000**	0.191		0.000**
田径	有氧啦啦操	−0.003		0.946	0.115		0.000**
	足球	0.064		0.187	0.100		0.001**
足球	有氧啦啦操	−0.067		0.166	0.015		0.631

注：N 是样本数，* 表示 P＜0.05、** 表示 P＜0.01

由表 3-31 男生的立定跳远成绩篮球运动与有氧啦啦操运动的多重比较分析结果均值差是 0.135，显著性是 0.006；与田径运动的均值差是 0.138，显著性是 0.005；与足球运动的均值是 0.201，显著性是 0.000；说明篮球运动学生的成绩与有氧啦啦操运动的学生、足球运动的学生和田径运动的学生成绩相差比较明显；田径运动与有氧啦啦操学生的多重比较结果均值差是 -0.003，显著性是 0.946；与足球运动的均值差是 0.064，显著性是 0.187；说明田径运动学生与足球运动的学生、有氧啦啦操运动的学生男生立定跳远成绩无显著差异；足球运动的学生与有氧啦啦操运动的学生多重比较分析结果是均值差是 -0.067，显著性是 0.166，说明足球运动与有氧啦啦操运动无明显差异；其中四项运动中篮球运动的男生立定跳远成绩最好，其他项目的相对稍微低一点点，但是实际差距不是很明显；女生的立定跳远成绩篮球运动与有氧啦啦操运动的多重比分析结果均值差是 0.205，显著性是 0.000；与田径运动的均值差是 0.090，显著性是 0.004；与足球运动的均值是 0.191，显著性是 0.000；说明篮球运动学生的成绩与足球运动、有氧啦啦操运动的学生和田径运动的学生的成绩相差比较明显；田径运动与有氧啦啦操运动学生的多重比较结果均值差是 0.115，显著性是 0.000；与足球运动的均值差是 0.100，显著性是 0.001；说明田径运动学生与有氧啦啦操的学生、足球运动学生有显著差异；足球运动的学生与有氧啦啦操运动的学生多重比较分析结果是均值差是 0.015，显著性是 0.631，说明足球运动与有氧啦啦操运动无明显差异；在四项运动中男生田径运动、有氧啦啦操运动、足球运动的学生成绩差异不明显，女生有氧啦啦操运动、足球运动的学生成绩差异不明显，参与篮球项目这个课外体育活动的学生立定跳远成绩相对其他三项运动项目比较高一些。

5）学生健康体适能坐位体前屈成绩对比分析

表 3-32　不同运动项目坐位体前屈（cm）单因素对比分析

项目	N	男生			女生		
		均值±标准差	F	显著性	均值±标准差	F	显著性
篮球	40	8.958±8.394	11.414	0.000**	17.745±2.386	196.962	0.000**
有氧啦啦操	40	16.010±3.036			20.245±2.102		
田径	40	8.218±7.827			14.944±5.266		
足球	40	8.291±7.671			3.780±2.238		
总数	160	10.369±6.732			14.179±3.524		

注：N 是样本数，* 表示 P < 0.05、** 表示 P < 0.01

表 3-32 可以看出不同运动项目坐位体前屈的单因素分析结果是：男生 F 值是 11.414，女生 F 值是 196.962，男生女生显著值均为 0.000，说明运动项目不同对于坐位体前屈米成绩有不同的影响；其中篮球运动项目学生男生均值是 8.958，标准差是 8.394，女生的均值是 17.745，标准差是 2.386；有氧啦啦操项目学生男生均值是 16.010，标准差是 3.036，女生的均值是 20.245，标准差是 2.102；田径运动项目学生男生均值是 8.218，标准差是 7.827，女生的均值是 14.944，标准差是 5.266；足球运动项目学生男生均值是 8.291，标准差是 7.671，女生的均值是 3.780，标准差是 2.238；从均值可以看出：男生坐位体前屈成绩最好的是有氧啦啦操运动学生，其次是篮球运动、足球运动以及田径运动的学生；女生坐位体前屈成绩最好的是有氧啦啦操运动的学生，其次是篮球运动和足球运动的学生，最差的是田径运动的学生成绩较差。女生对有氧啦啦操运动学生、篮球运动、田径运动的学生来说比较良好，但是参加足球运动的学生反而低，并不是说明参加足球运动会导致柔韧性变差，只能说明女生的柔韧性相对男生而言，受参与运动的影响较小。

表 3-33 不同运动项目坐位体前屈（cm）多重比较分析

项目	对比项目	男生			女生		
		均值差	标准误	显著性	均值差	标准误	显著性
篮球	有氧啦啦操	-7.053	1.580	0.000**	-2.500	0.732	0.001**
	田径	0.740		0.640	13.965		0.004**
	足球	0.665		0.674	2.801		0.000**
田径	有氧啦啦操	-7.793		0.000**	-5.301		0.000**
	足球	-0.075		0.962	11.164		0.001**
足球	有氧啦啦操	-7.718		0.000**	-16.465		0.631

注：N 是样本数，* 表示 P < 0.05、** 表示 P < 0.01

由表 3-33 男生的坐位体前屈成绩篮球运动与有氧啦啦操运动的多重比较分析结果均值差是 -7.053，显著性是 0.000；与田径运动的均值差是 0.740，显著性是 0.640；与足球运动的均值是 0.665，显著性是 0.674；说明篮球运动学生的成绩与有氧啦啦操运动的学生成绩差异比较明显，与足球运动的学生和田径运动的学生成绩相差不明显；田径运动与有氧啦啦操学生的多重比较结果均值差是 -7.793，显著性是 0.000；与足球运动的均值差是 -0.075，显著性是 0.962；说明田径运动学生与有氧啦啦操运动的学生男生立定跳远成绩有显著差异，与足球运动的学生成绩无明显差异;足球运动的学生与有氧啦啦操运动的学生多重比较分析结果是均值差是-7.718,显著性是0.000,说明足球运动与有氧啦啦操运动有明显差异;其中4项运动中有氧啦啦操运动的男生立定跳远成绩最好,其他项目相对稍微低一点点,但是实际差距不是很明显;女生的坐位体前屈篮球运动与有氧啦啦操运动的多重比较分析结果均值差是-2.500,显著性是0.001;与田径运动的均值差是13.965,显著性是0.000;与足球运动的均值是2.801,显著性是0.000;说明篮球运动学生的成绩与足球运动学生、田径运动的学生、有氧啦啦操的成绩差异明显;田径运动与有氧啦啦操学生的多重比较结果均值差是-5.301,显著性是0.000;与足球运动的均值差是11.164,显著性是0.000;说明田径运动学生与足球运动的学生和有氧啦啦操的学生有明显差异;足球运动的学生与有氧啦啦操运动的学生多重比较分析结果是均值差是-16.465,显著性是0.000,说明足球运动与有氧啦啦操运动有明显差异;4项运动中男生和女生都是有氧啦啦操运动成绩最优秀,田径运动、篮球运动、足球运动的学生成绩差异不明显,参与有氧啦啦操项目这个课外体育活动的学生5坐位体屈成绩相对其他三项运动项目比较高一些。

(2)身体成分与学生身体形态、身体素质分析

1)体脂百分比与学生身体形态、身体素质相关分析

①田径项目的学生体脂百分比与学生身体形态、身体素质相关分析

表3-34 田径项目的学生体脂百分比与学生身体形态、身体素质双变量相关分析

		体脂百分比(%)			
	体质指标	男生(N=40)		女生(N=40)	
		Pearson	Sig	Pearson	Sig
身体形态	身高	0.326*	0.043	0.401*	0.010
	体重	0.612*	0.000	0.720**	0.000
身体素质	男1000m/女800m(分)	0.283	0.077	0.209	0.196
	50m(秒)	0.143	0.379	0.126	0.439
	男引体向上/女仰卧起坐(个)	−0.105	0.517	−0.064	0.696
	坐位体前屈(cm)	0.107	0.509	−0.121	0.456
	立定跳远	−0.202	0.212	−0.080	0.624

注:N是样本数,Sig表示检验P值,* 表示 $P<0.05$、** 表示 $P<0.01$

如表所示:身体形态方面,男生体脂百分比与体重的相关系数为0.612,Sig值为0.000且小于0.01,有显著性差异,属于高度相关,说明体重越大,体脂百分比也相应增大;体脂百分比与身高的相关系数是0.326,Sig值为0.043且小于0.05,有显著

差异,属于低度相关,说明身高增加体脂百分比也会有一定的增加。女生体脂百分比与体重的相关系数为 0.720,值为 0.000 且小于 0.01,有显著性差异,属于高度相关,说明体重越大,体脂百分比也相应增大;体脂百分比与身高的相关系数是 0.401,Sig 值为 0.010 且小于 0.05,有显著差异,属于低度相关,说明身高增加体脂百分比也会有一定增加。

身体素质方面,男生体脂百分比与 1000m、50m、引体向上、坐位体前屈、立定跳远的检验值都大于 0.05 且没有显著性差异,说明身体素质中 1000m、50m、引体向上、坐位体前屈、立定跳远不同对田径项目男生体脂百分比不会造成明显影响。女生体脂百分比与 800m、50m、1min 仰卧起坐、立定跳远、坐位体前屈的检验值都大于 0.05 且没有显著性差异。参与田径的学生在身体素质方面,体脂百分比与男生、女生均无线性;说明身体素质中 800m、50m、引体向上、坐位体前屈、立定跳远不同对田径项目女生体脂百分比不会造成明显影响。

②篮球项目的学生体脂百分比与学生身体形态、身体素质相关分析

表 3-35　篮球项目的学生体脂百分比与学生身体形态、身体素质双变量相关分析

体质指标		体脂百分比(%)			
		男生(N=40)		女生(N=40)	
		Pearson	Sig	Pearson	Sig
身体形态	身高(cm)	0.062	0.083	−0.026	0.872
	体重(kg)	0.569**	0.000	0.688**	0.000
身体素质	男1000m/女800m(分)	−0.408**	0.009	−0.319*	0.045
	50m(秒)	0.205	0.205	−0.086	0.596
	男引体向上/女仰卧起坐(个)	−0.344*	0.030	0.057	0.728
	坐位体前屈(cm)	0.107	0.510	−0.049	0.763
	立定跳远	−0.361*	0.035	0.029	0.858

注:N 是样本数,Sig 表示检验 P 值,* 表示 $P < 0.05$、** 表示 $P < 0.01$

如表所示:身体形态方面,男生体脂百分比与体重的相关系数为 0.569,Sig 值为 0.000 且小于 0.01,有显著性差异,属于高度相关,说明体重越大,体脂百分比也相应增大;体脂百分比与身高概率值大于 0.05,没有显著性意义,说明身体形态中身高不同对篮球项目男生体脂百分比不会造成明显影响。女生体脂百分比与体重的相关系数为 0.688,Sig 值为 0.000 且小于 0.01,有显著性差异,属于高度相关,说明体重越大,体脂百分比也相应增大;体脂百分比与身高概率值大于 0.05,没有显著性意义,说明身体形态中身高不同对篮球项目女生体脂百分比不会造成明显

影响。

身体素质方面,男生体脂百分比与 1000m 的相关系数是 -0.408,Sig 值为 0.009 且小于 0.01,有显著性差异,属于高度负相关,说明随着体脂百分比增加 1000m 成绩会降低。男生体脂百分比与引体向上的相关系数是 -0.344,Sig 值为 0.030 且小于 0.05,有显著差异,属于低度负相关,即体脂百分比越高引体向上越少;男生体脂百分比与立定跳远的相关系数是 -0.361,Sig 值为 0.035 且小于 0.05,有显著差异,属于低度负相关,即体脂百分比越大时立定跳远成绩会减弱;50m、坐位体前屈的检验值都大于 0.05 且没有显著性差异,说明身体素质中 50m、坐位体前屈不同对篮球项目男生体脂百分比不会造成明显影响。女生体脂百分比与 800m 的概率值在显著性水平为的条件之上,存在明显的相关关系;与 800m 的相关系数是 -0.319,Sig 值为 0.045 且小于 0.05,属低度负相关,说明随着体脂百分比增加 800m 成绩会稍微减弱。女生体脂百分比与 50m、1min 仰卧起坐、立定跳远、坐位体前屈的检验值都大于 0.05 且没有显著性差异。说明身体素质中 50m、1min 仰卧起坐、立定跳远、坐位体前屈不同对篮球项目女生体脂百分比不会造成明显影响。

③足球项目的学生体脂百分比与学生身体形态、身体素质相关分析

表 3-36 足球项目的学生体脂百分比与学生身体形态、身体素质双变量相关分析

		体脂百分比(%)			
体质指标		男生(N=40)		女生(N=40)	
		Pearson	Sig	Pearson	Sig
身体形态	身高(cm)	0.204	0.207	0.297	0.063
	体重(kg)	0.732**	0.000	0.584**	0.000
身体素质	男1000m/女800m(分)	0.031	0.848	0.054	0.743
	50m(秒)	-0.041	0.802	-0.317*	0.046
	男引体向上/女仰卧起坐(个)	0.002	0.991	0.163	0.315
	坐位体前屈(cm)	-0.038	0.814	-0.016	0.924
	立定跳远	-0.664*	0.027*	-0.008	0.963

注:N 是样本数,Sig 表示检验 P 值,* 表示 P < 0.05、** 表示 P < 0.01

如表所示:身体形态方面,男生体脂百分比与体重的相关系数为 0.732,Sig 值为 0.000 且小于 0.01,有显著性差异,属于高度相关,说明体重越大,体脂百分比也相应增大;体脂百分比与身高显著值大于 0.05,没有显著性意义。女生体脂百分比与体重的相关系数为 0.584,Sig 值为 0.000 小于 0.01,有显著性差异,属于高度相关,说明体重越大,体脂百分比也相应的增大,体脂百分比与身高概率值小于 0.05,

没有显著性意义，说明身体形态中身高不同对足球项目男生、女生体脂百分比都不会造成明显影响。

身体素质方面，男生体脂百分比与 1000m、50m、引体向上、坐位体前屈的检验值都大于 0.05 且没有显著性差异，说明身体素质中 1000m、50m、引体向上、坐位体前屈不同对足球项目男生体脂百分比不会造成明显影响。男生体脂百分比与立定跳远的相关系数为 0.664，显著值为 0.027 小于 0.05，有显著差异，属于中度相关，说明体脂百分比增加学生体质立定跳远就会相应减少。女生体脂百分比与 50m 的相关系数为 -0.317，值为 0.046 且小于 0.05，有显著性差异，属于低度负相关，说明体脂百分比越大，50m 也相应减少；女生体脂百分比与 800m、1min 仰卧起坐、立定跳远、坐位体前屈的检验值都大于 0.05 且没有显著性差异，说明身体素质中 800m、1min 仰卧起坐、立定跳远、坐位体前屈不同对足球项目女生体脂百分比不会造成明显影响。

④有氧啦啦操项目的学生体脂百分比与学生身体形态、身体素质相关分析

表 3-37 有氧啦啦操项目的学生体脂百分比与学生身体形态、身体素质双变量相关分析

体质指标		体脂百分比（%）			
		男生（N=40）		女生（N=40）	
		Pearson	Sig	Pearson	Sig
身体形态	身高（cm）	0.059	0.720	−0.129	0.429
	体重（kg）	0.615**	0.000	0.588**	0.000
身体素质	男1000m/女800m（分）	−0.408**	0.009	−0.337*	0.034
	50m（秒）	0.205	0.205	0.108	0.507
	男引体向上/女仰卧起坐（个）	−0.304**	0.030	0.011	0.946
	坐位体前屈（cm）	0.107	0.510	−0.148	0.363
	立定跳远	−0.098	0.546	−0.078	0.632

注：N 是样本数，Sig 表示检验 P 值，* 表示 $P < 0.05$、** 表示 $P < 0.01$

如表所示：身体形态方面，男生体脂百分比与体重的相关系数为 0.615，Sig 值为 0.000 且小于 0.01，有显著性差异，属于高度相关，说明体重越大，体脂百分比也相应的增大；体脂百分比与身高概率值大于 0.05，没有显著性意义。女生体脂百分比与体重的相关系数为 0.588，Sig 值为 0.000 且小于 0.01，有显著性差异，属于高度相关，说明体重越大，体脂百分比也相应增大；体脂百分比与身高概率值大于 0.05，没有显著性意义，说明身体形态中身高不同对有氧啦啦操项目男生、女生体脂百分比都不会造成明显影响。

身体素质方面,男生体脂百分比与 1000m 的相关系数是 -0.408,Sig 值为 0.009 且小于 0.01,有显著性差异,属于中度负相关,说明随着体脂百分比增加也 1000m 成绩会降低。男生体脂百分比与引体向上的相关系数是 -0.344,Sig 值为 0.030 且小于 0.05,有显著差异,属于低度负相关,即体脂百分比越高引体向上越少;男生体脂百分比与 50m、立定跳远、坐位体前屈的检验值都大且没有显著性差异,说明身体素质中 50m、立定跳远、坐位体前屈不同对有氧啦啦操项目男生体脂百分比不会造成明显影响。女生体脂百分比与 800m 的相关系数是 -0.337,Sig 值为 0.0304 且小于 0.05,有显著差异,属低度负相关,说明随着体脂百分比增加 800m 成绩降低。女生体脂百分比与 50m、1min 仰卧起坐、立定跳远、坐位体前屈的检验值都大于 0.05 且没有显著性差异,说明身体素质中 50m、1min 仰卧起坐、立定跳远、坐位体前屈不同对有氧啦啦操项目女生体脂百分比不会造成明显影响。

2)BMI 与学生身体形态、身体素质相关分析

①篮球项目的学生 BMI 与学生身体形态、身体素质相关分析

表3-38 篮球项目的学生 BMI 与学生身体形态、身体素质双变量相关分析

		BMI			
	体质指标	男生(N=40)		女生(N=40)	
		Pearson	Sig	Pearson	Sig
身体形态	身高(cm)	0.258	0.108	−0.174	0.284
	体重(kg)	0.724**	0.000	0.317*	0.019
	男1000m/女800m(分)	−0.349*	0.039	0.231	0.152
	50m(秒)	0.072	0.663	0.029	0.860
身体素质	男引体向上/女仰卧起坐(个)	−0.428**	0.006	0.131	0.420
	坐位体前屈(cm)	0.081	0.621	0.113	0.420
	立定跳远	0.003	0.985	0.086	0.598

注:N 是样本数,Sig 表示检验 P 值,* 表示 P < 0.05、** 表示 P

如表所示:身体形态方面,男生 BMI 与体重的相关系数为 0.724,Sig 值为 0.000 且小于 0.01,有显著性差异,属于高度相关,说明体重越大,BMI 也相应的增大;BMI 与身高概率值大于 0.05,没有显著性意义。女生 BMI 与体重的相关系数为 0.317,Sig 值为 0.019 且小于 0.05,有显著性差异,属于中度相关,说明体重越大,BMI 也相应的增大;BMI 与身高概率值大于 0.05,没有显著性意义。说明身体形态中身高不同对篮球项目男生、女生 BMI 都不会造成明显影响。

身体素质方面,男生 BMI 与 1000m 的相关系数是 -0.349,Sig 值为 0.039 且小

于 0.05，有显著性差异，属于低度负相关，说明随 BMI 增加 1000m 成绩降低。男生 BMI 与引体向上的相关系数是 -0.428，Sig 值为 0.006 且小于 0.01，有显著差异，属于高度负相关，即 BMI 越高引体向上越少；BMI 与 50m、立定跳远、坐位体前屈的检验值都大于 0.05 且没有显著性差异，说明身体素质中 50m、立定跳远、坐位体前屈不同对篮球项目男生 BMI 不会造成明显影响。女生 BMI 与 800m、50m、1min 仰卧起坐、立定跳远、坐位体前屈的检验值都大于 0.05 且没有显著性差异。说明身体素质中 800m、50m、1min 仰卧起坐、立定跳远、坐位体前屈不同对篮球项目女生 BMI 不会造成明显影响；也有可能是篮球运动的女生运动量没有达到一定的量。

②田径项目的学生 BMI 与学生身体形态、身体素质相关分析

表 3-39　田径项目的学生 BMI 与学生形态、身体素质双变量相关分析

体质指标		男生（N=40） BMI Pearson	Sig	女生（N=40） BMI Pearson	Sig
身体形态	身高（cm）	0.240	0.084	0.280	0.080
	体重（kg）	0.807**	0.000	0.870**	0.000
	男1000m/女800m（分）	−0.488**	0.001	−0.353*	0.025
身体素质	50m（秒）	0.113	0.487	0.285	0.075
	男引体向上/女仰卧起坐（个）	−0.017	0.915	−0.160	0.323
	坐位体前屈（cm）	0.033	0.838	0.024	0.882
	立定跳远	−0.124	0.445	−0.018	0.912

注：N 是样本数，Sig 表示检验 P 值，* 表示 $P < 0.05$、** 表示 $P < 0.01$

如表所示：身体形态方面，男生 BMI 与体重的相关系数为 0.807，Sig 值为 0.000 且小于 0.01，有显著性差异，属于高度相关，说明体重越大，BMI 也相应的增大；BMI 与身高概率值大于 0.05，没有显著性意义。女生 BMI 与体重的相关系数为 0.870，值为 0.000 且小于 0.01，有显著性差异，属于高度相关，说明体重越大，BMI 也相应增加；BMI 与身高概率值在显著水平之下，没有统计学意义，说明身体形态中身高不同对田径项目男生、女生 BMI 都不会造成明显影响。

身体素质方面，男生 BMI 与 1000m 的相关系数是 -0.488，Sig 值为 0.001 且小于 0.01，有显著性差异，属于高度负相关，说明随 BMI 增加 1000m 成绩降低。男生 BMI 与 50m、引体向上、立定跳远、坐位体前屈的检验值都大于 0.05 且没有显著性差异，说明身体素质中 50m、引体向上、立定跳远、坐位体前屈不同对篮球项目男生 BMI 不会造成明显影响。女生 BMI 与 800m 的相关系数是 -0.353，Sig 值为 0.025 且小于 0.05，

属于低度负相关,说明随 BMI 增加 800m 成绩降低;女生 BMI 与 50m、1min 仰卧起坐、立定跳远、坐位体前屈的检验值都大且没有显著性差异,说明身体素质中 50m、1min 仰卧起坐、立定跳远、坐位体前屈不同对田径项目女生 BMI 不会造成明显影响。

③足球项目的学生 BMI 与学生身体形态、身体素质相关分析

表3-40 足球项目的学生 BMI 与学生身体形态、身体素质双变量相关分析

体质指标		BMI			
		男生（N=40）		女生（N=40）	
		Pearson	Sig	Pearson	Sig
身体形态	身高（cm）	0.130	0.425	0.494**	0.001
	体重（kg）	0.825**	0.000	0.885**	0.000
身体素质	男1000m/女800m（分）	0.205	0.206	−0.336*	0.015
	50m（秒）	0.008	0.959	−0.179	0.268
	男引体向上/女仰卧起坐（个）	0.000	0.998	0.125	0.444
	坐位体前屈（cm）	−0.051	0.757	−0.115	0.481
	立定跳远	0.158	0.331	0.126	0.437

注:N 是样本数,Sig 表示检验 P 值,* 表示 $P < 0.05$、** 表示 $P < 0.01$

如表所示:身体形态方面,男生 BMI 与体重的相关系数为 0.825,Sig 值为 0.000 且小于 0.01,有显著性差异,属于高度相关,说明体重越大,BMI 也相应的增大;BMI 与身高概率值大于 0.05,没有显著性意义,说明身体形态中身高不同对足球项目男生 BMI 不会造成明显影响。女生 BMI 与体重的相关系数为 0.885, Sig 值为 0.000 且小于 0.01,有显著差异,属于高度相关,说明体重越大,BMI 也相应的增大;BMI 与身高的相关系数是 0.494,Sig 值为 0.001 且小于 0.01,有显著差异,属于高度相关,说明身高增加 BMI 也会有一定的增加。

身体素质方面,男生 BMI 与 1000m、50m、引体向上、立定跳远、坐位体前屈的检验值都大于 0.05 且没有显著性差异,说明身体素质不同对足球项目男生 BMI 都不会造成明显影响。女生 BMI 与 800m 的相关系数是 -0.336,显著值为 0.015 且小于 0.05,有显著差异,属于中度负相关,说明 BMI 的增加会导致女生 800m 成绩的降低;女生 BMI 与 50m、1min 仰卧起坐、立定跳远、坐位体前屈的检验值都大且没有显著性差异,说明身体素质中 50m、1min 仰卧起坐、立定跳远、坐位体前屈不同对足球项目女生 BMI 不会造成明显影响。

3）有氧啦啦操项目的学生 BMI 与学生身体形态、身体素质相关分析

表 3-41　有氧啦啦操项目的学生 BMI 与学生身体形态、身体素质双变量相关分析

体质指标		BMI			
		男生（N=40）		女生（N=40）	
		Pearson	Sig	Pearson	Sig
身体形态	身高（cm）	0.258	0.108	−0.208	0.197
	体重（kg）	0.812**	0.000	0.738	0.000
身体素质	男1000m/女800m（分）	−0.339*	0.032	0.203	0.209
	50m（秒）	0.071	0.663	0.131	0.421
	男引体向上/女仰卧起坐（个）	−0.428**	0.006	0.153	0.344
	坐位体前屈（cm）	0.081	0.621	−0.332*	0.036
	立定跳远	0.003	0.985	−0.070	0.668

注：N 是样本数，Sig 表示检验 P 值，* 表示 P ＜ 0.05、** 表示 P ＜ 0.01

如表所示：身体形态方面，男生 BMI 与体重的相关系数为 0.812，Sig 值为 0.000 且小于 0.01，有显著性差异，属于高度相关，说明体重越大，BMI 也相应的增大；BMI 与身高概率值大于 0.05，没有显著性意义。女生 BMI 与体重的相关系数为 0.738，Sig 值为 0.000 且小于 0.01，有显著性差异，属于高度相关，说明体重越大，BMI 也相应的增加；女生 BMI 与身高概率值在显著水平之下，没有统计学意义，说明身体形态中身高不同对有氧啦啦操项目男生、女生 BMI 都不会造成明显影响。

身体素质方面，男生 BMI 与 1000m 的相关系数是 -0.339，Sig 值为 0.032 且小于 0.05，有显著性差异，属于低度负相关，说明随 BMI 增加 1000m 成绩降低。男生 BMI 与引体向上的相关系数是 -0.428，Sig 值为 0.006 且小于 0.01，有显著差异，属于中度负相关，即 BMI 越高引体向上越少；男生 BMI 与 50m、立定跳远、坐位体前屈的检验值都大于 0.05 且没有显著性差异，说明身体素质中 50m、立定跳远、坐位体前屈不同对有氧啦啦操项目男生 BMI 不会造成明显影响。女生 BMI 与坐位体前屈的相关系数为 -0.332，Sig 值为 0.036 且小于 0.05，有显著差异，属于中度负相关，说明 BMI 的增加会导致女生坐位体前屈的相应减少，女生 BMI 与 800m、50m、1min 仰卧起坐、立定跳远的检验值都大于 0.05，没有显著性差异，说明身体素质中 800m、50m、1min 仰卧起坐、立定跳远不同对有氧啦啦操项目女生 BMI 不会造成明显影响。

(3)腰臀比与学生身体形态、身体素质相关分析

1)田径项目的学生腰臀比与学生身体形态、身体素质相关分析

表3-42 田径项目的学生腰臀比与学生身体形态、身体素质双变量相关分析

体质指标		腰臀比			
		男生（N=40）		女生（N=40）	
		Pearson	Sig	Pearson	Sig
身体形态	身高（cm）	0.282	0.078	0.273	0.089
	体重（kg）	0.647**	0.000	0.723**	0.000
身体素质	男1000m/女800m（分）	−0.318*	0.039	0.225	0.162
	50m（秒）	0.106	0.517	0.174	0.282
	男引体向上/女仰卧起坐（个）	−0.161	0.320	−0.152	0.350
	坐位体前屈（cm）	0.034	0.837	0.032	0.844
	立定跳远	−0.016	0.924	−0.151	0.351

注：N是样本数，Sig表示检验P值，* 表示 $P < 0.05$、** 表示 $P < 0.01$

如表所示：身体形态方面，男生腰臀比与体重的相关系数为0.647，Sig值为0.000且小于0.01，有显著性差异，属于高度相关，说明体重越大，腰臀比也相应的增大；腰臀比与身高概率值大于0.05，没有显著性意义。女生腰臀比与体重的相关系数为0.723，Sig值为0.000且小于0.01，有显著差异，属于高度相关，说明体重越大，腰臀比也相应的增大；腰臀比与身高概率值在显著水平之下，没有统计学意义。说明身体形态中身高不同对田径项目男生、女生腰臀比都不会造成明显的影响。

身体素质方面，男生腰臀与1000m的相关系数是-0.318，Sig值为0.039且小于0.05，有显著性差异，属于低度相关，说明随着腰臀比增加1000m成绩降低。男生腰臀比与50m、引体向上、立定跳远、坐位体前屈的检验值都大于0.05且没有显著性差异，说明身体素质中50m、引体向上、立定跳远、坐位体前屈不同对田径项目男生腰臀比不会造成明显影响。女生腰臀比与800m、50m、1min仰卧起坐、立定跳远、坐位体前屈的检验值都大于0.05且没有显著性差异。说明女生参加田径运动对腰臀比的影响比较小，可能在开展田径运动过程中运动量相对较少从而对女生的腰臀比没有直接性的影响。

2）篮球项目的学生腰臀比与学生身体形态、身体素质相关分析

表3-43　篮球项目的学生腰臀比与学生身体形态、身体素质双变量相关分析

体质指标		腰臀比			
		男生（N=40）		女生（N=40）	
		Pearson	Sig	Pearson	Sig
身体形态	身高（cm）	0.047	0.776	−0.208	0.198
	体重（kg）	0.539**	0.000	0.131**	0.419
身体素质	男1000m/女800m（分）	−0.438**	0.005	0.047	0.775
	50m（秒）	0.041	0.800	0.115	0.480
	男引体向上/女仰卧起坐（个）	−0.404**	0.010	0.140	0.387
	坐位体前屈（cm）	0.023	0.888	0.036	0.823
	立定跳远	−0.114	0.485	0.069	0.670

注：N是样本数，Sig表示检验P值，* 表示 $P<0.05$、** 表示 $P<0.01$

如表所示：身体形态方面，男生腰臀比与体重的相关系数为0.539，Sig值为0.000且小于0.01，有显著性差异，属于高度相关，说明体重越大，腰臀比也相应的增大；腰臀比与身高概率值大于0.05，没有显著性意义，说明身体形态中身高不同对篮球项目男生腰臀比都不会造成明显影响。女生腰臀比与身高、体重的概率值在显著水平之下，没有统计学意义，说明身体形态中身高、体重不同对篮球项目女生腰臀比都不会造成明显影响。

身体素质方面，男生腰臀比与1000m的相关系数是-0.438，Sig值为0.005且小于0.01，有显著性差异，属于高度负相关，说明随着腰臀比增加1000m成绩降低。男生腰臀比与引体向上的相关系数是-0.404，Sig值为0.010且小于0.01有显著差异，属于高度负相关，即腰臀比越高引体向上越少；男生腰臀比与50m、立定跳远、坐位体前屈的检验值都大于0.05没有显著性差异，说明身体素质中50m、立定跳远、坐位体前屈不同对篮球项目男生腰臀比不会造成明显影响。女生腰臀比与800m、50m、1min仰卧起坐、立定跳远、坐位体前屈的检验值都大且没有显著性差异；说明女生参加篮球运动对腰臀比的影响比较小，可能是开展的篮球运动过程中运动量相对较少从而对女生的腰臀比没有直接影响。

3）足球项目的学生腰臀比与学生身体形态、身体素质相关分析

表3-44 足球项目的学生腰臀比与学生身体形态、身体素质双变量相关分析

体质指标		腰臀比			
		男生（N=40）		女生（N=40）	
		Pearson	Sig	Pearson	Sig
身体形态	身高（cm）	0.071	0.665	0.488*	0.001
	体重（kg）	0.707**	0.000	0.787**	0.000
身体素质	男1000m/女800m（分）	0.248	0.122	−0.025	0.879
	50m（秒）	−0.019	0.909	−0.256	0.111
	男引体向上/女仰卧起坐（个）	−0.073	0.656	0.125	0.443
	坐位体前屈（cm）	−0.176	0.277	−0.390*	0.013
	立定跳远	0.054	0.741	−0.025	0.879

注：N是样本数，Sig表示检验P值，* 表示 $P<0.05$、** 表示 $P<0.01$

如表所示：身体形态方面，男生腰臀比与体重的相关系数为0.707，Sig值为0.000且小于0.01，有显著性差异，属于高度相关，说明体重越大，腰臀比也相应的增大；腰臀比与身高概率值大于0.05，没有显著性意义，说明身体形态中身高不同对足球项目男生腰臀比都不会造成明显影响。女生腰臀比与体重的相关系数为0.787，Sig值为0.000且小于0.01，有显著差异，属于高度相关，说明体重越大，腰臀比也相应的增大；腰臀比与身高的相关系数是0.488，Sig值为0.001且小于0.01，有显著差异，属于高度相关，说明身高增加腰臀比也会有一定的增加。

身体素质方面，男生腰臀比与1000m、50m、引体向上、立定跳远、坐位体前屈的检验值都大于0.05没有显著性差异，说明男生参加足球运动对腰臀比的影响比较小，可能是开展的足球运动过程中运动量相对较少从而对男生的腰臀比没有直接性的影响。女生腰臀比与坐位体前屈的相关系数为-0.390，Sig值为0.013且小于0.05，有显著差异，属于中度负相关，说明腰臀比增加会导致坐位体前屈的减小，女生腰臀比与800m、50m、1min仰卧起坐、立定跳远的检验值都大且没有显著性差异。说明身体素质中800m、50m、1min仰卧起坐、立定跳远不同对足球项目女生腰臀比不会造成明显影响。

4)有氧啦啦操项目的学生腰臀比与学生身体形态、身体素质相关分析

表3-45 有氧啦啦操项目的学生腰臀比与学生身体形态、身体素质双变量相关分析

体质指标		腰臀比			
		男生（N=40）		女生（N=40）	
		Pearson	Sig	Pearson	Sig
身体形态	身高（cm）	0.047	0.776	−0.237	0.141
	体重（kg）	0.582**	0.000	0.629**	0.000
身体素质	男1000m/女800m（分）	−0.438**	0.005	0.35	0.144
	50m（秒）	0.041	0.800	0.102	0.531
	男引体向上/女仰卧起坐（个）	−0.404**	0.010	0.143	0.378
	坐位体前屈（cm）	0.023	0.888	−0.350*	0.019
	立定跳远	−0.114	0.485	−0.044	0.785

注：N是样本数，Sig表示检验P值，* 表示 $P < 0.05$、** 表示 $P < 0.01$

如表所示：身体形态方面，男生腰臀比与体重的相关系数为0.582，Sig值为0.000且小于0.01，有显著性差异，属于高度相关，说明体重越大，腰臀比也相应的增大；腰臀比与身高概率值大于0.05，没有显著性意义。女生腰臀比与体重的相关系数为0.629，Sig值为0.000且小于0.01，有显著差异，属于高度相关，说明体重越大，腰臀比也相应的增大；腰臀比与身高概率值在显著水平之下，没有统计学意义，说明身体形态中身高不同对有氧啦啦操项目男生、女生腰臀比都不会造成明显影响。

身体素质方面，男生腰臀比与1000m的相关系数是-0.438，Sig值为0.005且小于0.01，有显著性差异，属于高度负相关，说明随着腰臀比增加1000m成绩降低。男生腰臀比与引体向上的相关系数是-0.404，Sig值为0.010且小于0.05有显著差异，属于中度负相关，即腰臀比越高引体向上越少；男生腰臀比与50m、立定跳远、坐位体前屈的检验值都大且没有显著性差异，说明身体素质中50m、立定跳远、坐位体前屈不同对有氧啦啦操项目男生腰臀比不会造成明显影响。女生腰臀比与坐位体前屈的相关系数是-0.350，Sig值为0.019且小于0.01，有显著性差异，属于中度负相关，说明随着腰臀比增加坐位体前屈成绩降低。女生腰臀比与800m、50m、1min仰卧起坐、立定跳远的检验值都没有显著性差异。说明身体素质中800m、50m、1min仰卧起坐、立定跳远不同对有氧啦啦操项目女生腰臀比不会造成明显影响。

4. 初中学生课外体育活动适宜开展运动项目分析

根据"学生为本，健康第一"的教学理念原则，课外体育活动作为学校体育的重要组成部分，对于学生体质增强、健康水平的提高，以及对学生运动兴趣的培养、习

惯的养成、学生终身体育的思想都有重要影响；课外体育活动的开展还可以帮助纠正初中学生因繁重课业负担造成的不良身体习惯，并消除其对初中学生身体成长、发育的不良影响。现在的课外体育活动开展情况不能满足学生的运动需求，并且课外体育活动开展也存在着组织者任务不清和开展课外体育活动场地利用率，体育锻炼是增强初中学生体质最健康、最有效的途径。

体脂百分比、腰臀比、BMI 保持在正常范围内有利于健康，若体质百分比过高，表明运动不足或营养过剩，会使高血压、高血脂症、冠心病、动脉硬化、糖尿病等病症的发病率增高，如果机体的体脂百分比过低，在体脂含量的安全下限以下，将会引起功能性失调的比例严重增加。首先，身体成分与学生身体形态、身体素质相关分析看出，体脂百分比、BMI、腰臀比相关性男生比女生的显著性要强一些，说明体脂百分比、BMI、腰臀比对男生的体质健康标准影响相对较大，可以通过改善这几个指标来提升学生体质健康，或者是通过提高学生体质从而改善身体成分。

其次，有相关分析的支持，应加大学校及初中学生对于课外体育活动的重视，在校参加课外体育活动可以培养学生的自主性和灵活性，调动学习积极性，对于其他文化课程的学习也有着整体效益关联。

最后，不同运动项目的健康体适能身体成分对比让我们知道具体问题具体分析，具体解决的效果；在了解篮球运动学生、田径运动学生、有氧啦啦操运动学生、足球运动学生身体成分的具体情况下，开展有针对性的、可进行性的、多样化的课外体育活动，例如，针对体脂百分比、BMI、腰臀比较高的学生，男生最有效的是：第一多组织篮球运动；第二有氧啦啦操运动，第三是足球运动及田径运动；女生课外体育活动开展最有效的是：第一，有氧啦啦操，第二是足球运动及田径运动，第三是篮球运动；参与不同的运动项目可以调解学生参与体育活动的兴趣及改善学生体质健康。

学生健康体适能比较看出有氧啦啦操运动、田径运动、篮球运动、足球运动；其中女 800 米 / 男 1000 米中，男生和女生都显示篮球运动、足球运动、田径运动的成绩较好，心肺耐力相对较好，有氧啦啦操的成绩相对较低，心肺耐力也就相对略低；在男引体向上 / 女仰卧起坐中，男生和女生有氧啦啦操和田径运动的学生相对成绩比较好，也就是说肌力比较好，另外篮球运动和足球运动的差别不大；在立定跳远中，男生和女生都显示篮球运动的成绩较好说明篮球运动的爆发力最好，有氧啦啦操、足球运动和田径运动的差别不大；在 50 米中，男生和女生篮球运动和有氧啦啦操运动的成绩相对较好，也就是瞬发力较好，足球运动和田径运动的相对较弱且差别不大；在坐位体前屈中，男生的有氧啦啦操最好，说明有氧啦啦操的学生柔韧性最好,其他田径运动、足球运动、篮球运动的成绩相差不大,女生的有氧啦啦操最好,说明参加有氧啦啦操的学生柔韧性最好,其次是篮球运动和田径运动较好,参加足球运动的学生柔韧性相对这几个项目是最弱的。

由对比结果看出进行合理、多元化的课外体育活动安排,可改善并提高身体素质,减少肥胖率,积极参加课外体育活动能有效地提高学生的体质健康,改善学生身体成分,从而使其有充足的体力与精力投入到当前学习生活中,并能够培养学生良好的运动习惯和养成积极参与运动的健康心态,在关注以人为本的教育理念及推行素质教育的今天,具有重大意义。进行长期的有氧锻炼对人体成分的改变和防止肥胖的发生都有一定的促进作用,但减轻体重的作用不明显,因为人的体重、体脂百分比除与长期运动有关外,还与遗传、生活方式、饮食习惯有关,不要单纯以体重变化来衡量参与课外体育活动锻炼的效果;保持经常性的运动是减小机体体脂百分比和控制体重的有效手段,脂肪是人体变化较大的身体成分之一,长期坚持运动能明显改善学生体质。初中学生如果能拥有较高的有氧适能也就能同时拥有健康的心血管功能。

5.结论

(1)学生健康体适能测试可以看出:心肺耐力运动项目较好的是足球、有氧啦啦操与田径;肌力和肌耐力运动项目较好的是田径与篮球;爆发力运动项目较好的是田径与篮球;柔韧性运动项目较好的是有氧啦啦操;其中所有项目篮球、田径相对学生体质健康标准发展比较均衡。

(2)身体成分与学生身体形态、身体素质相关分析得出,男生身体成分与学生身体形态和身体素质的相关性指标多于女生,其中相关性第一是篮球运动学生与学生身体形态、身体素质的相关指标最多,第二是有氧啦啦操运动学生,第三是田径运动学生,最后是足球运动学生。

(3)体脂百分比中篮球运动与学生身体形态、身体素质相关分析的指标是男生体重、1000米、引体向上、立定跳远,女生800米与体重;田径运动与学生身体形态、身体素质相关分析的指标男生与女生都是身高、体重;足球运动与学生身体形态、身体素质相关分析的指标男生是体重与立定跳远,女生是体重与50m;有氧啦啦操运动与学生体质相关分析指标男生是体重、1000米、引体向上,女生800米与体重;

(4)BMI中篮球运动与学生身体形态、身体素质相关分析的指标男生是体重、1000米、引体向上,女生是体重;田径运动与学生身体形态、身体素质相关分析的指标是体重、男1000米/女800米;足球运动与学生身体形态、身体素质相关分析的指标男生是体重，女生是身高、体重、800m；有氧啦啦操运动与学生身体形态、身体素质相关分析指标男生是体重、1000米、引体向上，女生是体重、坐位体前屈；

（5）腰臀比中篮球运动与学生身体形态、身体素质相关分析指标。男生是体重、1000米、引体向上，女生则无任何相关指标；田径运动与学生身体形态、身体素质相关分析指标男生是体重、1000米，女生是体重；足球运动与学生身体形态、身体素质相关分析指标男生是体重，女生是身高、体重、坐位体前屈；有氧啦啦操运动与学生身体形态、身体素质相关分析指标男生是体重、1000m、引体向上，女生是体重、坐位体前屈。

3.4.2 长跑有氧运动案例分析

1.研究对象

在贵州省选取三所中学，每个学校随机抽取2个班级进行抽样调查。发放问卷386份，收回362份，同时对六个班级学生的有氧体适能进行测量。有氧体适能测量以《国家学生体质健康标准（2014年修订版）》所提供的指标为依据，对男生1000米跑、女生800米跑进行测量。剔除无效问卷和有氧体适能测试缺失的样本，有效样本为323人。学生基本情况见表3-46。

表3-46 学生基本情况统计表

年级	年龄（岁）	身高（cm）	体重（kg）	
七	男生（58）	14.71±0.88*	150±7.99*	37.17±8.75
	女生（59）	13.34±4.16	146.97±5.49	36.05±8.89
八	男生（55）	15.64±0.70	153.76±9.29	44.25±8.59
	女生（59）	15.85±1.05	151.20±5.94	45.08±6.52
九	男生（49）	16.18±2.55	159.98±6.12**	50.84±6.92**
	女生（43）	16.16±0.84	152.44±4.39	46.30±5.12

注：*表示$0.01 < P \leq 0.05$，男、女差异具有显著性；**表示$P \leq 0.01$，男、女差异具有非常显著性。

2.研究方法

（1）文献资料法

本书通过中国知网、独秀知识库、Emerald外文数据库、EB-SCOhost等国内外数据库收集了关于体育锻炼动机（Physical activity motivation）、体育锻炼（physical activity）、体质水平（physical fitness）、有氧体适能（cardiorespiratoryitness）等方面

的文献,通过对文献资料的阅读、整理与分析,为本课题的研究提供了参考。

(2)问卷调查法

采用 Ryan,Frederick,Lepes,Rubio & Sheldon 等人于 1997 年制定的关于体育锻炼动机的问卷(MPAM)。该问卷将动机分为兴趣与愉快、能力感、外貌、健康和社会关联动机等五个维度,其中兴趣与愉快、能力感、社会关联为内部动机,健康、外貌维度为外部动机。Ryan 和 Frederick 对该量表的信度和效度进行了检验,并得到较好的结果。国内研究者对该量表的信度和效度进行了检验,认为信度和效度达到可接受的水平,具有较好的信度和效度。该量表五个维度由 30 个条目组成,各分量表均采用 Likert7 点量表,从"1 完全不符合到 7 完全符合,验证性因子分析表明 $x2/df = 2.499$,$RMSEA = 0.068$,$NFI = 0.976$,$IFI = 0.986$,$CFI = 0.985$,$RFI = 0.953$,$TLI = 0.971$,$GFI = 0.985$。吴明隆认为,NFI、IFI、CFI、RFI、TLI、GFI 等值位于 0.90 以上为可接受水平,越接近 1 越优。X2/DF 值介于 1~3 之间模型适配良好,$RMSEA < 0.08$ 适(越小越好),以上表明数据与模型拟合符合标准,因此,本研究运用的体育锻炼动机量表具有较好的结构效度。各分量表的克朗巴赫 α 系数为 0.676-0748,总量表的克朗巴赫 α 系数达 0.89,说明量表具有较好的信度。体育锻炼行为采用体育活 动等级量表(PARS-3)进行测量,其量表共 3 个条目,包括锻炼的强度、锻炼的时间和锻炼的频率。该量表已经被学者们广泛使用,其信度和效度得到一致认可。两份量表由各班体育老师利用体育课时间在课室内进行测试,测试前老师对学讲解了测试要求,要求学生互不干扰、认真地完成测试,测试结束后,体育教师收回发放的问卷。

(3)测试法

为了准确测量学生有氧体适能,利用三所学校进行体质测试的机会,通过与三所学校体育教师进行联系,于 2014 年 9 月下旬选派测试员分别到六个班级进行测试,测试方法按《国家学生体质健康标准解读》中的有关要求进行。

(4)数理统计法

运用 SPSS20.0 和 AMOS20.0 软件对数据进行处理。

1)动机量表数据处理:对反向得分项目进行调整后,以各分量表得分均值作为分量表的数。有氧体适能数据处理:通过测试学生 1000 米或 800 米的成绩后,依据《国家学生体质健康标准(2014 年修订版)》进行评分,评分所得分数表示学生的有氧体适能。体育锻炼行为数据处理:按运动训练学计算运动负荷的公式即运动负荷 = 锻炼时间 × 锻炼强度 × 锻炼频率,用运动负荷所得分数来表示学生体育锻炼行为。

2）运用相关分析探讨体育锻炼动机、行为及有氧体适能的相关性。

3）运用回归分析探讨动机对体育锻炼行为、有氧体适能的预测作用和体育锻炼行为对有氧体适能的预测作用。

4）运用路径分析检验动机、体育锻炼行为影响有氧体适能的途径以及体育锻炼行为所起的中介效应。

3.结果与分析

（1）学生体育锻炼动机、行为和有氧体适能的基本情况及相关分析结果

表3-47显示，体育锻炼动机各维度的均值由高到低依次为健康维度、愉快维度、能力维度、社会关联维度、外貌维度。Pearson相关结果显示，锻炼强度与有氧体适能没有相关性，锻炼时间与锻炼次数、外貌动机没有相关性，锻炼次数与外貌动机维度、健康动机维度没有相关性。体育锻炼行为（体育锻炼运动负荷得分）与有氧体适能和动机各维度相关具有显著性（$P < 0.01$）。动机各维度之间呈现出中度或低度的相关性。

表3-47 学生体育锻炼动机、行为和有氧体适能的基本情况及相关分析统计表

	平均值	标准差	1	2	3	4	5	6	7	8	9	10
1锻炼强度	2.87	1.19										
2锻炼时间	2.49	1.07	0.245*									
3锻炼次数	3.40	1.02	0.115*	0.090								
4运动量	26.03	20.62	0.637**	0.725**	0.481**							
5有氧适能	86.94	13.19	0.089	0.128*	0.139*	0.170**						
6愉快维度	5.13	0.97	0.204**	0.251	0.269**	0.306**	0.217**	0.724α				
7胜任维度	4.81	1.06	0.262**	0.226**	0.188**	0.318**	0.142**	0.614**	0.748α			
8外貌维度	4.06	1.27	0.185	0.085	0.042	0.153**	0.016	0.263**	0.444**	0.743α		
9健康维度	5.18	1.00	0.234**	0.210**	0.100	0.263**	0.097	0.486**	0.589**	0.360**	0.676α	
10社会关联	4.79	1.05	0.181**	0.222**	0.143**	0.283**	0.178**	0.518**	0.532**	0.305**	0.463**	0.691α

注：*表示$0.01 < P \leq 0.05$；**表示$P \leq 0.01$；α表示各分量表克朗巴赫系数

（3）学生体育锻炼动机、行为和有氧体适能的回归分析。研究运用回归分析，分别探讨了体育锻炼动机对体育锻炼行为和有氧体适能的预测作用，以及体育锻炼行为对有氧体适能的预测作用。由表3-48可知，体育锻炼动机的各维度均可对青少年体育锻炼行为有正向的预测作用，进一步比较发现，各维度对体育锻炼的预测能力

分别为：能力维度（β = 0.318）＞愉快维度（β = 0.306）＞社会关联（β = 0.283）＞健康维度（β = 0.263）＞外貌维度（β = 0.153）。体育锻炼行为对有氧体适能具有显著性的预测作用，β = 0.170，P = 0.002 ＜ 0.01。

表3-48 学生体育锻炼动机、行为和有氧体适能的回归分析

	体育锻炼行为				有氧体适能			
	β	P	R^2	F	β	P	R^2	F
体育锻炼动机			0.119	9.713**			0.042	3.840*
愉快维度	0.306	0.000	0.091		0.217	0.000	0.044	
能力维度	0.318	0.000	0.098		0.142	0.011	0.017	
外貌维度	0.153	0.006	0.020		0.016	0.774	−0.003	
健康维度	0.263	0.000	0.066		0.097	0.082	0.006	
社会维度	0.283	0.000	0.077		0.178	0.001	0.029	
体育锻炼行为					0.170	0.002	0.026	9.567**

注：* 表示 0.01 ＜ P ≤ 0.05，差异具有显著性；** 表示 P ≤ 0.01，差异具有非常显著性。

（3）促进青少年有氧体适能与体育锻炼行为的模型分析

依据前文中图 3-45 提出的两种假设模型，采用 AMOS20.0 构建完全中介和部分中介两个假设模型；模型1为完全中介模型，即体育锻炼动机通过体育锻炼行为来间接影响有氧体适能。模型2是部分中介模型，即体育锻炼动机影响有氧体适能有两条路径，第一条路径为体育锻炼动机直接影响有氧体适能，第二条路径是体育锻炼动机通过体育锻炼行为来间接影响有氧体适能。

表4-49 输出了两个模型的各项拟合指标。

模型	x^2	df	x^2/df	RMSEA	CFI	NFI	RFI	IFI	GFI
模型1：完全中介	27.119	14	1.937	0.054	0.977	0.954	0.932	0.977	0.976
模型2：部分中介	21.622	13	1.663	0.045	0.985	0.964	0.941	0.985	0.980

表 4-49 显示，两个模型拟合效果均达到了接受水平。比较发现，模型 1 中 χ^2 值为 27.119，且 P = 0.09 ＜ 0.05，模型 2 中 χ^2 值 = 21.622，P = 0.065 ＞ 0.05。吴明隆认为，卡方值越小表示整体模型的因果路径图与实际资料越适配，一个不显著的卡方值表示模型的路径图与实际数据不一致的可能性较小，而一个显著的 χ^2 值表示理论模型估计矩阵与观察数据矩阵是不适配的。另外，侯杰泰，温忠麟等人（2004）认为 RMESEA 在 0.08 以下（越小越好），CFI、NFI、RFI、IFI、GFI 在 0.90 以上（越大越好），所拟合的模型是一个好模型。与模型 1 相比，模型 2 不仅

RMESEA 下降了 0.01，CFINFI、RFI、IFI、GF 等值也提升了 0.01，$\Delta \chi^2 = 5.52$，$\Delta df = 1$，$p < 0.05$，因此，本研究接受模型 2 即部分中介模型,其路径图如图 4-50。对于中介效应的检验,采用邱皓证（2009）介绍的方法估计间接效应、直接效应及相应的 p 值,见表 5-51。由 3-50 和表 3-51 可知,体育锻炼动机可直接影响青少年有氧体适能和体育锻炼行为,其直接效应分别是 0.154、0.39,体育锻炼行为对有氧体适能产生了显著影响,效应值为 0.11。图 3-50 及表 3-51 显示了体育锻炼动机通过体育锻炼行为间接影响有氧体适能,其间接效应为 0.04。体育锻炼动机对有氧体适能的总效应为 0.19。

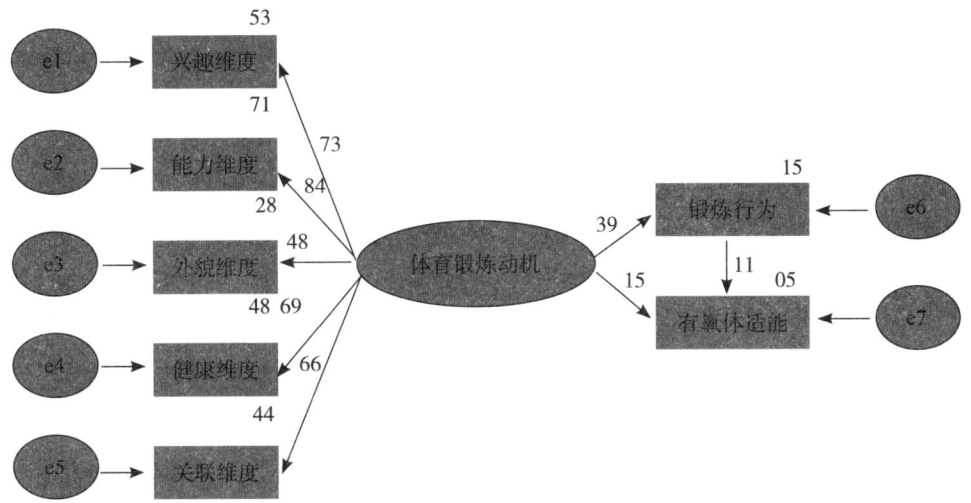

图 3-50　促进有氧体适能和体育锻炼行为的动机路径图

表 3-51　部分中介模型外源变量与内生变量的效应分解

		有氧体适能		体育锻炼行为	
		β	P	β	P
动机	直接效应	0.145	0.020	0.039	0.000
	间接效应	0.043	0.034	—	—
	总效应	0.197	0.019	0.039	—
体育锻炼行为	直接效应	0.110	0.049	—	—
	间接效应	—	—	—	—
	总效应	0.110	0.049	—	—

4.分析与讨论

（1）体育锻炼动机对体育锻炼行为和有氧体适能的影响

回归分析显示,体育锻炼动机的各个维度都能显著正向预测育锻炼行为,验证了研究假设 H1 的成立。比较发现，内部动机（愉快维度、能力维度和关联维度）比外部动机（健康动机和外貌动机）更能预测体育锻炼行为。DanaMLitt（2011）等人研究了 9011 名青少年体育锻炼动机与体育锻炼行为的关系，研究发现内部动机（通过体育锻炼认识新朋友、与朋友一起玩耍及娱乐）比外部动机（外貌动机、使父母高兴）更能显著预测体育锻炼行为。自我决定理论认为，心理需要（能力、关联和自主）的满足是促进个体人格及认知结构成长与完善的条件，三种心理需要是普适的，与生俱来的，所有个体都是为了满足这些需要而努力。

　　当青少年在体育锻炼的过程中感受到了乐趣，体验到了自己能很好地完成这项运动以及与同学、朋友一起进行体育锻炼感受到一种归属感，这些心理需要的满足会促进青少年参与体育锻炼。由此可见，体育锻炼的内部动机是青少年从事体育锻炼和坚持体育锻炼的重要因素。同样，外部动机也不能忽视教师、家长的鼓励、支持和奖赏同样能促进青少年进行体育锻炼，为了考试达标、健身和减肥等外部动机可能是青少年进行体育锻炼的最初动机，自我决定理论认为外部动机能够转化成内部动机，因此，充分利用孩子的外部动机促使青少年进行体育锻炼是必要手段，但更要注重外部动机向内部动机的转化，才能使青少年进行体育锻炼的长期性、坚持性得到保障。AMOS 分析显示，动机能显著预测有氧体适能，验证了研究假设 H3，动机水平越高的学生其有氧体适能的成绩越好。

　　动机对有氧体适能的影响可能是在体育锻炼过程中，具有较高动机的学生能充分利用锻炼的机会，认真、主动、积极地去完成各项任务，而动机水平不高或无动机的学生可能敷衍、被动地去完成各项任务。这种动机上的差异会导致学生的体育锻炼负荷、运动量有所不同。有的学生虽然被动地参与了学校的体育课、课外活动，但"出工不出力"，要么站着，要么坐着或只当一个"观看者"，没有达到体育锻炼的效果。从我国中小学育教学的现状来看，每个班级的学生达 60 多人，一堂体育课除去集合整队、讲解示范的时间，学生自主练的时间不到 20 分钟，再加上场地器材的有限及人数的众多，一堂课学生练习的强度和量会很低，如果学生不积极投入到体育锻炼中去，将达不到体育锻炼的效果。课外活动给予学生自主锻炼的机会，这更需要学生具有较高的动机水平，才能促进学生达到锻炼的效果。

　　（2）体育锻炼行为对有氧体适能的作用

　　研究结果表明，体育锻炼行为能显著预测有氧能力，体育锻炼行为的得分越高，其有氧体适能成绩越好，检验了研究假设 H2。回归分析显示，体育锻炼次数和体育锻炼的时间能显著预测有氧能力，其 β 值分别为 $0.139（P=0.012<0.05）$，0.128

（$P = 0.022 < 0.05$）。AMOS 分析结果显示，体育锻炼行为对有氧能力的效应值为 0.11（$P < 0.05$）。Beets，Beighle 等人的一项 meta 分析表明，有规律的体育锻炼能促进有氧体适能。Justin Bmoore 等人通过加速传感器客观测量 441 名青少年的身体活动水平和久坐不动的时间，研究发现高等强度的身体活动水平与有氧体适能正相关。Gutin（2005）和 Hay（2012）等人的横向、纵向研究表明应该多鼓励青年进行有规律的、高强度的体育锻炼，因为高强度的身体活动水平能有效促进青少年有氧体适能的提高。Tremblay（2011）等人对 15 项关于久坐不动的时间与有氧体适能关系的研究进行了综述，研究发现青少年久坐不动的时间越多，其有氧体适能水平越低。本研究对身体活动的测量采取的是学生自我报告，其结果与以上研究结果具有一致性。我国学者关于体育锻炼与有氧体适能的关系进行了大量的研究，其研究结果也支持体育锻炼影响有氧体适能的水平。

（3）体育锻炼的中介效应分析

路径分析显示，体育锻炼动机对有氧体适能有着直接正向的预测作用，其效应量为 0.15。体育锻炼动机还通过体育锻炼行为间接影响有氧体适能，间接效应为 0.04，中介效应的比例为 21.1%。这一结果验证了研究假设 H4，体育锻炼行为在体育锻炼动机与有氧体适能之间扮演着非常重要的作用。体育锻炼行为是体育锻炼动机与有氧体适能的重要桥梁，在促进青少年身心健康方面起着举足轻重的作用。体育锻炼对青少年儿童而言有着特定的意义，不仅促进孩子们健康成长，积极影响孩子们的社会化，而且还有助于他们认知能力的提高，为此，学校、家庭和社区应该创造有利的环境，并将环境因素与个体的体育锻炼行为联接到一起，从而激发青少年体育锻炼的内部动机和外部动机及外部动机内化。老师、父母激发青少年体育锻炼动机要致力于满足学生心理需要，注重外部动机内化的思想。青少年参与体育锻炼完全由兴趣、愉快等内在动机推动是极少见的，大多数青少年参与体育锻炼都是由考试达标、重要他人（老师、父母）的奖励与约束、健身和塑形等外部动机推动的。在体育教学情境中，体育教师要充分利用外部动机，使参与体育锻炼的学生能在其中体验到身体运动带来的愉悦感，使学生能体验到成功完成一项运动技术和突破运动成绩的成功感，使学生感受到在体育运动中充分发挥技术和体能的自主感。这样才能有效地满足学生心理的需要，促进外部动机向内部动机的转化，使青少年参与并坚持体育锻炼，提高身心健康。

5.结论与建议

（1）结论

1）体育锻炼动机能正向预测体育锻炼行为；体育锻炼动机能正向预测有氧体适

能；体育锻炼行为能正向预测有氧体适能。

2）体育锻炼动机对体育锻炼行为和有氧体适能预测的地位不一，均表现出愉快维度、能力维度、关联维度等内部动机比健康维度、外貌维度等外部动机更具有预测能力。

3）结构方程模型拟合结果支持体育锻炼行为的部分中介作用，即体育锻炼动机影响有氧体适能有两条路径，第一条是直接影响，第二条是通过体育锻炼行为间接影响。

（2）建议

1）家庭、学校和社区应积极创造有利于激发学生体育锻炼动机的环境，促进青少年参与体育锻炼，从而提高体质健康水平。

2）在教学情景中，体育教师要以体育锻炼外部动机为抓手，合理利用奖励、批评、考试和比赛等策略，通过满足学生的心理需求逐步使青少年体育锻炼外部动机转化为内部动机。

3）在家庭情境中，父母要利用榜样的作用，支持、鼓励孩子参与体育锻炼，让青少年感受到参与体育锻炼的自主性、愉悦性、胜任感和归属感，从而形成稳固的内部动机，最终促进体育锻炼和体质水平的提高。

3.5 耐力跑不达标大学生指标特征及相关分析——河北省案例

3.5.1 河北省大学生耐力跑成绩情况

据河北省2013年62所高校大学生体质测试相关数据资料统计得出：河北省62所高校2013年体质测试人数为665934名，其中男生292530名，女生373404名，耐力跑不及格的大学生为214216名（男生104145名，女生110071名），占总人数的32.17%，然而，男生耐力跑不达标（104145名）的流行率为35.6%；女生耐力跑不达标（110071名）的流行率为29.5%。所占比例相对较大，需进一步加强对耐力跑不达标大学生的高度关注。

2013年河北师范大学体测的总人数为17562名，其中包括男生5053名，女生12509名。男生耐力跑不及格的大学生为1070名，男生耐力跑不达标流行率为21.2%；女生耐力跑不及格的大学生为951名，女生耐力跑不达标流行率为7.6%。

2014年河北师范大学体测的总人数为14693名，其中包括男生4300名，女生

10393 名。男生耐力跑不及格的大学生有 1176 名,耐力跑不达标流行率为 27.3%;女生耐力跑不及格的大学生有 1145 名,耐力跑不达标流行率为 11.0%。

3.5.2 问题提出

当今时代,人类的生活水平不断提升,健康理念深入民心,人们以更加理性的态度来看待生命体的漫长历程,健康位居幸福生活的首位。但有报告显示:大学生各方面身体素质继续呈现小幅度下降态势,对于提高体适能的健康水平不容忽慢。相关研究证实,耐力跑成绩不达标与体适能各要素水平有一定的相关性。如果耐力跑成绩不达标,那么体适能各指标整体总分的综合评级是否也差,以及哪项测试指标与不达标大学生的耐力跑成绩更为密切相关,目前尚未见到详细的文献报道,因此耐力跑不达标大学生体适能指标特征及相关分析值得进一步研究。

3.5.3 研究对象与方法

1.研究对象

依据《国家学生体质健康标准》测试中耐力跑(男生 1000 米、女生 800 米)单项成绩为标准(耐力跑成绩不达标具体范围是:低年级大一大二的男生 >272 秒,高年级大三大四的男生 >270 秒;低年级大一大二的女生 >274 秒,高年级大三大四的女生 >272 秒),对河北师范大学 2013 年学生体质测试实计上报数据进行分析筛查,得出实计上报总人数为 17562 人,耐力跑不达标的为 2021 人,男生 1070 人,女生 95 人,通过打电话预约的方式,共募集到耐力跑不达标的大学生 162 人,男生 78 人和女生 84 人,并作为研究对象。

2.研究方法

(1)文献资料法

通过河北师范大学图书馆资源,阅读有关体质、体适能及健康体适能等相关书籍,并以"低心肺耐力""大学生体质""健康体适能"等关键词在中国知网(CNKI)数据库中进行文献查阅,并进行分类和归纳总结,提供参考基础。

(2)测量法

选用河北师范大学体育楼实验室内统一的测试器材,进行 9 项指标的测试工作。

1)健康体适能指标测量

身体成分:受试者穿单薄衣服,将身上的金属物品去除掉,赤足站立到仪器的脚部电极位置,双手轻轻握好手部电击棒位置,拇指轻轻按压住电极钮即可,头部正直,眼睛目视正前方,以立正姿势站 2-3 分钟后,(注意:2-3 分钟期间拇指一直处于按压状态)仪器的屏幕上即可迅速地测出受试者身体组成的具体成分并在界面显示出来。

肺活量:将一次性吹嘴和仪器进行严密固定的安装,先进行一至两次的深呼吸,然后深吸一大口气,对准吹嘴,尽力呼出气体,竭尽全力,直到不能呼出,在整个过程中不能半途再次吸入气体。仪器屏幕显示的数字即为毫升值。以毫升为单位,不保留小数。测两次取最大值。

心肺耐力:本书测试中用到的是 VO2000 便携式气体代谢分析仪。在实验室功率自行车 Ergoline900 上进行线性递增负荷运动。前 3 分钟为热身时间,负荷 25W,之后的起步运动负荷为男生 75W,女生 50W,按每 1 分钟线性递增 25W 的速度增加负荷,直到最终力竭。在运动过程中需保持功率自行车的转速为 60-65 转,掌握好节奏运动。整个过程中用便携式气体代谢分析仪搜集摄氧量情况。运动后,静坐在仪器旁,进行安静恢复,此时,Breeze 软件自动显示测试结果。若是中途不能坚持运动,应立刻结束,并分析测试结果。

肌肉耐力:

①男生俯卧撑,双臂伸直撑到地面垫子上,手指自然向前放置,双手之间的距离与两肩同宽,躯干挺直,手臂弯屈,保持身体平直尽量下降,达到肩部和肘部在一个水平面,然后撑起,恢复到开始的状态,此时记录一次。注意动作的规范性。

②女生仰卧起坐,自然坐下成仰卧姿势到地面软垫上,双腿屈膝成 90°,搭档按压双踝部位。受试者双手交叉抱于头部,用力使上身缩卷至双肘与双膝碰触,即为完成一次动作。上半身仰卧平躺时肩胛部位必须接触垫子。一分钟计时。注意:一分钟结束时,需是一次完整的动作,否则不算该次。肌肉力量:有力手持握力计手柄处,掌心向内,躯干直立,双臂放松自然下垂,用全力逐渐紧握手柄,发力至最大水平,仪器上的数值不再发生变化,此时为完成一次。注意:用力时禁止摆动双臂;手和握力计不能接触到衣服;若不能辨别有力手,可双手均测,记录最大值。柔韧性:测试人员将测量挡板缓慢拉至 -20 厘米以外的起始处,受试者在垫子上呈自然坐位姿势,双腿保持平直,双脚放到仪器的固定位置,上半身尽量向前弯屈,双手并拢,用指尖尽量缓慢推动测量挡板向前,达到极限。注意测量时不能突然前伸,膝盖不能弯曲,保持平直。然后记录测试结果。

2)平衡性、爆发力、反应时指标测量

平衡性:双眼紧闭,身体自然站直,仔细听测试人员给出的"开始"命令,然后,将任意一只脚抬起,测试工作人员同步开始计时,若受试者身体明显晃动,支撑脚移动位置或抬起的那只脚触及到地面,则马上停表。测试两次,取最好成绩。

爆发力:身体放松,双脚先后站到踏板位置处,双臂自然向后摆动,膝盖弯屈,利用蹬腿和摆臂尽量竖直向上跳起,膝盖保持平直,落地瞬间可以弯屈缓冲。做完两次动作,取最好成绩,记录结果。注意:起跳的那一瞬时,双脚不能出现移动或垫步。

灵敏:身体站到测试仪正前方,将中指按住"启动键"按钮,此时,保持注意力集中,等待指示信号提醒,当看到信号的时候(声、光同步发出),立刻去按该按钮;信号按钮光灭后,中指再次按到"启动键"按钮,等待下一次,共有五次机会。完成五次全部应答后,所有按钮健都会同步发出提醒的光和声,表示一次测试结束。测试两次,取最好成绩。

(3)数理统计法

对所获取的测试数据运用 Excel 进行归类和整理,并运用 Spss18.0 软件对所涉数据进行皮尔森相关分析。对低心肺耐力大学生体适能指标的特征进行分析,采用均值分析(描述性分析),结果用平均数 ± 标准差($x \pm s$)的方式表示,体适能指标的相关分析,采用的是皮尔森相关分析方法,统计结果 $P<0.05$ 具有显著性差异,$P<0.01$ 具有非常显著性差异。

3.5.4 研究结果

1.耐力跑不达标大学生体质测试成绩

(1)河北省耐力跑不达标大学生单项成绩特征

研究首先采用二手数据分析方法,对 2013 年河北省 62 所高校耐力跑不达标大学生体质测试数据进行了大量的分析和筛选,具体过程如下:对河北省 62 所高校 2013 年的大学生体质测试实计上报数据,并进行初步分析处理,发现这么一个现象:副本 14 保定学院和副本 48 河北师范大学汇华学院上报的多条数据中存在大量的错误,即身高 80cm、体重 14kg、肺活量 500ml、50 米跑 20s、立定跳远 0.5m、坐位体前屈 -30cm、耐力跑成绩 540s、肌肉耐力 0 个,所以果断地将这两所学校的数据剔除,得出 60 所高校耐力跑不达标大学生总人数为 206492 名,其中男生 102052 名;女生 104440 名。在数据分析处理过程中,关于实计上报数据的质量还可能存在一定的错误,所以为保障本书数据的可信度,结合《国家学生体质健康标准(2014 年修订)》和《国民体质测定标准手册》中各指标的范围,对 60 所高校耐力跑不达标大学生的数据进行有效的筛选,具体步骤:对 60 所高校耐力跑不达标的 102052 名男大学生各指标的具体筛选：

第一步：上报数据 102052 人中身高的范围是 83-202cm，筛选出身高介于 120-202cm 的 102035 人；

第二步：102035 人中体重的范围是 16-195kg，筛选出体重介于 30-110kg 的 101478 人；

第三步：101478 人中肺活量的范围是 500-9999ml，筛选出肺活量介于 1500-8000ml 的 101103 人；

第四步：101103 人中 50 米成绩的范围是 5-20s，筛选出 50 米成绩介于 6-15s 的 100839 人；

第五步：100839 人中的立定跳远的范围是 0.5-3.6m，筛选出立定跳远介于 1.5-3.5m 的 99560 人；

第六步：99560 人中的坐位体前屈的范围是 -30-40cm，筛选出坐位体前屈介于 -20—30cm 的 97854 人；

第七步：97854 人中的引体向上的范围是 0-96 个，筛选出引体向上介于 0-40 个的 97841 人；

经过七个指标的层层筛选后，这 97841 人的数据为相对有效数据。对 60 所高校耐力跑不达标的 104440 名女大学生各指标的具体筛选：

第一步：上报数据 104440 人中身高的范围是 90-195cm，筛选出身高介于 120-195cm 的 104431 人；

第二步：104431 人中体重的范围是 14-167kg，筛选出体重介于 30-100kg 的 104318 人；

第三步：104318 人中肺活量的范围是 500-9870ml，筛选出肺活量介于 1300-7000ml 的 101619 人；

第四步：101619 人中 50 米成绩的范围是 5-20s，筛选出 50 米成绩介于 7-18s 的 100889 人；

第五步：100889 人中的立定跳远的范围是 0.5-3m，筛选出立定跳远介于 1-2.5m 的 100648 人；

第六步：100648 人中的坐位体前屈的范围是 -30-40cm，筛选出坐位体前屈介于 -20-30cm 的 99468 人；

第七步：99468 人中的仰卧起坐的范围是 0-70 个，筛选出仰卧起坐介于 0-60 个的 99463 人；

经过七个指标的层层筛选后,这 99463 人的数据为相对有效数据。所以最终得到男生 97841 人,女生 99463 人。如表 3-56 河北省 60 所高校耐力跑不达标大学生体质测试指标描述统计表。

表 3-52　河北省 60 所高校耐力跑不达标大学生体质测试成绩表

男生（N=97841）		女生（N=99463）	
指标	均值±标准层	指标	均值±标准层
1000米（s）	304.04±31.63	1000米（s）	299.12±26.69
BMI（kg/m^2）	22.44±3.63	BMI（kg/m^2）	20.74±2.86
肺活量（ml）	3977.57±865.56	肺活量（ml）	2569.11±622.41
50米（s）	7.97±0.97	50米（s）	10.22±1.25
立定跳远（m）	2.18±0.22	立定跳远（m）	1.30±0.19
坐位体前屈（cm）	11.89±7.52	坐位体前屈（cm）	13.57±6.90
引体向上（num）	4.95±4.56	引体向上（num）	26.41±8.41

从表 3-52 数据可见,男生的耐力跑成绩(1000 米)为 304.04±31.63s,女生的耐力跑成绩(800 米)为 299.12±26.69s。耐力跑单项成绩标准是:男生 >270 秒为不达标,女生 >272 秒为不达标。虽然同为耐力跑不达标大学生,但女生相对较男生稍好一些,应当更重视耐力跑不达标的男生群体。男生 BMI 为 22.44±3.63kg/m^2,女生 BMI 为 20.74±2.86kg/m^2,参考 BMI 单项评分表,均处于正常等级,表明河北省耐力跑不达标大学生的身体成分是较匀称的。男生肺活量为 3977.57±865.56ml,女生肺活量为 2569.11±622.41ml,呼吸机能整体上处于及格以上水平,但是男生比女生稍好。男生 50 米成绩 7.97±0.97s,女生 50 米成绩 10.22±1.25s,参考 50 米跑单项评分表,整体处于及格以上水平,但是男生成绩比女生的好。立定跳远成绩,男生 2.18±0.22m,女生 1.60±0.19m,参考评分表,整体上达到了及格水平,且男生稍好。坐位体前屈,男生 11.89±7.52cm,女生 13.57±6.90cm,参考评分表,柔韧素质整体上达到了及格水平。男生引体向上为 4.95±4.56num,女生仰卧起坐为 26.41±8.41num,参考男生引体向上和女生仰卧起坐单项评分表,男生处于不及格,女生处于临界及格阶段,表明河北省耐力跑不达标大学生的肌肉耐力整体上都差,但是女生稍好于男生。

（2）河北省耐力跑不达标大学生体质测试指标相关分析

表 3-53　男生耐力跑成绩与体测指标相关系数

		BMI	肺活量	立定跳远	坐位体前屈	引体向上
1000米（秒）	Pearson 相关性（r）	0.139**	−0.064**	−0.102**	−0.011**	−0.055**
	显著性（双侧）	0.000	0.000	0.000	0.001	0.000
	N	97841	97841	97841	97841	97841

注：**．在 0.01 水平（双侧）上显著相关。*．在 0.05 水平（双侧）上显著相关。

表 3-54　女生耐力跑成绩与体测指标相关系数

		BMI	肺活量	立定跳远	坐位体前屈	引体向上
800米（秒）	Pearson 相关性（r）	0.046**	−0.012**	−0.028**	−0.008**	−0.032**
	显著性（双侧）	0.000	0.000	0.000	0.007	0.000
	N	99463	99463	99463	99463	99463

注：**．在 0.01 水平（双侧）上显著相关。*．在 0.05 水平（双侧）上显著相关。

耐力跑（男生 1000 米、女生 800 米）是一种间接反应心肺耐力水平高低的方法，也是各级学校普遍使用的方法。所以河北省高校的耐力跑不达标大学生，采用耐力跑成绩与体测指标进行相关分析。从表 3-53 和表 3-54 数据可见，耐力跑成绩与肺活量、立定跳远、坐位体前屈、肌肉耐力（男生引体向上、女生仰卧起坐）呈负相关，与指标 BMI 呈正相关，且均具有非常高的显著性。

从表 3-53 和表 3-54 数据可见，耐力跑成绩与肺活量的相关情况为：男生 $r=-0.064$，$p<0.01$；女生 $r=-0.012$，$p<0.01$，可见耐力跑成绩与心肺机能高度负相关，说明心肺机能越好，耐力跑测试用的时间越少，此结论与前人研究具有一致性。

从表 3-53 和表 3-54 数据可见，耐力跑成绩与 BMI 的相关情况为：男生 $r=0.139$，$p<0.01$；女生 $r=0.046$，$p<0.01$，可见耐力跑成绩与身体成分 BMI 指标高度正相关，说明身体成分 BMI 值越正常、匀称，耐力跑测试跑得越快。耐力跑成绩与肌肉耐力（男生引体向上、女生仰卧起坐）的相关系数为男生 $r=-0.055$，$p<0.01$；女生 $r=-0.032$，$p<0.01$，可见耐力跑成绩与肌肉耐力指标高度负相关，说明肌肉耐力水平越高，耐力跑测试用得时间越少，此结论与前人研究也具有一致性。

（3）小结

1）河北省耐力跑不达标大学生体质测试指标特征。耐力跑项目整体上女生比男生稍好，但50米跑项目，男生要比女生稍好，表明虽同为耐力跑不达标，但女生的耐力稍好于男生，男生的短距离爆发稍好于女生。整体上耐力跑成绩虽然不达标，但是其他体质测试指标的结果大部分在及格及以上水平，身体的状态较好，且均是正常等级，呼吸机能水平一般，男生较女生好，爆发素质和肌肉耐力素质男生也比女生稍好些，但柔韧素质女生要比男生好。

2）河北省耐力跑不达标大学生体质测试指标相关分析。从表3-53和表3-54相关结果可见，男生的相关密切程度排序为：BMI、立定跳远、肺活量、引体向上和坐位体前屈；女生的相关密切程度排序为：BMI、仰卧起坐、立定跳远、肺活量和坐位体前屈，男女生均与身体成分BMI最为密切相关，而和心肺机能肺活量指标的相关在五个指标中处于中下等相关水平，于是，选用心肺耐力测定指标最大摄氧量这一金标准，在实验室环境下进行了河北师范大学162人耐力跑不达标大学生体适能指标的具体测试，以便进一步研究。

2.耐力跑不达标大学生体适能指标特征

耐力跑不达标大学生体适能特征，主要从两大方面进行：一方面是健康体适能，具体包括心血管适能、身体成分、肌肉和柔韧适能。心血管适能的实验测试指标是直接反映心肺耐力水平的最大摄氧量和呼吸机能肺活量；身体成分的测试指标是身高、体重、腰围、腰臀比、体脂百分比等；肌肉适能又分为两个小方面肌肉力量和耐力，肌肉力量主要测试指标是握力；肌肉耐力主要测试指标是男生俯卧撑，女生一分钟仰卧起坐；柔韧适能主要测试指标是坐位体前屈，另一方面是运动体适能，具体包括平衡性、爆发力和反应等，主要测试指标是闭眼单脚站立、纵跳和选择反应时。

耐力跑不达标大学生的整体耐力跑成绩为 $291.14 \pm 19.72s$，其中男生成绩为 $293.12 \pm 22.07s$，女生成绩为 $289.31 \pm 17.19s$，参考评分得出，虽然同为耐力跑不达标，但女生稍好。最大摄氧量水平很差，整体为 $1965.72 \pm 542.75ml/min$。其他指标情况见表3-59。

表 3-55　体适能基本情况

	总体	男生	女生
样本量	291.14±19.72	293.12±22.07	289.31±17.19
耐力跑成绩（s）	20.99±1.52	21.35±1.40	20.65±1.56
BMI（kg/m^2）	22.96±3.85	24.49±3.91	21.54±3.22
腰围（cm）	76.91±12.45	84.08±12.41	70.25±8.05
腰臀比	0.76±0.07	0.78±0.08	0.74±0.05
体脂百分比（%）	22.65±7.35	12.29±7.88	25.77±5.18
肺活量（ml）	3531.07±963.08	4285.95±734.02	2830.12±516.31
肌力（握力（kg））	33.15±10.37	42.53±5.92	24.44±4.11
肌肉耐力（num）		17.14±9.74	24.61±10.07
坐位体前屈（cm）	13.68±6.41	11.86±6.74	15.36±5.62
选择反应时（ms）	518.33±48.85	513.73±51.68	522.61±45.96
纵跳（cm）	31.42±9.17	38.08±7.90	25.24±5.01
闭眼单脚站立（s）	45.75±23.84	45.85±26.76	45.65±20.93
最大摄氧量（ml/min）	1965.72±542.75	2364.10±468.88	1595.80±282.51

（1）心肺适能指标特征

表 3-56　研究对象的心肺适能指标统计

性别	体适能要素	评价指标	均值±标准差
男（n=78）	呼吸机能	肺活量	4285.95±734.02
		肺活量体重指数	60.49±12.57
	心肺功能	最大摄氧量	2364.10±468.88
		相对最大摄氧量	32.92±5.71
女（n=84）	呼吸机能	肺活量	2830.12±516.31
		肺活量体重指数	51.65±10.24
	心肺功能	最大摄氧量	1595.80±282.51
		相对最大摄氧量	28.83±4.18

从表数据可见，162 名耐力跑不达标大学生的肺活量测试结果均达到了及格及以上水平，但是相对最大摄氧量男生为 32.92±5.71ml/kg/min，女生为 28.83±4.18ml/kg/min，参考《运动生理学实验》中相对最大摄氧量的评分标准（不及格男生≤38，女生≤28），得到 162 名耐力跑不达标大学生的最大摄氧量处于差的水平，且男生还稍差于女生。

表3-57 研究对象的心肺适能等级分布

性别	体适能要素	评价指标	优秀率	良好率	一般率	较差率	差率
男	呼吸机能	肺活量	25.6%	35.6%	26.9%	11.6%	0
	心肺机能	相对摄氧量	0	0	2.5%	16.7%	80.8%
女	呼吸机能	肺活量	21.4%	32.1%	29.8%	14.3%	2.4%
	心肺机能	相对摄氧量	0	0	6.0%	39.2%	54.8%

注：1.等级评分标准引自教育部，国家体育总局《国民体质测定标准手册（成年人部分）》，2003。

2.相对摄氧量等级评分标准参考《运动生理学实验》，乔德才.汤长发.邓树勋.主编，2003。

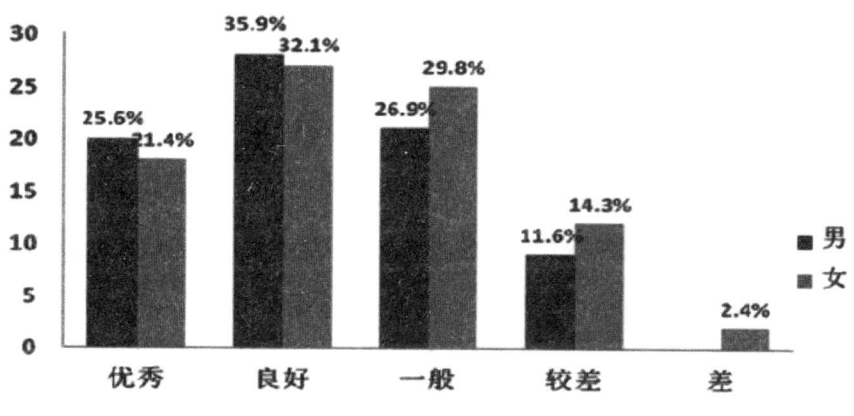

图3-58 呼吸机状态分部

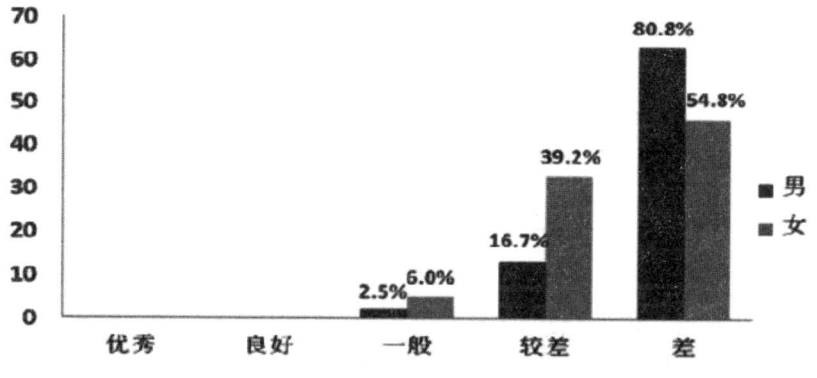

图3-59 心肺功能状态分部

由图3-58呼吸机能的状态分布可看出，大部分男生和女生均处于一般及以上水平，男生比例为88.4%，女生比例为83.3%，其中男生良好及以上的比例大于女生，且男生处于不及格（差率+较差率）的为11.6%，女生不及格（差率+较差率）的为16.7%，男生明显少于女生，表明呼吸机能方面男生整体上要比女生好，女大学生需要加强有氧运动能力方面的练习。

由图3-59心肺功能状态分布可看出，大部分男生和女生均处于不及格（差率+较差率）水平，男生比例为97.5%，女生比例为94%，处于一般水平的女生为6.0%，男生仅为2.5%，良好及以上水平人数为0，充分表明耐力跑不达标大学生的心肺功能水平确实很低，需要高度重视，加强锻炼，提高耐力水平迫在眉睫。

（2）身体成分指标特征

表3-60 研究对象的身体成分指标统计

指标	男生（N=78）	女生（N=84）
身高（m）	1.73±0.06	1.60±0.05
体重（kg）	72.53±12.86	55.65±9.76
BIM（kg/m^2）	24.56±3.80	21.60±3.39
腰围（cm）	83.85±12.31	70.46±8.54
腰臀比（%）	0.78±0.08	0.75±0.05
体脂百分比（%）	19.29±7.88	25.77±5.18

从表3-60数据可见，男生的BMI值为24.56±3.80kg/m^2，女生的BMI值为21.60±3.39kg/m^2，其中女生大部分处于正常等级。男生的WHR为0.78±0.08%，女生的WHR为0.75±0.05%，且均处于正常范围。

表3-61 研究对象的体脂百分比等级分布

性别	体适能要素	评价指标	偏瘦	肥胖	超重	正常	良好	优秀
男	身体成分	体脂百分比	0	15.4%	23.1%	15.4%	19.2%	26.9%
女	身体成分	体脂百分比	0	9.05%	10.7%	46.4%	27.4%	6.0%

本书中主要使用身体内脂肪含量的百分比来表明胖瘦情况。体脂百分比的等级为：男生多于28.1%为肥胖，23.1%-28.0%为超重，18.1%-23.0%为正常，13.1%-18.0%为良好，3%-13.0%为优秀，少于3%为偏瘦；女生多于33.1%为肥胖，29.1%-33.0%为超重，23.1%-29.0%为正常，18.1%-23.0%为良好，3%-18.0%为优秀，少于3%为偏瘦。从表3-65数据可见，男生和女生"偏瘦"的为0，说明耐力跑不达标大学生的在偏瘦级别未出现极端化现象。男生"优秀"为26.9%，女生才只有6.0%，可是，女生"正常"的为46.6%，"良

好"的为 27.4%,男生相应的却只有 15.4% 和 19.2%,表明女生整体上较好。男女生中处于"超重"和"肥胖"状态的也占有一部分比例,而且不容忽视。

(3)肌肉适能指标特征

肌肉适能包括肌肉力量和肌肉耐力这两个方面,本次测试中,肌肉力量方面男女生均选用握力这一指标,肌肉耐力方面男生选用俯卧撑,而女生选用一分钟仰卧起坐进行测试。

表 3-62　研究对象的肌肉适能等级分布

性别	体适能要素	评价指标	优秀率	良好率	一般率	较差率	差率
男	肌肉力量	握力	1.3%	11.5%	33.3%	38.5%	15.4%
男	肌肉耐力	俯卧撑	1.3%	2.6%	28.2%	38.5%	29.4%
女	肌肉力量	握力	1.2%	8.3%	22.6%	44.0%	23.9%
女	肌肉耐力	仰卧起坐	11.9%	32.1%	34.5%	15.5%	6.0%

注:等级评分标准引自教育部,国家体育总局《国民体质测定标准手册(成年人部分)》,2003。

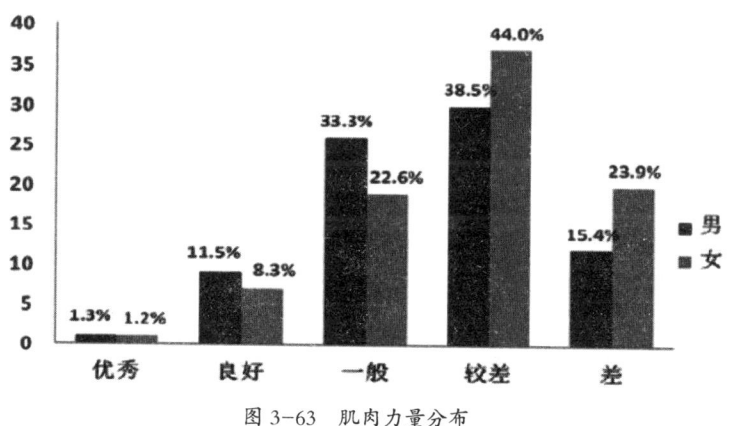

图 3-63　肌肉力量分布

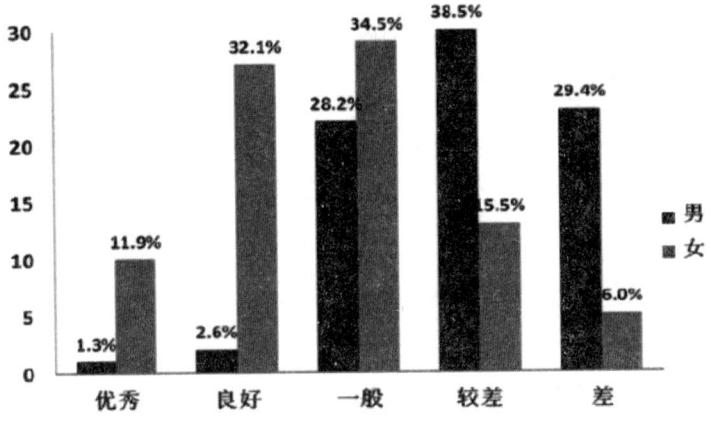

图 3-64 肌肉耐力分布

握力主要是反映人体上肢肌肉群的发育及发达程度,具体评分标准为:男生握力(kg)值 29.6-36.9 为 1 分(差),37.0-43.5 为 2 分(较差),43.6-49.2 为 3 分(一般),49.3-56.3 为 4 分(良好),大于 56.3 为 5 分(优秀);女生握力(kg)值 18.6-21.1 为 1 分(差),21.2-25.7 为 2 分(较差),25.8-29.8 为 3 分(一般),29.9-35.0 为 4 分(良好),大于 35.0 为 5 分(优秀)。俯卧撑和仰卧起坐分别作为男、女生评价肌肉耐力的指标,用来评定肌肉耐力的状态水平。男生俯卧撑的评分标准为:7-12 为 1 分(差),13-19 为 2 分(较差),20-27 为 3 分(一般),28-40 为 4 分(良好),大于 40 为 5 分(优秀);女生仰卧起坐的评分标准为:1-5 为 1 分(差),6-15 为 2 分(较差),16-25 为 3 分(一般),26-36 为 4 分(良好),大于 36 为 5 分(优秀)。

从图 3-63 肌肉力量分布可得,握力的优秀率男生为 1.3%,女生为 1.2% 且两者相差不大;不及格率(差率 + 较差率)男生为 53.9%,女生为 67.9%,女生不及格者明显比男生多;男生有 46.1% 处于一般及以上水平,而女生却只有 32.1%。表明不达标大学生普遍的肌肉力量状态很差,且整体上女生更弱。

从图 3-64 肌肉耐力分布可得,俯卧撑优秀率为 1.3%,仰卧起坐的优秀率达到 11.9%,显然女生的要高;男生不及格率(差率 + 较差率)为 67.9%,女生不及格率(差率 + 较差率)为 21.5%,男生的肌肉耐力不及格者明显多于女生;男生有 32.1% 处于一般及以上水平,而女生有 78.5% 达到了一般及以上水平。

(4)柔韧适能指标特征

表 3-65 研究对象的柔韧适能等级分布

性别	体适能要素	评价指标	优秀率	良好率	一般率	较差率	差率
男	柔韧适能	坐位体前屈	5.1%	32.1%	32.1%	23.1%	7.6%
女	柔韧适能	坐位体前屈	20.2%	41.7%	17.9%	17.9%	2.3%

注：等级评分标准引自教育部、国家体育总局《国民体质测定标准手册（成年人部分）》，2003。

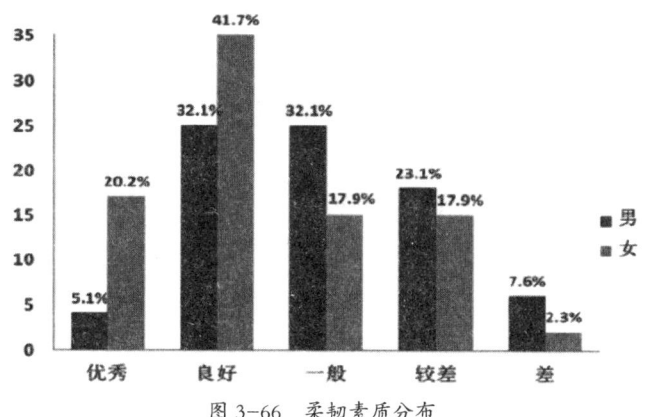

图 3-66 柔韧素质分布

本次测试中以坐位体前屈这一指标来评价机体的柔韧适能。它是一项伴随人体生长，并和多种运动项目有密切关系的素质指标。坐位体前屈的评分标准为：男生坐位体前屈（cm）-3.5-1.7 为 1 分（差），1.8-8.9 为 2 分（较差），9.0-14.1 为 3 分（一般），14.2-20.1 为 4 分（良好），大于 20.1 为 5 分（优秀）；女生坐位体前屈（cm）-2.1-2.8 为 1 分（差），2.9-9.4 为 2 分（较差），9.5-14.3 为 3 分（一般），14.4-20.2 为 4 分（良好），大于 20.2 为 5 分（优秀）。

从表 3-65 和图 3-66 柔韧素质分布可得，优秀率和良好率女生都比男生的高，分别为：女生优秀率为 20.2%，男生为 5.1%；女生良好率为 41.7%，男生为 32.1%。女生不及格率（差率＋较差率）为 20.2%，且明显低于男生的 30.7%。

（5）平衡性、爆发力、反应时指标特征

运动体适能主要是和机体运动能力有关联的一些要素，具体包括平衡性、爆发力和反应等。本书中主要以测试闭眼单脚站立这一指标来反映人体的平衡能力，以测试纵跳这一指标来反映人体的爆发力水平，以测试选择反应时这一指标来反映人体的反应能力。

表 3-67 运动体适能指标平均得分

性别	体适能要素	评价指标	平均得分
男（n=78）	平衡性	闭眼单脚站立	3.4
	爆发力	纵跳	3.33
	反应	反应时	2.35
女（n=84）	平衡性	闭眼单脚站立	3.68
	爆发力	纵跳	3.46
	反应	反应时	2.74

注：等级评分标准引自教育部，国家体育总局《国民体质测定标准手册（成年人部分）》，2003。

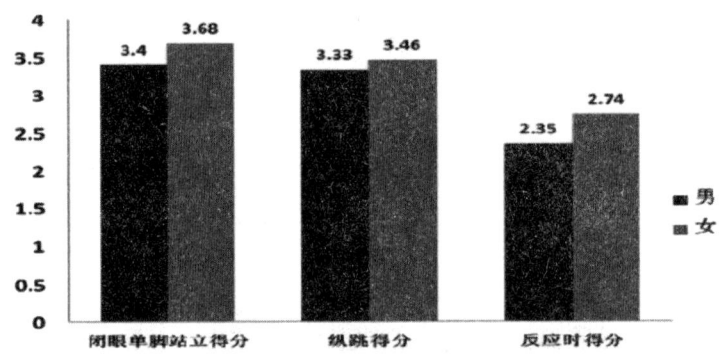

图 3-68 运动体适能指标

从表 3-67 和图 3-68 可见，耐力跑不达标大学生的运动体适能综合水平处于一般，女生稍微好于男生，但反应能力都普遍差一些，表明以后的运动锻炼中要加强反应快慢的练习。

（6）小结

耐力跑不达标大学生的体适能特征。心肺适能整体水平很差，其中，呼吸机能肺活量男生整体上要比女生稍好；身体成分 BMI 女生大部分处于正常等级，而男生有相当一部分处于超重等级，体脂百分比在正常及以上级别的女生更好，所以女生的身体成分比男生好；耐力跑不达标大学生普遍的肌肉力量状态很差，且女生的整体更弱，而肌肉耐力方面女生稍好；柔韧适能整体上女生比男生要好；耐力跑不达标大学生的运动体适能（平衡、爆发、反应）综合水平处于一般，且女生稍微好于男生。

3.体适能综合评级特征

综合评级是根据各单项得分之和来计算的，分为四个等级：一级（优秀）、二级（良好）、三级（合格）、四级（不合格）。

本次体适能测试中，共测试 9 项指标，采用单项指标 5 分制评定方法，具体综合评级标准为：年龄 20-39 岁，优秀 ≥ 33 分、良好 30-33 分、合格 23-29 分、不合格 ≤ 23 分。

表 3-69 耐力跑不达标大学生体适能综合评级

级别	男生人数	百分比	女生人数	百分比
一级（优秀）	2	2.56%	7	8.33%
二级（良好）	3	10.26%	24	28.57%
三级（合格）	40	51.28%	42	50%
四级（不合格）	28	35.9%	11	12.1%

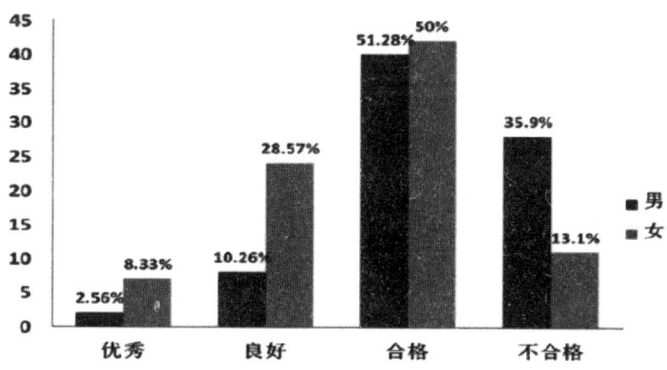

图 3-70 体适能综合评级分布

从表 3-69 和图 3-70 体适能综合评级分布可见，不合格率：男生 35.9%，明显高于女生的 13.1%；处于三级（合格）的比例很相近，男生 51.28%，女生 50%；女生处于二级（良好）及以上的比例为 36.9%，男生仅为 12.82%，表明从体适能综合评级整体上看，女生达到合格及以上水平的人数明显比男生多。

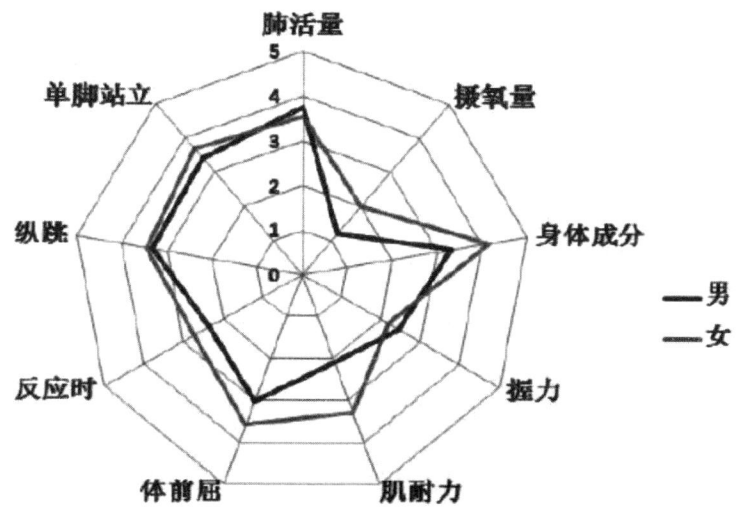

图 3-71 体适能各指标得分情况

通过图3-70体适能综合评级和图3-71体适能指标得分情况,实现了不同指标间的优劣比较,表明并不是一种指标差,而是样样指标都差。耐力跑不达标大学生心肺耐力水平很差,但结果显示,其他指标大部分处于一般及以上水平,整体上处于合格及以上水平,且女生比男生稍好。

4.耐力跑不达标大学生体适能指标相关分析

(1)心肺适能与身体成分指标相关分析

表3-72 男生心肺适能与身体成分指标相关系数

		BMI	腰围	腰臀比	体脂百分比
相对最大摄氧量	Pearson相关性(r)	0.381**	−0.330**	−0.306**	−0.315**
	显著性(双侧)	0.001	0.003	0.006	0.005

注:**.在0.01水平(双侧)上显著相关。*.在0.05水平(双侧)上显著相关。

表3-73 女生心肺适能与身体成分指标相关系数

		BMI	腰围	腰臀比	体脂百分比
相对最大摄氧量	Pearson相关性(r)	0.274**	−0.320**	−0.334**	−0.306**
	显著性(双侧)	0.012	0.003	0.002	0.005

注:**.在0.01水平(双侧)上显著相关。*.在0.05水平(双侧)上显著相关。

从表3-72和表3-73数据可见,相对最大摄氧量与BMI呈正相关,与腰围、腰臀比、体脂百分比呈负相关,且都具有显著性。

从表3-72和表3-73数据可见,相对最大摄氧量与BMI的相关情况为男生$r=0.381$,$p<0.01$;女生$r=0.274$,$p<0.01$,可见身体质量指数BMI与相对最大摄氧量呈正相关,表明身体质量指数BMI值越正常,机体的摄氧量水平越好。

从表3-72和表3-73数据可见,相对最大摄氧量与腰围、腰臀比、体脂百分比的相关情况为男生腰围$r=-0.330$,$p<0.01$,腰臀比$r=-0.306$,$p<0.01$,体脂百分比$r=-0.315$,$p<0.01$;女生腰围$r=-0.320$,$p<0.01$,腰臀比$r=-0.334$,$p<0.01$,体脂百分比$r=-0.306$,$p<0.01$,可见腰围、腰臀比、体脂百分比与相对最大摄氧量负相关,表明腰围、腰臀比、体脂百分比值越高,相对最大摄氧量值越低,则机体摄氧量水平越差。

(2)心肺适能与肌肉适能指标相关分析

表3-74　心肺适能与肌肉适能指标相关系数

	握力（男）	俯卧撑	握力（女）	仰卧起坐
相对最大摄氧量　Pearson相关性（r）	0.401**	−0.166	−0.290	−0.152
显著性（双侧）	0.000	0.147	0.007	0.168

注：**. 在 0.01 水平（双侧）上显著相关。*. 在 0.05 水平（双侧）上显著相关。

最大摄氧量是指受试者在进行大强度的力竭运动时，在单位时间每分钟内机体心肺功能对氧的使用能力。从表 3-78 数据可见，最大摄氧量与肌肉力量（握力）呈正相关，相关系数男生 r=0.401，p < 0.01，女生 r=0.290，p < 0.01，具有显著性，而数据显示，最大摄氧量与肌肉耐力（男生俯卧撑，女生仰卧起坐）呈负相关，无显著性。

(3)心肺适能与柔韧适能指标相关分析

表3-75　心肺适能与柔韧适能指标的相关系数

	坐位体前屈（男）	坐位体前屈（女）
相对最大摄氧量　Pearson相关性（r）	0.368**	0.207
显著性（双侧）	0.001	0.258

从表 3-75 数据可见，相对最大摄氧量与坐位体前屈呈正相关，但男生具有显著性，即相关系数 r=0.368，p < 0.01，女生相关系数 r=0.207，p > 0.05，无显著性。

(4)心肺适能与平衡性、爆发力、反应时指标相关分析

表3-76　男生心肺适能与运动体适能指标相关系数

	闭眼单脚站立	纵跳	反应时
相对最大摄氧量　Pearson相关性（r）	0.064	0.179	−0.226
显著性（双侧）	0.579	0.118	0.057

表3-77　女生心肺适能与运动体适能指标相关系数

	闭眼单脚站立	纵跳	反应时
相对最大摄氧量　Pearson相关性（r）	0.196	0.155	−0.016
显著性（双侧）	0.074	0.159	0.885

从表 3-76 和表 3-77 数据可见，相对最大摄氧量与运动体适能指标闭眼单脚站

立和纵跳呈正相关,与反应时呈负相关,但两者都不具有显著性。

(5)心肺适能相关指标排序情况

表3-78 男生心肺适能相关指标排序情况

	指标	相关r值
1	握力	0.401**
2	BMI	0.381**
3	坐位体前屈	0.368**
4	腰围	−0.330**
5	体脂百分比	−0.315**
6	腰臀比	−0.308**
7	反应时	−0.226
8	纵跳	0.179
9	基础代谢	−0.175
10	俯卧撑	−0.166
11	闭眼单脚站立	0.064

表3-79 女生心肺适能相关指标排序情况

	指标	相关r值
1	腰臀比	−0.334**
2	腰围	−0.320**
3	体脂百分比	−0.306**
4	握力	0.290**
5	BMI	0.274**
6	坐位体前屈	0.027
7	闭眼单脚站立	0.196
8	纵跳	0.155
9	仰卧起坐	−0.152
10	基础代谢	−0.126
11	反应时	−0.016

耐力跑不达标大学生心肺适能与其他指标相关结果情况。男生具体相关情况为:握力、BMI和坐位体前屈,这三个指标是高度相关,且具有显著性;腰围、体脂百分比和腰臀比这三个指标是中度相关,且具有显著性;反应时、纵跳、基础代谢、俯卧撑和闭眼单脚站立,这五个指标是低度相关,且不具有显著性。女生具体相关情况为:腰臀比、腰围和体脂百分比,这三个指标是高度相关,且具有显著性;握力和BMI,这两个指标是中度相关,且具有显著性;坐位体前屈、闭眼单脚站立、纵跳、仰卧起坐、基础代谢、反应时,这六个指标是低度相关,且不具有显著性。

（6）小结

耐力跑不达标大学生心肺适能与其他指标相关分析。男生具体相关情况为：握力、BMI 和坐位体前屈，这三个指标是高度相关，且具有显著性；腰围、体脂百分比和腰臀比，这三个指标是中度相关，且具有显著性。女生具体相关情况：腰臀比、腰围和体脂百分比，这三个指标是高度相关，且具有显著性；握力和 BMI，这两个指标是中度相关，且具有显著性。这一结果与河北省耐力跑不达标大学生的耐力跑成绩与身体成分最为密切相关，且基本一致，但是不同的性别，密切相关因素还是有所不同的，男生的肌肉力量相关更突出。

3.5.4 结果分析

1. 耐力跑不达标大学生体适能特征分析

本研究首先采用二手数据分析方法，对 2013 年河北省 62 所高校耐力跑不达标大学生体质特征进行数据分析，结果发现 2013 年河北省 62 所高校大学生整体上呈下降趋势。耐力跑项目成绩女生为 299.12 ± 26.69 秒，男生为 304.04 ± 31.63 秒，通过 2014 年学生体质测试评分标准比对，得出女生比男生稍好，这一结果与本研究中耐力跑不达标大学生心肺耐力水平女生相吻合；但 50 米跑项目成绩男生为 7.97 ± 0.97 秒，女生为 10.22 ± 1.25 秒，通过 2014 年学生体质测试评分标准比对，得出男生要比女生稍好，表明虽同为耐力跑不达标，但女生的耐力稍好于男生，男生的短距离爆发稍好于女生。陈华卫对大学生体质与体育生活方式相互关系进行了研究，结果发现在体育生活方式上有明显的年级差异，大一年级至大三年级具有良好体育生活方式的学生呈现逐年递增态势，但到大四时急速下降至最低，良好体育生活方式的年级变化态势与大学生整体优良率的变化趋势基本一致，所以养成良好的体育生活方式对提高大学生体质健康水平至关重要。

我们进一步对 2013 年河北省 62 所高校耐力跑不达标大学生体质测试指标间的相关分析显示，男生的相关密切程度排序为：BMI、立定跳远、肺活量、引体向上和坐位体前屈；女生的相关密切程度排序为：BMI、仰卧起坐、立定跳远、肺活量和坐位体前屈，男女生均与身体成分 BMI 最为密切相关，而和心肺机能肺活量指标的相关在五个指标中处于中下等相关水平，需进行进一步探究。通过以上二手数据分析，我们认为，大学生的身体素质呈现小幅度下降态势，提高体适能健康水平刻不容缓。刘照宇的研究发现高中生的体适能水平与心肺耐力最为密切相关，而大学生的健康体适能各指标与心肺耐力也必然存在着相关性，所以对耐力跑不达标大学生体适能特征及相关分析进行了研究。

(1) 心肺适能特征分析

对耐力跑不达标大学生进行体适能各指标的测量,选用最大摄氧量这一金标准是因为它在高度反应机体心肺适能水平状况方面已经得到普遍的认可,故在心肺适能结果说明时更具说服力。心肺适能在各要素中占有非常重要的位置,通常称为全身耐力。从机能方面看,主要是与人体的心血管系统、呼吸系统的机能有着重要的关系。在一个相对比较安静的状态下,大部分人的心肺功能都可以适应并满足机体的基本生理需要,但在运动负荷逐渐增加的情况下,每个人心肺耐力的个体差异性就会明显地表现出来。耐力跑不达标学生最大摄氧量的测定主要在实验室进行线性递增负荷运动,并通过VO2000便携式气体代谢分析仪来搜集,最大摄氧量指用来反映机体组织细胞对氧气消耗和利用的能力。其直接测定需要在专门的实验室里进行测试,并且需要专业的设备,操作人员需要具备较强的技术,并严格按照程序进行。相对最大摄氧量是指通过机体自身的最大值与体重的比,也称每1kg体重的相对值,主要用来反应机体最大摄氧量与体重的相关程度,并进行客观的定量比较分析。

耐力跑不达标大学生的心肺适能结果明确显示:相对最大摄氧量男生为 32.92 ± 5.71 ml/kg/min,女生为 28.83 ± 4.18 ml/kg/min,参考《运动生理学实验》中相对最大摄氧量的评分标准(不及格男生≤ 38,女生≤ 28),整体上心肺适能水平很差,说明本研究的人群确实是耐力跑不达标的大学生。翟水保和许崇高对大学生健康体适能心肺耐力测试指标效度进行了比较研究,结果发现最大摄氧量与耐力跑成绩呈明显相关关系,而与台阶试验指数无明显的相关关系,进一步说明反映大学生心肺适能的金标准最大摄氧量同耐力跑成绩存在着必然的联系。呼吸机能肺活量男生为 4285.95 ± 734.02 ml,女生为 2830.12 ± 516.31 ml,同2014年国民体质监测公报的结果(男生3746ml,女生2482ml)进行比较整体上较好,但女生有待提高,这可能与性别和遗传有很大的关系,当然,后天有针对性地努力练习也是可以提高的。在大学校园内心肺耐力方面的体育锻炼活动并未受到欢迎和重视。提高心肺耐力素质简易可行并且有效的方法是在一定负荷强度下长时间跑和快速走,但是由于形式单一且枯燥很是不受大学生的欢迎,甚至部分学生产生抵触和畏惧的情绪,所以需要树立积极地体育锻炼观念,结合自我锻炼兴趣来提高心肺耐力水平。

(2) 身体成分特征分析

身体是由肌肉、骨骼、体液、脂肪等各种化学成分组成的,而身体成分是反映人体内部结构比例特征的指标。身体质量指数(BMI)是指相对于人体身高的体重比值,用来判断体型是否匀称。BMI 的划分具体等级为：男生 BMI 值 17.9-23.9 为正常，≤17.8 为低体重，24.0-27.9 为超重，≥28.0 为肥胖；女生 BMI 值 17.2-23.9 为正常，≤17.1 为低体重，24.0-27.9 为超重，≥28.0 为肥胖。腰臀比（WHR）是指人体腰部与臀部测量值的比，主要反映脂肪在人体腰、臀部的分布情况，用来判断是否为中心性肥胖。美国运动医学会（ACSM）推荐 WHR 的正常范围：男生 0.75-0.85；女生 0.70-0.80。耐力跑不达标大学生的身体成分结果明确显示男生身高为 1.73 ± 0.06m，体重为 72.53 ± 12.86kg；女生身高为 1.60 ± 0.05m，体重为 55.65 ± 9.76kg，同 2014 年国民体质监测公报的结果（男生身高 1.72m，体重 67.2kg；女生身高 1.60m，体重 53.8kg）进行比较整体女生较好。男生 BMI 为 24.56 ± 3.80 kg/m^2，女生 BMI 为 21.60 ± 3.39 kg/m^2，根据 BMI 的划分具体等级得出：女生大部分处于正常等级，而男生有相当一部分处于超重等级，说明女生的身体成分比男生好，女生对自我身材有着严格的要求，控制饮食追求苗条体型，而男生大部分对自我身材要求相对随意，以及习惯性的饮食喜好，偏油性的多一些。男生 WHR 为 0.78 ± 0.08，女生 WHR 为 0.75 ± 0.05，均处于正常范围，表明男生和女生的腰、臀部脂肪分布还是比较匀称的。

（3）肌肉适能特征分析

耐力跑不达标大学生的肌肉适能结果明确显示：男生握力为 42.53 ± 5.92kg，女生为 24.61 ± 10.07kg，同 2014 年国民体质监测公报的结果（男生握力 44.9kg；女生握力 26.3kg）进行比较，耐力跑不达标大学生肌肉力量整体水平较低，而肌肉耐力方面女生稍好，整体上严重缺乏肌肉力量和耐力方面的练习，可以制定相应的运动处方进行专业的训练来得到提高的效果。苏国英和孟明亮对山西省女大学生健康体适能水平进行了测试及评价，结果发现健康体适能水平整体情况一般，但肌肉耐力方面很是严峻，不容乐观，这和本研究的结果肌肉适能总体较弱相一致，所以可见，大学生总体上缺乏体育锻炼，特别是长时间的肌肉力量和耐力练习。应通过两个基本的途径进行肌肉适能的提高，一是增强肌肉力量、提高肌肉耐力的训练；二是提高心肺耐力水平。大学生可以依据自己的兴趣爱好，平时进行较长时间的跑、跳绳、爬山、游泳、球类运动等来提高学生的肌肉适能水平，享受体育锻炼的乐趣。

（4）柔韧适能特征分析

耐力跑不达标大学生的柔韧适能结果明确显示：男生 11.86 ± 6.74cm，女生 15.36 ± 5.62cm，同 2014 年国民体质监测公报的结果（男生 8.5cm；女生 11.4cm）进行比较，整体上柔韧水平较好，柔韧素质和遗传、性别是密切相关的。徐洋等人对长春市女大学生健康体适能水平进行测试及评价，结果发现女生的柔韧素质优秀率和良好率较高,分别为 29.25% 和 27.89%,不及格率仅为 7.59%,出现这种现象的原因,可能和女生日常进行的体育运动项目有关,如健美操、瑜伽等以柔韧性练习为主的运动项目,所以柔韧适能状态较好。

2.耐力跑不达标大学生体适能指标相关结果分析

很多学者对大学生身体成分与体质健康的研究结果发现,目前大学生中体脂百分比均值普遍偏高,对大学生的心肺功能有非常显著的负面影响,给身体带来的危害是非常明显的。本研究发现耐力跑不达标大学生体脂百分比状态整体上女生稍好,但男女生中处于"超重"和"肥胖"状态的占有一定比例,而且不容忽视。体适能健康方面,整体上主要表现为心肺耐力水平很差,而且与其他体适能指标的相关结果,具有明显的性别差异。

耐力跑不达标大学生体适能指标相关分析结果明确显示:男生最大摄氧量与肌肉力量(握力)呈正相关,相关系数 $r=0.401$,$p<0.01$,具有非常高的显著性;与BMI呈正相关,相关系数 $r=0.381$,$p<0.01$,具有非常高的显著性;与坐位体前屈呈正相关,相关系数 $r=0.368$,$p<0.01$,具有非常高的显著性,心肺适能与握力、BMI和坐位体前屈,这一组指标高度相关,且具有显著性,说明男生肌肉力量越大,身体质量指数BMI越正常、匀称,身体柔韧性越好,其机体的摄氧量水平越高,即心肺适能的水平越好。

男生最大摄氧量与腰围、体脂百分比和腰臀比呈负相关,且具有非常高的显著性,具体相关系数为:腰围 $r=-0.330$,$p<0.01$;体脂百分比 $r=-0.315$,$p<0.01$;腰臀比 $r=-0.306$,$p<0.01$,心肺适能与腰围、体脂百分比和腰臀比,这一组指标中度相关,且具有显著性,说明身体的腰围、体脂百分比和腰臀比值越高,其机体的摄氧量水平越低,即心肺适能的水平越差。

总体来看,针对耐力跑不达标男大学生的相关结果分析而言,肌肉力量的综合密切度是很高的,其次便是身体成分和柔韧性方面,所以需要强化耐力跑不达标大学生的素质练习,提高心肺适能的水平。

耐力跑不达标大学生体适能指标相关分析结果明确显示:女生最大摄氧量与腰臀比、腰围和体脂百分比呈负相关,且具有非常高的显著性,具体相关系数为:腰臀比 $r=-0.334$,$p<0.01$;腰围 $r=-0.320$,$p<0.01$;体脂百分比 $r=-0.306$,$p<0.01$,心肺适能与腰臀比、腰围和体脂百分比,这一组指标是高度相关,且具有显著性,说明身体的腰臀比、腰围和体脂百分比和值越高,其机体的摄氧量水平越低,即心肺适能的水平越差。

女生最大摄氧量与肌肉力量（握力）呈正相关，相关系数 r=0.290，$p < 0.01$，具有非常高的显著性；与 BMI 呈正相关，相关系数 r=0.274，$p < 0.01$，具有非常高的显著性；心肺适能与握力和 BMI，这一组指标中度相关，且具有显著性，说明女生肌肉力量越大，身体质量指数 BMI 越正常、匀称，其机体的摄氧量水平越高，即心肺适能的水平越好。

总体来看，针对耐力跑不达标女大学生的相关结果分析而言，身体成分综合密切度最高，因此应将重点放到改变身体形态方面，以及力量素质的加强。综上相关结果分析和河北省耐力跑不达标大学生的耐力跑成绩与身体成分最为密切相关，且基本一致，但是不同的性别，密切相关因素还是有所不同的，男生的肌肉力量相关表现更为突出。

3.4.5 结论与建议

1. 结论

（1）耐力跑不达标大学生的体适能特征，虽然心肺适能水平单项指标很差，但是并不是体适能一项指标差，样样指标都差。

（2）低心肺耐力水平的大学生和各指标的相关程度因性别的不同，而有所不同。

2. 建议

（1）重点关注心肺适能，有针对性地进行练习；男生加强对自我体重的有效管理，女生不要过分追求苗条身材，可适当增加一些力量方面的练习。

（2）变换耐力跑练习方式，通过丰富多彩的体育锻炼活动提高男生肌肉力量和柔韧素质的练习，从而达到成绩的高效率提高。女生关注身体成分，重点放到腰腹部位和身体的脂肪含量，可以先从身材抓起。

第 4 章　体适能田径运动的建议

4.1　培养运动兴趣，提倡终身体育

高中阶段是人身体变化的关键时期。高中时期的运动习惯与身体状况关系着成人后的运动习惯。只有贯彻实施终身体育的思想理念，在新课改的指导下，选择自己心仪的运动项目，并在课外进行主动锻炼，才能真正"劳逸结合"。在紧张的高中学习中通过锻炼提升身体素质以及通过锻炼培养良好的情绪管理能力。只有真正的让学生做到积极主动的参加体育锻炼，用"健康第一"的思想指导生活，才能达到"每天锻炼一小时，健康快乐一辈子"的终身体育目标。

终身体育是指一个人终身进行身体锻炼和接受体育教育，是贯彻人的一生的体育。学校体育是学生终身体育的基础，是连接家庭体育和社会体育的中间环节，对实施终身体育起着很重要的启蒙和桥梁作用，而运动兴趣的培养以及运动习惯参与意识的形成是促进学生自主学习和终身坚持锻炼的前提。学校体育是为终身体育奠定基础不可缺少的主要途径，对养成享用终身的良好体育习惯有重要的意义。下面从三个方面谈谈培养学生终身体育意识：

4.1.1 提高学生对终身体育的认识

体育运动是保持人体机能、体能处于最佳状态的有效手段，在人的一生中都必须选择不同的身体锻炼的形式和内容，以增强体质，延缓生命衰老，人的健康状况不是一成不变的，体质的强与弱在一定的条件下可以转化，不进行锻炼，强的会变成弱，经常有规律地锻炼，弱的可以变强。只有经常进行体育锻炼，才能长久地拥有健康的身体。学生在学校，学习是主要任务，也是每天的主要活动，成绩的好坏与大脑的工作效率有密切的关系，事实证明体育运动可以使大脑保持清醒，工作、学习效率得以提高。体育活动能使人产生成功感和愉快的体验。体育活动对于个人的自信，自尊有很好的促进作用，可以明显降低紧张与焦虑情绪。体育与个性发展也有密切的关系，体育运动可以对良好个性的形成产生积极的影响。现代运动心理学表明，焦虑和紧张的心理状态会随着身体运动的加强而逐渐降低强度，激烈的情绪状态往往在体能的消耗中会逐渐减弱，最后平静下来。

4.1.2 引导学生将终身体育思想贯彻到实践中

培养学生将终身体育的思想贯彻到实践中,也是培养学生规律性锻炼的习惯。激发学生体育锻炼的兴趣,教给学生科学的锻炼方法,同样的运动能力而不同的锻炼方法,所导致的锻炼效果是不同的,因此,在体育课的教学中,要重视教给学生体育锻炼方法,让学生把课堂中学到的体育锻炼方法运用到课外,从而有效地开展体育锻炼活动,教学中教育学生掌握正确的体育运动技能,使之形成正确的动力定型,不仅提高运动技术水平,避免运动损伤的发生,还能及时培养学生锻炼的自觉性,使之持之以恒,养成规律性体育锻炼的习惯。另外人的运动能力由于不同的锻炼方法,所导致的锻炼效果也有不同,所以用一定的措施约束,按照正确的体育锻炼方法训练学生,科学地把握体育锻炼的负荷量度。让学生在兴趣中实践,真正喜欢和掌握1~2种运动项目,在实践中找到体育锻炼的乐趣,给学生的终身体育意识打下良好的基础。比如项目方面实用性大的中长跑、游泳、武术、球类、健身操等,使学生在素质全面发展的基础上,真正掌握自己有兴趣,有特色的终身体育项目和科学锻炼身体的理论知识、方法、技术技能,形成身体锻炼的正确,观念、信念,从而达到终身受益。

4.1.3 激发运动兴趣,养成良好的终身体育锻炼习惯

兴趣和爱好是积极参加体育活动的驱动力。学生的学习兴趣直接影响着学生的学习行为和效果,学生能否通过体育课程的学习形成体育锻炼的习惯,兴趣发挥着非常重要的作用。兴趣是学习的初始动机,也是有效学习的保证。学生有兴趣参与的活动,一定要给予热情的支持和指导,反之,如果学生没有兴趣,任何活动都会让他们感到乏味。只有激发和保持学生的兴趣,才能使学生自觉、主动、积极地进行体育课程的学习。体育习惯是指通过重复练习而巩固下来能促进身体发展并达到愉悦情感的行动方式。要培养学生体育锻炼习惯,教师就必须对学生循循善诱,晓之以理,鼓励他们以顽强的意志进行持之以恒的实践。当学生体育锻炼习惯初步形成后,要根据他们的实际,不断提出新要求,使之逐步得到巩固。

总之,学校体育是培养学生体育意识,提高学生体育能力,促进学生身体发展,树立"健康第一"思想的根本,能为学生终身体育奠定基础,使他们终身受益。在学校体育中确立终身体育意识,体现了以培养学生终身参与体育活动的能力和习惯为主导的思想,是推进学校体育改革和全民健身的现实需要,把终身体育意识确确实实落实在每一个人身上,让每个学生终身受益。即学校体育对养成享用终身的良好体育习惯有着重要的意义。

4.2　保障课外体育活动时间

根据本校课业情况分析，在铁一中学生每天写作业及学习时间超过12个小时。课业负担重、学习时间长，也成为造成学生体质下降的主要因素之一。如何让学生从繁重的升学压力中解脱出来，在保证学校教学质量的前提下，需要教师花更多的时间为学生寻找有效的题型及真题训练。在此前提下才能保证我校学生有充足的体育锻炼时间，这样才能体现运动干预对学生身体素质及心理效应影响的重要性。

课外体育活动是学校体育并列于课堂教学的两方面之一，是独立于课堂教学之外的以个人或群体的形式开展的有目的锻炼、健身或娱乐活动，是体育课堂教学的一个重要延伸。其活动的内容丰富，形式多样，组织工作复杂，牵涉面广，实施起来相对困难，因此，如何开展课外体育活动？笔者认为应从以下几个方面着手：

4.2.1　争取学校领导和班主任的支持

学校领导的重视和支持，是开展课外体育活动的重要保证，也是我们开展工作的前提。学校领导的重视和支持，场地、体育器械等硬件设施就可以得到添置、更新，从而为正常有序开展课外体育活动提供物质保障，在时间上也给予了保证。因为课外体育活动的许多工作要靠班主任去实施、配合、检查、督促，所以体育教师要经常同班主任保持密切联系，配合班主任共同管理和教育学生，才能得到班主任有力的协助、配合和支持。班主任对课外体育活动的态度，是开展好班级课外体育活动的先决条件之一。培养学校领导对体育活动的兴趣，也是争取学校领导重视课外体育活动的有效途径之一。每逢学校举行体育竞赛活动时，应有意识地安排学校领导参与，给其展示体育特长的机会，这样他们对体育的认识便会在潜移默化之中发生变化。如果学校领导能够经常参加体育活动，将会有力地带动全校师生的共同参与。

4.2.2　加强对体育干部和体育骨干的培养

体育干部和体育骨干是体育教师开展课外体育活动的得力助手，又是各班组织各项体育活动的主要组织者和参加者。他们自身的素质直接影响着班级和学校课外体育活动的开展，因此，加强对体育干部、体育骨干的培养，对顺利开展课外体育活动有着重要的意义。体育教师应该定期对体育干部、体育骨干进行培训、指导，为他们提供各种锻炼的机会，让他们在实践中不断成长。在体育教师的指导下，充分发挥体育干部、体育骨干的主观能动性，是搞好搞活学校的课外体育活动的直接动力和保证。

4.2.3 以小型体育竞赛引导课外体育活动的开展

课外体育活动是绝大部分学生参与,集健身、娱乐、培养兴趣等为一体的具有终身锻炼特性活动,会把学生过多的空闲时间引入其中,而以班级为单位的年级、校际小型体育赛事只是扮演促使目标积极顺利实现的角色。学校计划的体育竞赛活动内容,在学期初公布于班级学生,时间性和目的性均为明确,班级和学生都有明确的目的和责任,主动地参与其中,积极训练,并以此带领其他学生加入锻炼,达到引导的目标。在此过程中,因班级和学生的主动参与,在平时的训练中,各自必将准备自己所需的训练器材,这样就缓解了学校体育器材的不足缺陷,参与学生的积极性带动班级其他学生培训或积极的参与,从而使课外活动有声有色地开展。平时的活动体育教师和班主任要有目的、有意识地指导,解答学生的质疑问难。帮助学生学会并习惯于质疑问难,必将使其受益于校外,得益于社会,甚至影响其终身。

4.2.4 培养学生体育兴趣,是开展好课外体育活动的关键

兴趣是最好的老师,它是一切活动的内动力之一。体育教师培养学生的兴趣,使学生从"要我练"转变为"我要练"。体育教师首先要根据学生特点,尤其要符合学生的生理和心理特征,正确合理地组织体育教学和课外体育活动;其次要遵循循序渐进的原则,由易到难,安排教材内容,合理搭配教材,做到因材施教;第三要通过各种渠道,利用各种手段大力加强体育宣传工作,如报纸、黑板报,从而使学生被某类体育活动吸引,产生学习和练习的动力;第四在练习过程中要注意加强保护与帮助,避免发生伤害事故;第五课外体育活动要与课堂教学相结合,才能有效地增进学生参加体育活动的兴趣。

4.2.5 体育教师要努力提高自身修养和各方面的素质

现今是"知识爆炸"的信息时代,每位体育教师必须不断更新自己的知识。体育教师仅凭现有的知识和经验是很难胜任本职工作的,也不利于实施素质教育,更难适应现代化教育教学的需要,所以体育教师要自觉、积极、努力学习,刻苦钻研,在实践中不断磨练自己,充实自己,完善自己,提高业务水平,加强自身修养。只有体育教师的各方面素质和修养提高了,才能更好地开展学校课外体育活动。

要想持之以恒地把课外活动开展好,还要注意两点:一是要保证安全;二是必须得到全校教师的支持。为此,一方面体育教师要注意经常沟通关系,主动听取各方面的意见,及时改进工作;另一方面决不能搞"体育至上"。必须把握好课外活动的度,必须以不影响其他课程的教学和学生的文化课学习为原则,否则就会走向反面。

4.3　选择适合自身需求的运动干预项目

根据新课改实施方案以来，高中校的体育课多以专项选修为主。那么在篮、足、排、乒乓球、健美操、武术等专项的选择上需要根据学生的自身爱好。好的兴趣才是成功实施运动干预的前提。那么高中校应多开展不同的专项项目供学生选择，学生在选择后，教师在课堂提供运动方法与技能，学生在课中、课后进行训练才能更有效地达到运动的目的。

想要改变自己的人，可以选择不同运动，调整生活步调。例如，忙碌的工商人士可以选择低竞争性的瑜珈运动，有助于松弛紧张情绪。有的时候，我们可以借着从事与自己人格特性截然不同的运动，来改变自己的生活。不过，在做这种运动以前，一定要先确定有足够的条件支持你持之以恒，直到对这项运动发生兴趣。怎么选择自己合适的运动干预，有以下几点建议：

（1）慢慢地开始。就算是简单的动作，都会造成第二天的肌肉酸痛。刚开始运动的人，最忌讳运动过度，如果搞得第二天像被人打了、爬都爬不起来，很容易因此信心大减，一点继续运动的兴趣都没有了。

（2）不要和他人比。运动是为了自己，不要和那些比你年轻、运动技巧佳，或是爱表现的人比。跑步和走路所消耗的热量一样，只不过跑步比较快而已，运动的结果都是一样的。

（3）正确性比较重要。运动前订个小目标，比方说，跳绳要跳 100 下，或是做 10 分钟的跑步，但是达不到目标也没有关系，最重要的是尽自己的力量，用心、正确地做每一个步骤，而不要为了达到目标而敷衍了事。

（4）找个运动伙伴。有个朋友一起运动时，效果会出奇地好，而且就算洋相百出，也有个好友和你一起开怀大笑。

（5）别忘了呼吸。很多人觉得运动很辛苦，因为他们常忘了怎么一边运动，一边呼吸。氧气是身体的燃料，运动当中若能适当、规律地呼吸，自然不会上气不接下气。在平常就可练习均匀地呼吸：一只手横放在胸口，另一只手放在腹部，用相同的时间吸气、呼气照中一边默念数字，不论是吸气或呼气，胸口都应维持不动，只有腹部规律地起伏。

4.4 开发针对不同运动效果的课外活动方案并制定成册

通过上述分析我们可以发现,在不同运动项目干预中,对学生身体素质、形态、心理都有不同效果的影响。那么针对不同需求的学生,我们应该分析不同体能项目、专项项目的差异性。通过对比分析将不同的运动方案做出整理,分发给需要的学生,让学生在没有专人指导的课外时间也能够通过相应书籍或手册完成练习。

4.4.1 制定方案主要内容

1.指导思想:

为了更好的贯彻落实"全国亿万学生阳光体育运动"文件精神,切实提高青少年健康素质,大力加强学校体育工作,深入践行"每天锻炼一小时,健康学习工作五十年,幸福生活享受一辈子"的现代健康理念。激发学生的运动兴趣,促使学生乐于主动参与体育锻炼,形成终身体育锻炼意识,特制订本方案。

2.组织机构

组长:某某全面负责

副组长:某某:课外活动组织管理

某某:课外活动实施、评价、考核

级部主任:本年级活动课的组织管理

组员:各班主任:课外活动的全程监管与指导,学期末上交活动记录

3.实施目标

(1)通过课外体育活动,让学生有更多的时间参与运动,培养体育锻炼的兴趣,养成每天坚持锻炼身体的习惯,从而促进学生健康成长。

(2)在课外体育活动中,让学生有选择地参与、学习、享受体育,让学生掌握一定的体育锻炼方法和运动技能,提高学生基本身体素质。

(3)通过课外体育活动,丰富校园体育文化生活,促进教师与学生、学生与学生之间的和谐关系,增强学生的合作意识、竞争意识以及不怕艰辛、勇于克服困难的坚强意志。

4.实施要求

人人有项目;班班有团队;学校有比赛。

4.4.2 范文示例

1.课题研究背景

多年来,学校的体育课外活动都是以班级为单位,按照学校的统一计划、指定项目、指定场地、指定器材。这种形式的课外活动,强化了班级管理,培养了学生的组织纪律性,但同时也存在着场地器材安排不合理、学生的主体地位得不到体现等弊病。1999年6月的全国教育工作会议上,党中央、国务院指出:健康体魄是青少年为祖国和人民服务的基本前提,是中华民族旺盛生命力的体现,学校教育要树立健康第一的指导思想,切实加强体育工作,使学生掌握基本运动技能,养成坚持锻炼身体的良好习惯。特别是随着社会的发展,人们的生活方式、行为方式和价值观念都发生了巨大的变化,以班级为单位的课外体育活动形式已愈来愈显示出它的落后。尤其是最近几年,各种层次、各种类型的体育俱乐部在全国各地的建立,受到了社会各界、各级学校的欢迎,这种体制的建立,从根本上满足了学生的需求,有效地推动了体育运动的蓬勃发展。

体育俱乐部起源于西方国家,至今已有二百多年的历史了,积累了许多成功的经验。我国这几年也出现了如企业型的俱乐部、社团型的俱乐部、民办非企业型的俱乐部、事业单位性质的俱乐部、单位内部的俱乐部等多种形式的俱乐部。从目前的情况来看,尽管我国的俱乐部尚处于初级阶段,还在管理、制度等方面存在问题,但不管怎么说,由于体育俱乐部的内容都是以自主健身为主要内容的,其发展趋势和潜力仍受到业内人士的青睐和好评。在高中阶段,由于学生的学习紧张、学习压力大,有限的体育课、呆板的课外活动已不能完全满足学生个体发展的需要。以前的体育课外活动是他主的、不以学生意志为转移的,甚至剥夺了学生自主发展需求的活动方式,因此,我们尝试以俱乐部形式开展课外活动,试图以俱乐部的优势、以俱乐部的管理方式来重组体育课外活动,让学生自愿加入、自主参与、满足学生活动的不同需求,满足学生能力发展,满足学生日益增长的社会活动需求。

2.选题依据

根据现代教育论中确定学生主体地位,发挥学生主体作用的要求,调动学生主体的积极性,培养学生的主体性;根据现代体育论的要求,努力实现由过去的竞技体育到现在的健康体育,由过去青少年体育向终身体育发展。具体有:

俱乐部形式开展体育课外活动符合素质教育的要求。素质教育的宗旨就是开发潜能、培养个性、发展能力,达到强化生理素质、优化心理素质、提高文化素质的目的。人的素质是一个多方面、多层次的主体结构,在这个结构中任何一方面素质的欠缺都会削弱整体的结构功能,影响素质的整体水平。身体素质又是人的其他素质组成和发展的生理基础,学校中的体育教学远远不能满足提高学生身体素质的需要,大量的身体素质练习主要是在课外活动和课余竞赛中进行的。俱乐部形式的课外活动就是以学生自愿的形式组织起来,愉快有效地进行身体锻炼,使学生在这些活动中充分发挥自己的潜能,尽情地施展自己的才华,从而达到增强身体素质、优化心理素质的目的。

以俱乐部形式开展体育课外活动加速了学生个性的社会化进程。俱乐部形式实际上就是社会群落组合,是一种特定的社会群体活动方式。高中的体育课外活动以俱乐部的形式开展,就打破了原有的班级界限,突出爱好、兴趣的一致性,个体可以在社会活动中形成群体意识,表现出社会行为。人的社会化程度是检验人才质量的客观标准,所以要让学生尽早的实现社会化,就必须在更大的范围进行更多的活动。俱乐部式的体育课外活动是通过学生自愿、自由的组合,一个个个体构成一个个小群体,这种群体就形成了简化的社会,它加快了个体社会化进程,较快地内化和同化,为学生今后走向社会、适应社会奠定了基础。

以俱乐部形式开展体育课外活动符合学生年龄、心理、生理特征。随着教育和文化的日益普及、人们思想的开放、独生子女家庭结构的变化等原因,青少年的个性发展在个人社会化过程中容易失去平衡性和完整性,而通过俱乐部这种群体方式,使他们的需求得到满足,这是社会发展的趋势,也符合他们年龄、心理、生理的特征。他们有较强的自由组合小群体的意向,不满足于现有的、不科学的行政指令性的集体活动,有较强烈的"重新配置"小群体的心理倾向,这些都是以俱乐部形式组织体育课外活动的有利条件。

3.课题界定、理论假设和研究目标

体育课外活动的组织形式多种多样、内容丰富多彩,课外活动除了要重体育课的教学内容和教师所提出的锻炼任务外,学生还会根据自己的兴趣和特长去选择适合自己的锻炼内容,逐渐养成体育锻炼的习惯,最终达到终身体育的目的。体育俱乐部正是在学生自愿组织、自愿参加的基础上,有序地把一个个小群体通过俱乐部的形式组织起来,形成一个非正式的社团型俱乐部。这种形式开展体育课外活动是完全符合高中学生生理、心理需求的,其目的就是造就具有强健体魄、良好心理素质和丰富社会实践能力的学生。本课题旨在通过构建俱乐部式的体育课外活动样式,开发多元化的课外活动形式,探索一种能满足学生需求的、让学生自主管理、自愿参加、自我服务的管理模式,为学生的整体素质提升服务。研究目标具体分解如下:

（1）研究体育活动的功能，探索适合高中学生体育活动的有效途径，建立科学合理的评价体系，构造高中俱乐部式课外体育活动的样式。

（2）通过研究激发学生积极从事体育锻炼的兴趣和热情，增加健康意识和终身体育的习惯。

（3）引导学生主动地参与体育活动，不断提高体育修养，促进学生主动、健康、协调发展。

（4）通过研究增强教师的科研意识和能力，提高教师的专业发展水平。

4.操作措施

（1）校本化俱乐部式体育活动的实施研究；

（2）校本化俱乐部式体育活动的课程方案研究：

1）调查学生的体育兴趣、爱好，确定俱乐部下设的项目部。通过访谈、设计问卷，调查学生的体育倾向，结合本校的场地、器材、设施和师资情况，分设各项目部。

2）配备各项目部辅导教师。在师资配备上，根据各项目部学生报名情况和学校的体育传统项目来分配辅导教师。对参加人数较多的活动项目，配备多名辅导教师；对学校的传统项目，除配备辅导教师外，还要配备专业体育教师，以便更好地发现人才、培养人才。

3）安排俱乐部的活动时间、活动形式。根据俱乐部项目部人数的多少，精心安排、设计各项目部活动时间、活动地点、活动方式。各项目部计划一学期进行辅导、培训，一学期进行竞赛。

（3）校本化俱乐部式体育活动的评价研究：

1）开展在校学生的评价。通过在校学生的评价，发现活动中存在的问题，不断优化课程设置，优化活动形式，俱乐部委员会根据学生反馈情况，及时补充、修改和完善。

2）开展教师评价。通过教师对俱乐部活动建设、活动开展、学生参与的情况等方面进行评价，验证学生在体质、能力方面的进展状况。

5.研究方法

1）文献资料法。注重搜集、分析相关理论信息和研究成果，不断完善研究目标，丰富操作样式。

2）个案研究法。通过对部分学生进行连续不断的追踪调查研究，评价实验操作成效，发现纠正实验样式。

3）行动研究法。坚持在实践中研究，在研究中行动。

4）经验筛选法。对以前的经验、做法进行筛选。

结 论

健康体适能理论进入田径课程具有良好的契合点,表现在健康体适能理论进入田径课程,弥补现代大学生健康理论知识的欠缺,丰富了田径课程健身理论知识和实践方法,对如何增进学生健康的教育更有针对性,实现了田径教学从"教"为中心向以"学"为中心的转移,能充分发挥学生在学习过程中的主动性与创造性,能充分体现学生学习的主体性能,从多角度、全方位地进行学生学习成果评价,评价结果全面、科学、合理、真实,能对学生的学习和锻炼态度产生积极的影响。

健康体适能理论进入田径课程使田径课程目标合理,兼顾了近期目标和长期目标,体现"健康第一、终身体育"的教学指导思想;使田径课程的健身理论知识和实践方法充分满足学生的个体健康需求;使田径教学达成教、学、练的和谐统一;使田径课程学生学习评价指向终身体育。

健康体适能理论与田径课程结合的课程内容选择突出健身性、文化性、科学性与可行性、实用性、趣味性,其内容可以以健身理论知识内容、技能性内容、操作性内容的形式来呈现。

健康体适能理论与田径课程结合的理论教学和教学实践操作,必须以学生为主体,注重启发、引导,而且手段方法应个性化、多样化。健康体适能理论与田径课程结合中对学生的评价要坚持全面性原则、个性化原则、发展性原则。评价包括健康体适能的评价和认知、运动技能的评价以及情感态度的评价。

参 考 文 献

[1] 丁宗一,饶安伶,张璿. 北京市城区(7～18岁)儿童青少年单纯肥胖症流行病学调查 [J]. 临床儿科杂志,1988,6(05):293-295.

[2] 傅兰英,刘小学,王小引,付玲,王培勇,徐虎波. 超重与肥胖青少年减肥现状及干预效果研究 [J]. 中国康复医学杂志,2007,22(01):65-66.

[3] 赵亚茹,张帆. 小儿肥胖诊断标准 [J]. 中国实用儿科杂志,2004,19(03):130-132.

[4] 严永军. 有氧运动对单纯性肥胖儿童身体素质和心肺机能的影响 [D]. 苏州大学,2010(09).

[5] 何春林,平越,顾秀华,左坤. 生物电阻抗法(BIA)测量学生人体成分的应用性研究 [J]. 职业时空,2011,(09):146-148.

[6] 沙洪. 躯干细分生物电阻抗人体成分检测方法研究 [D]. 中国协和医科大学,2008(06).

[7] 王洁,陈红新,周琪. 从青少年单纯性肥胖谈科学饮食下有氧运动减肥 [J]. 山东师范大学学报(自然科学版),2008,23(01):155-156.

[8] 朱永国,陈钧,张泳,刘志勇. 对肥胖女青少年采用运动加营养减重效果的研究 [J]. 首都体育学院学报,2009,(02):225-227.

[9] 单晓益,米杰,王友发. 儿童肥胖的流行趋势及其危险因素 [J]. 中国实用儿科杂志,2004,(03):180-182.

[10] 何卫龙,赵广才,李远强. 广州市区8-18岁儿童青少年超重肥胖情况调查与分析 [A]. 体质研究与健康促进论文集 [C],2006.

[11] 张远兰,罗红. 肥胖儿童肥胖因素的多元线性逐步回归分析 [J]. 实用预防医学,2008,15(05):1457-1459.

[12] 吴彤. 小儿单纯性肥胖(综述) [J]. 临床儿科杂志,1988,(05):121-122.

[13] 陈曼娜,黄培新,苏乃其. 儿童肥胖与血压研究调查 [J]. 中国现代医学杂志,1999,9(1):31-33.

[14] 项茵,李强,周立红. 单纯性肥胖青少年体脂分布与血压及胰岛素抵抗 [J].

哈尔滨医科大学学报,2000,34(2):119-121.

[15]Torgan C E et al, Exercise Training and Clenbuterol Reduce Insulin Resistance of ObeseZucker Rats.Am J Physiol,1993,264:E373.

[16] 陈虹,温大英,季成叶.肥胖对 12~15 岁男生有氧能力的影响[J].中华预防医学杂志,1995(01):55.

[17] 李东海,范晓静,徐耀初,喻荣彬.无锡市小学生肥胖状况及其对健康的影响[J].疾病控制杂志,2003(01):28-30.

[18] 沈晓通.上海市 7~18 岁学生肥胖发生率分析[J].山东体育学院报,1997,13(04):21-25.

[19] 王蓓蓓.运动对肥胖少年体成分、体脂分布及其身体素质的影响[D].北京体育大学,2005(05).

[20] 赵慧娟.不同频率的运动对单纯性肥胖少年心肺功能的影响[D].北京体育大学,2005.

[21]Vivien C.WHO reassesses appropriate body-mass index for Asian populations.2002.

[22]Kopelman PC.Obesity as a medical problem,2000.

[23] 王荔.超重及肥胖儿童健康生活方式知、信、行干预实验研究[D].山西医科大学,2005.

[24] 陈卫华.谈关注肥胖青少年的身体健康[J].才智,2009,(15):220.

[25] 徐勇,谭琪.我国儿童青少年肥胖的现状及发展趋势研究[J].中国卫生事业管理,2003,(03):166-167.

[26] 鲁琦,吴本连.浅析有氧运动与减肥的关系[J].安徽体育科技,2005,26(04):86-88.

[27] 张斌南,郭义军,刘晓军.有氧运动干预方案改善女大学生体质的实验研究[J].北京体育大学学报,2009,32(04):72-74.

[28] 梅建,董中旭,崔红,李树义.单纯性肥胖儿童的干预与评估[A].微量营养素与儿童健康学术研讨会论文汇编[C],2004.

[29] 凌文杰.不同有氧运动处方对单纯性超重和肥胖青少年学生减肥效果观察[J].新乡医学院学报,2007,(03):232-234.

[30] 杨静宜,徐峻华主编.运动处方[M].高等教育出版社,2005.

[31]Brambilla, P, Bedogni, G, Moreno, LA.Crossvalidation of anthropometry

against magnetic resonance imaging for the assessment of visceral and subcutaneous adipose tissue in children.2006.

[32]李荔.济南市儿童超重、肥胖相关因素研究及干预措施探讨[D].山东大学2011.

[33]李艳丽.儿童单纯性肥胖危险因素的病例对照研究[D].天津医科大学,2003.

[34]李贺体.不同超重、肥胖体重指数标准筛查中国儿童青少年的比较研究[D].中国优秀硕士学位论文全文数据库,2009,(11).

[35]马军.儿童青少年肥胖的运动干预[J].中国学校卫生,2009,(03):198-200.

[36]王芝琴.以有氧运动为主的综合干预对单纯性肥胖儿童影响的研究[D].中国优秀硕士学位论文全文数据库,2007.

[37]魏晓光.试析发展学生"体适能"(physical fitness)在体育教学中的地位[J].南京体育学院学报(社会科学版),2004,(05):121-123.

[38]From Reprinted Principles and Labs for Physical Fitness and wellness,1st.edition, by l999.with permission of Wadsworth a division of Thomason Learning.

[39]莱瑞.D.焓斯利,托马斯.M.戴维斯,卞薇(北爱荷华大学).美国青少年身体测试标准的发展简史[J].浙江体育科学,1998,20(2):167-169.

[40]温晓利,林映遂.中、美、日体适能概念与测评方法的分析比较[J].科技创新导报,2008,(29):185-187.

[41]张建忠.美国高校"体适能与健康的原理与应用"探讨与我国高校体育课程改革[J].北京体育大学学报,2003,26(02):218-220.

[42]罗平,张剑.美国青少年健康体适能教育计划开发概况[J].上海体育学院学报,2009,33(01):86-90.

[43]学生体质健康标准智能服务系统课题组编著.学生体质健康标准智能服务系统指导书[M].人民教育出版社,2004.

[44]徐洋.吉林大学学生健康体适能水平测试及相关因素分析[D].吉林大学,2009.

[45]王亚立.健康体适能教学方法在南阳师范学院健美操教学中的运用研究[D].西北师范大学,2006.

[46]陈佩杰.体适能评定理论与方法[M].黑龙江科学技术出版社,2005.

[47]Jonatan R.Ruiz, Francisco B.Ortega, Dirk Meusel, Michael Sjöström. Traditional and novel cardiovascular risk factors in school-aged children: A call for the further development of public health strategies with emphasis on fitness[J]. Journal of Public Health, 2007, (3).

[48] 彭代斌. 有氧运动减肥的分析与探讨 [J]. 山西体育科技, 2007, (02) 167-168.

[49] 姜桂萍. 河北师范大学学生生活方式与健康体适能关系的研究 [D]. 河北师范大学, 2007.

[50] 淮睿. 健康体适能教学是的实验研究 [D]. 华东师范大学, 2011.

[51] 康静. 腰围过大易与糖尿病"亲吻"[J]. 中国中医药报, 2007, (05) 06.

[52] 赵润栓, 时敬宇, 郭晔炳, 谢燕. 5274份健康风险评估结果分析及腰围过大在健康风险增高中的意义 [J]. 中国疗养医学, 2011, 20（07）: 599-601.

[53] 李博文. 运动和营养干预对肥胖少年体质及部分代谢指标的影响 [D]. 北京体育大学, 2008（05）.

[54] 邹志春. 上海市青少年体质指标体系的初步建立与应用研究 [D]. 上海体育学院, 2011（06）.

[55] 袁明珠. 肥胖对青年人群平衡能力的影响 [J]. 军事体育进修学院学报 2011, 30（04）: 106-108.

[56] 仲伟娟. 青春发育期少年体脂率测量与评价方法的比较研究 [D]. 中国优秀硕士学位论文全文数据库, 2008, (11).

[57] 金海娜. 三个月耐力锻炼对小学四年级学生有氧能力为主的体质指标的影响 [D]. 中国优秀硕士学位论文全文数据库, 2009, (07).

[58] 刘庆武. 郴州市城区12-14岁学生超重、肥胖和低体重的流行病学研究 [D]. 中南大学, 2009.

[59]Prentice, A.M, Obesity andits potential mechanistic basis .BritishMedical Bulletin, 2001.

[60] 廖海江, 金水高, 姜垣. 国民体质指数与Ⅱ型糖尿病关系Meta分析 [J]. 中国公共卫生, 2004, 20（07）: 810-812.

[61] 刘海波, 黄莉梅, 王冬梅, 马真银. 血脂异常与体质指数相关性探讨 [J]. 西南军医, 2007, 9（01）: 58-59.

[62] 万宇辉, 翟光富, 刑超, 齐秀玉, 胡传来, 陶芳标. 初三学生体质指数、腰围及

腰臀比与血压关系[J].中国公共卫生,2008,24(11):1311-1313.

[63] 黄国梅,熊丰,曾燕,王栋钢,龙春丽,蒋运春,张亚妮,张豪.腰围、腰围/身高比值和腰臀比与儿童青少年血压的相关性研究[J].重庆医科大学学报,2009,34(03):360-364.

[64] 吴杰,Jan A. Kors Peter R. Rijnbeek,陆再英,徐春芳,Jan H. van Bemmel.中国健康人群正常心率范围的调查[J].中华心血管病杂志,2001,29(06):369-371.